会計規準の統合と分岐

── EU とドイツのなかの IFRS ──

佐 藤 誠 二 著

東 京 森 山 書 店 発 行

は　し　が　き

　本書は，2005 年以降，IFRS（国際財務報告基準）の受容（Adoption）と接近（Convergence）に向けた会計制度改革を果たした EU とその加盟国，とくにドイツを対象として，統合と分岐（多様性）という 2 つの側面からその制度改革を可能にさせているメカニズムとそこでの課題を析出し，それによって，EU という超国家的な経済圏をモデルにして，そのなかでの EU が「国際的会計基準（英：international accounting standards，独：internationale Rechnungs-legungsstandards）と呼称する IFRS の存在意味を究明しようとしたものである。

　筆者はこれまで，ドイツを対象にして，世紀法と呼ばれた 1985 年会計指令法（BiRiLiG）による商法改正を皮切りに，度重なるように実施されてきた会計制度改革を継続してフォローし，その研究成果を，過去，4 冊の単著にして公表してきた。大学院の博士後期課程に進学して，ドイツ研究をテーマに選んでから 40 年余り，一貫してドイツをみてきた研究活動のなかで，ドイツの会計制度の特性と内容について，それなりに知識と認識が深まったようにも感じているが，この間，グローバリゼーションが急速に進むなかで，世界的な規模で，またインターナショナルに連繋する会計国際化の現象に対して，とくに国際的に認知されている IFRS の位置づけについて，ドイツを含めて統一した経済圏を構成する EU との関連において，もう少し視野を広げて明らかにする必要性も感じていた。

　そうした問題意識に基づいて，前著『国際的会計規準の形成』（森山書店，2011 年）の刊行後，書きためてきた論攷（初出一覧を参照）をベースに，それらを整理し加筆修正してまとめあげたのが本書である。もとより，本書が，これまでの筆者の研究の延長線上にあることは間違いない。そのため，参照した文献の多くもドイツ語文献である。しかし，本書では，ドイツ会計制度の

国際化改革を取りあげてはいるが，その改革内容だけを問題としているのではなく，ドイツの制度改革をEUという超国家的枠組みでの会計ガバナンスの構造と照らし合わせて，その相互の関連性をひとつのモデルとして，そこにおける会計統合の基準としてのIFRSの位置づけと存在意味，そしてIFRSがもたらす課題を明らかにすることに考察の重点を置いている。本書の副題を「EUとドイツのなかのIFRS」としたのも，そうした筆者の意図を表わしたものである。

　それとともに，我が国におけるこの間の会計制度改革への取り組みが，IFRSを所与のものとし，それを受け入れることに偏重しているのではないのかという疑問，そして，とくにフランコ・ジャーマン（独仏）型の会社法（商法）を中心として証券市場開示規制との連携を企図したEUにおける対IFRSに向けた会計制度改革を対象とする本書の考察が，金融商品取引法の会計規制を基本とし，欧州（独仏）法にその源流をもつ会社法（商法）および税法とも密接に関連する我が国における会計制度改革に関して，その現在と今後の有りようを検討するうえで有意義な示唆を提供できるに違いない，という前著から引き継いでいる筆者の問題意識も本書のなかには含まれている。

　言うまでもなく，上に述べた課題に対して本書がその目的をどの程度まで達成できたのかは，読者各位の判断に委ねるしかない。もしかして，これまでのドイツ研究への思い入れが過ぎて，「木を見て森を見ない」ところがあったかもしれない。また，思わぬ過誤もおかしているのかもしれない。読者諸賢の忌憚のないご意見・ご批判を得ながら，さらなる研究の高みに向けて引き続き努めていきたいと思っている。

　今，振り返ってつくづく思うのは，研究には継続性が大切だということである。かつて故宮上一男先生（大阪市立大学名誉教授）が主催され，その後，加藤盛弘先生（同志社大学名誉教授）が引き継ぎ，現在もほぼ，ひと月おきに京都で開催される企業会計制度研究会は，そこでの自由闊達な意見交換によって，途切れることなく筆者に刺激を与え，新たな課題に向けての意欲を湧かせ

てくれる研究交流の場である。おなじ故松尾憲橘先生（明治大学名誉教授）門下の先達でもある佐藤博明先生（静岡大学名誉教授）はもとより，村瀬儀祐先生（高知大学名誉教授）をはじめ参加されているすべての先生方にこの場を借りてお礼申し上げるとともに，研究会がその雰囲気をこれからも持ち続けていくことを願っている。

　本書はその多くの部分が，前勤務校を退職した後，同志社大学に在籍してから執筆した論攷に基づき構成されている。快適な教育研究環境を与えてくださっている商学部の教職員の方々，とくに，公私ともに絶えず心遣いいただいている会計領域の志賀理教授，稲見亨教授のお二人にも感謝申し上げなければならない。なお，本書刊行費の一部について，同志社大学商学会から出版助成を受けた。

　今回の出版も，森山書店菅田直文社長をはじめ編集部の皆さんにご尽力いただいた。とくに，菅田社長には，処女作以来、長年にわたり度重なる筆者のわがままな申し出を快くお引き受けいただき感謝にたえない。また，同社取締役の菅田直也さんには，校閲にあたりきめ細やかなご助力を得た。末筆ながら，厚くお礼申し上げる次第である。

2020 年 9 月

コロナ禍での国内情勢を眺めつつ

佐　藤　誠　二

目　　次

主 要 略 語 一 覧

ARC	Accounting Regulatory Committee	会計規制委員会
BaFin	Bundesanstalt für Finanzdienstleistungsaufsicht	連邦金融サービス監督庁
BFH	Bundesfinanzhof	連邦財政裁判所
BilKoG	Bilanzkontrollgesetz	会計統制法（2004 年）
BilMoG	Bilanzrechtsmodernisierungsgesetz	会計法現代化法（2009 年）
BilReG	Bilanzrechtsreformgesetz	会計法改革法（2004 年）
BiRiLiG	Bilanzrichtlinien- Gesetz	会計指令法（1985 年）
BMF	Bundesministerium der Finanzen	連邦財務省
BMJ	Bundesministerium der Justiz	連邦法務省
BörsG	Börsengezetz	取引所法
BörsO	Börsenordnung	取引所規則
BörszulV	Börsenzulassungverordnung	取引所認可命令
CESR	Committee of European Securities Regulators	欧州証券規制当局委員会
DBAG	Deutsche Börse Aktiengesellschaft	ドイツ取引所株式会社
DPR	Deutsche Prüfstelle für Rechnungslegung	ドイツ会計検査機関
DSR	Deutscher Standardisierungsrat	ドイツ基準設定審議会
DRSC	Deutsches Rechnungslegungs Standards Committee	ドイツ会計基準委員会
EECS	European Enforcers Coordination Sessions	欧州エンフォース主体調整会議
EEA	European Economic Area	欧州経済圏
EFRAG	European Finacial Reporting Advisory Group	欧州財務報告諮問委員会
EFRAG-TeG	Technical Expert Group der EFRAG	欧州財務報告諮問委員会 - 技術専門グループ
ESMA	European Securities and Markets Authority	欧州証券市場監督局

主要略語一覧		
EU	Europäische Union	欧州連合
EuGH	Europäischer Gerichtshof	欧州裁判所
FASB	Financial Accounting Standards Board	財務会計基準審議会
GAAP	Generally Accepted Accounting Principles	一般に認められた会計原則
GoB	Grundsätze ordnungsmäßiger Buchführung	正規の簿記の諸原則
HGB	Handelsgesetzbuch	商法典
IAS	International Accounting Standards	国際会計基準
IASB	International Accounting Standards Board	国際会計基準審議会
IDW	Institut der Wirtscaftsprüfer in Deutscland e.V.	ドイツ経済監査士協会
IFRS	International Finacial Reporting Standards	国際財務報告基準
KapAEG	Kapitalaufnahmeerleichterungsgesetz	資本調達容易化法（1998年）
KapCoRiLiG	Kapitaigesellschaften- und Co-Richtlinie-Gesetz	資本会社＆ Co 指令法（2000年）
KonTraG	Gesetz zur Kontrolle und Transparenz im Unternehmensbereich	企業領域統制・透明化法（1998年）
NCA	National Competent Authority	国家管轄当局
SARG	Standard Advice Review Group	基準諮問審査グループ
SME	Small and Medium-sized Entity	中小規模企業
TFV	True and Fair View	真実かつ公正な写像
TransPuG	Transparnz- und Publizitätsgesetz	透明化・開示法（2002年）
WpDIR	Richtlinie über Wertpapierdienstleistungen	有価証券サービス指令（1993年）
WpHG	Wertpapierhandelsgesetz	有価証券取引法
WpPG	Wertpapierprospektgesetz	有価証券目論見書法

序章
会計国際化への考察視点
―本書の目的と構成―

第 1 節　本書の目的と視点

　今世紀に入ってからの世界における会計制度の改編をみるとき，そこでは絶えず，IFRS（国際財務報告基準）との関係が議論になってきたといえる。IFRSを受容（Adoption：義務・任意適用）している法域は現在，160 カ国を上回っているとされ，グローバル・スタンダード（global standard）としての地位も固まったかのようにもみえる。IASB（国際会計基準審議会）によれば，IFRS は，国際的に認められた高品質で一組の会計基準として資本市場を指向し，投資家の意思決定にとって目的適合的で比較可能な会計情報を提供し，もって市場の透明性と効率性を高めようとするところにその役割があるという。しかし，IFRS 導入の急速な国際的広まりが，そのまま同時に導入各国の会計制度それ全体が資本市場指向の制度に向かって変化していることを意味するわけではないだろう。

　IFRS の受容は，連結決算書と個別決算書の区分，上場企業と非上場企業の区分のもとで連単分離，連単一致，連結先行する対応方法もあり，また，受容のアプローチとしても，IFRS を自国の基準として全面適用（full and pure）するアドプション（Adoption）方式，基準ごとにエンドース（カーブアウトも可能）したうえで受容するエンドースメント（Endorsement）方式がある。それ以外にも，米国 SEC が提案する自国基準と IFRS を収斂し，そのうえで IFRS を段階的に導入するという，コンドースメント（Condorsement）方式が，そし

て，かならずしも受容とはいえないが，中国のように，採用方式はとらずに，自国基準と IFRS の差異を解消し IFRS との同等性を確保しようとするコンバージェンス（Convergence）方式も存在する。したがって，こうした対応方法とアプローチを組み合わせてみるなら，同じ IFRS を導入するといっても，各国の対応のしかたは多様である。

　本書が考察の対象とするのは，上述の IFRS へのアプローチのうち，エンドースメント・アプローチを採用し，IFRS の最大のユーザーでもある EU（欧州連合）とその主要加盟国ドイツにおける会計制度改革である。EU では，IAS 適用命令（IAS-Verordnung, 英語表記：IAS-Regulation）に基づき，欧州の規制市場（geregelter Markt）に上場する EU 企業，すなわち資本市場指向（kapitalmarktorientiert）の企業が作成・開示する連結決算書に対して，IFRS の統一的適用を 2005 年 1 月 1 日以降に開始する事業年度から義務づけている。また，資本市場指向企業以外の企業（非資本市場指向企業）の連結決算書に対しても，加盟国の適用選択権が行使され，さらに，個別決算書（年度決算書）についても，加盟国選択権によって IFRS 適用の道が開かれている。図表 1 に示すように，EU 域内でも，IFRS の適用義務がある規制市場上場企業の連結決算書を除いて，加盟国それぞれが立法選択を通じて，IFRS は多様な形態で受容されている。

　しかも，ドイツをはじめ EU 加盟各国が適用する IFRS とは，IASB が公表する IFRS そのものではなく，あくまで EU の承認機構という法定のエンドースメント手続きを経て欧州理事会・欧州議会が最終決定し，「IAS 承認命令」に基づき連邦公報に公示される第二次法としての EU 版の IFRS，つまり EU-IFRS である。

　本書は，IFRS の導入後，ほぼ 15 年を経た現時点でみて，「IAS 適用指令」によって実施された IFRS 対応の会計制度改革について，EU とその加盟国ドイツの両側面からの考察を通じて，その制度改革が果たしている機能とそこでの課題を析出し，それによって，EU という経済圏をひとつのモデルとして，そこにおける国際的な会計基準としての IFRS の存在位置とその意義を究明し

ようとするものである。

その場合，本書ではつぎの2つの視点を考察の中心に置いている。

ひとつは，会計基準の「統合（Integration）」という側面に関する視点である。

図表1　EU における IFRS の適用状況

	公開会社		非公開会社	
	連結決算書	個別決算書	連結決算書	個別決算書
オーストリア	義　務	不容認	容　認	不容認
ベルギー	義　務	不容認	容　認	不容認
キプロス	義　務	義　務	義　務	義　務
チェコ共和国	義　務	容　認	容　認	容　認
デンマーク	義　務	容　認	容　認	容　認
エストニア	義　務	義　務	容　認	容　認
フィンランド	義　務	容　認	容　認	容　認
フランス	義　務	不容認	容　認	不容認
ドイツ	義　務	不容認（注）	容　認	不容認
ギリシャ	義　務	義　務	容　認	容　認
ハンガリー	義　務	不容認	容　認	不容認
アイルランド	義　務	容　認	容　認	容　認
イタリア	義　務	義　務	容　認	容　認
ラトビア	義　務	容　認	容　認	不容認
リトアニア	義　務	義　務	不容認	不容認
ルクセンブルグ	義　務	容　認	容　認	容　認
マルタ	義　務	義　務	義　務	義　務
オランダ	義　務	容　認	容　認	容　認
ポーランド	義　務	容　認	不容認	不容認
ポルトガル	義　務	容　認	容　認	不容認
スロバキア	義　務	不容認	義　務	不容認
スロベニア	義　務	容　認	容　認	容　認
スペイン	義　務	不容認	容　認	不容認
スウェーデン	義　務	不容認	容　認	不容認
イギリス	義　務	容　認	容　認	容　認

出所）European Commission ; Report from the Commission to the Council and the European Parliament on the operation of Regulation（EC）No1606/2002 of 19 July 2002 on the application of international accounting standards, COM(2008)215final, 24.4.2008,p.3 の表を簡略化して作成。金融機関，保険会社等に対する IFRS 適用に関しては省略した。
（注）　ドイツの場合，商法準拠義務の個別決算書と別途，情報目的に限定して IFRS の適用が認められている。

4

EUが域内諸国の会計基準統一化に際し，EU自らの会計指令の開発を断念し，IFRSの導入計画を明示化したのは，統一金融・資本市場構想とそのための戦略措置を提示した1999年5月の「金融サービス：金融市場大綱の転換（行動計画）」，その後の欧州理事会のリスボン決議を経て2000年6月に公表された「EUの会計戦略：将来の進路」であった。そこでは，欧州の統一市場の実現と欧州企業の競争力強化という目的のために，比較可能で透明性ある決算書の存在が必要であるが，比較可能性の欠落したEUの決算書は国際化した投資活動にとって障壁であり，とくに国際的に資本市場を利用する欧州企業（資本市場指向企業）にとって比較可能性を担保する国際的に認められた会計基準の導入が不可欠とされた。そして，その国際的に認められた会計基準として，国際的に認知度が高まることが予想されたIFRSを導入し，それをもって欧州の統一基準とする行動計画が策定された。そして，その結実が2002年7月に公布された「IAS適用命令」であった。

この「IAS適用命令」の履行によって，すでに述べたIFRSの承認メカニズム（Anerkennungsverfahren：Endorsement mechanism）が構築されるとともに，加盟国においてはIFRS適用の遵法性を監視するエンフォースメント（Enforcement）の機関も創設され，そのエンフォースメントの実施基準と加盟国間の調整が当時のCESR（欧州証券規制当局委員会；現在の欧州証券市場監督局：ESMA）に委ねられたのである。したがって，EUの場合，IFRSの導入については，EU機関と加盟国との連繋のもと，承認されたEU-IFRSに対して域内諸国の履行・監視の一体的運用が前提である。では，そうしたIFRSの承認メカニズムとエンフォースメント体制の一体化は，現時点でみてどのように機能しているのだろうか，この点を明らかにしようとするのが第1の視点である。

そして，第2の視点は，会計基準の「分岐ないし多様性（diversity）」の側面に関する視点である。EUは「IAS適用命令」によって，資本市場指向企業を中心にIFRSの導入を果たしたが，並行して，「金融サービス：金融市場大綱の転換（行動計画）」に沿って，「現代化指令（Modernisierungsrichtlinie）」を

2003年6月に公布し，加盟国に対し国内会計規準（Local-GAAP）のIFRSへの接近（Convergence）も求めた。現代化指令は，既存の会計指令（年度決算書に関する第4号指令，連結決算書に関する第7号指令）が「IAS適用命令」のもとで重要な役割を果たすためには，IFRSの適用と共通の枠組みが必要であるとし，会計指令とIFRSとの間のコンフリクトを解消し，現代実務に合致し弾力性に富む会計フレームワークを生み出し，IFRSの将来の発展に寄与するよう，すべての企業に適用される会計指令を修正し現代化することを基本目標としたのである。

　ただし，この会計指令の現代化は，加盟国それぞれが，国内企業の立場から国内条件に合致した方法と速度で対応する加盟国選択権が付与されていた。では，IFRSへの接近を求める現代化指令に対して，IFRSの受容を多様にしている加盟国がどう対応して自国の会計基準の改革をなしたのだろうか。かつて，EC（欧州共同体）時代，1992年の市場統合に際して，EU指令を媒介にした会計基準の調和化が図られたが，加盟国の多様な立法選択権の行使によって，分岐した会計規準が形成されるという妥協的解決をみた。現代化指令も，加盟国に対して立法選択権を削減せずに「緩やかな指令の実現」を求めた。そうした「緩やかな実現」が，加盟国にとって，どのように「IFRSへの接近」を導き，IFRSの受容とあわせた統一会計基準の形成へと結びつけたのか，その点についてドイツを対象にして考察しようというのが，本書の第2の視点である。

第2節　本書の構成

　本書は上述の2つの視点をもとに，大きく分けて2つの部分から成り立っている。以下，その概要について述べておこう。

　まず，第1の視点によって，第1章から第3章の部分が構成される。

　第1章では，EUの会計統合における基軸的概念である欧州型「真実かつ公正な写像（True and Fair View：TFV)」を中心にして，欧州会計法に組入れら

れた IFRS 受容の EU 法のメカニズムについて検討した。そこでは，TFV 原則を基礎原則とした EU の年度決算書指令（第4号），連結決算書指令（第7号）とさらに「慎重性（prudence）」原則に支えられた資本指令（第2号）とが相互補完的に作用し，「IAS 適用命令」が成立していること，また，そのことによって，EU では IFRS の導入と同時に IFRS を抑制するメカニズムが構築されていることについて論じている。

　第2章は，EU における IFRS のエンドースメント機構について取り上げている。欧州委員会は，IFRS の適用後10年を経て「IAS 適用命令の評価」の報告書を2015年8月に公表したが，この章では，その報告書を素材として，EU における IAS 適用命令の影響分析について考察している。報告書では，IFRS の承認基準である「公益（public interest）」，「真実かつ公正な写像（TFV）」の抽象度の高さや導入した IFRS 基準による公正価値評価が金融危機を増幅したことなど，消極的意見があったが，概ね，IAS 適用命令は有効であったという回答を得たとしている。ただし，その評価は IAS 適用命令の費用対効果を具体的に示すものではなく，そこでのエビデンスもステークホルダーの意見集約にとどまり，一般的評価に留まっていること，また，「IAS 適用命令の評価」が，欧州の「公益」の観点から今後，IFRS 策定に対し EU の影響力を強めていこうとする方向性を示していることを指摘した。

　第3章では，IFRS 履行のエンフォースメントの観点から，ESMA が2017年6月に公表した「財務情報のエンフォースメント・ガイドラインに基づくピア・レビュウ」に基づいて，その調査結果について考察し，EU ではエンフォースメント機関が加盟国において統一的に設置されてはいるが，IFRS 適用のエンフォースメントに対しては，ESMA のガイドラインに抵触する多様化した状況がみられる点を明らかにした。

　そして，続く第4章から第8章までの部分は，第2の視点に基づき構成されている。

　第4章では，EU の主要国ドイツでは，商法会計法（HGB）における IFRS 導入のしくみがどのように内法化されたのか，資本市場指向と非指向の区分，

証券市場法制との連繋問題について，資本市場における IFRS の適用状況の内容を加えながら考察されている。そこでは，ドイツの場合，自国の国内状況に照らして立法選択権を行使し，IFRS の受容に際して，「資本市場指向企業」，「規制市場」に対してドイツ独自の法概念を組入れ，また，資本会社の規模区分の引き上げや各種の免責条項を措置し，中小規模会社（非資本市場指向企業）の負担軽減を図っていることを詳細している。

　第5章と第6章は，現代化指令を転換した会計法現代化法（BilMoG）との関連で，投資家への情報提供を重んじる IFRS への接近が，債権者保護，資本維持を前提とする商法会計法の構造に対してどのような影響を及ぼしたのか，この点につき，第5章は，会計目的との関係，第6章では会計法上の規範構造とその解釈問題について，商法会計法の解釈源泉を担う学説を参照しながら検討した。そこで，ドイツでは商法会計目的との異質性から限定的に導入した IFRS が，商法会計法の参照基準でありえても解釈源泉となりえない特別な会計基準としての位置づけとなっていることを示した。

　第7章では，IFRS の導入が税務会計に及ぼす影響について考察されている。我が国の確定決算主義に相当する基準性原則に関して，BilMoG によって逆基準性が廃止されるなど，情報提供機能を優先した商法会計法の改正が行われたが，そのことから，商法規準と税法規準が乖離した状況を生じさせている。第5章では，そうした基準性原則の破棄の状況について，また，税務会計にもたらす今後の影響についても論じている。

　第8章は，IFRS との接近に際して，ドイツでもっとも活発に議論された IFRS 会計の特徴である公正価値評価とドイツ商法会計との関係について論じた章である。公正価値はドイツ商法において「付すべき時価」という法概念として導入されたが，この概念によって，配当利益の算定を目的とした制度的債権者保護を基底とするドイツの商法会計の法構成のなかに，英米流の「情報による資本維持」の思考が組み込まれたこと，しかし，そのことは同時に商法会計法に対して法的不安定性も与えることになったことを金融商品会計ならびに年金会計を中心に取り上げ考察している。

　そして，終章では，第1章から第8章までの考察をまとめている。ここでは，グローバル・スタンダードとしてのIFRSに対して，超国家的な経済圏として確立しているＥＵとその加盟国，本書ではドイツにおいて，その存在がどのように位置づけられ，またその意義づけがなされているのか，第8章までの考察から得られた認識を加えながら，本書の考察を集約し，結論を示している。

　その詳細は終章に譲るとして，本書の考察を通じて明らかになったのは，何よりも，IFRSがパラドキシカル（paradoxical）な性格をもつ会計基準だということである。IFRSはグローバル・スタンダードとして策定されてはいても，それを受容（Adoption）し，執行・監視（Enforcement）することはローカルな国家（法域）の主権に委ねられる。しかも，EUのように，国家の枠組みを超えたグローバルなガバナンスのメカニズムがあったとしても，IFRSが適用されるローカルな国家（法域）のレベルにおいて，その受容と執行・監視の在り方は，それぞれの制度特性に応じて実質的には分岐・多様化してしまうということである。

　たしかに，資本市場を中心としてグローバリゼーションが急速に進んだ今日，IFRSのような市場指向の統一的な会計基準が従来にも増して国際的規模で必要となっていることは事実である。ただし，国家（法域）のレベルにおいて，IFRSを受容するだけでなく，自国の会計制度（Local-GAAP）についてもIFRSへ接近（Convergence）させようとするとき，IFRSのパラドキシカルな性格に応じて，IFRSの受容との関係も含めて，各国の会計制度がその特性を維持しながら，どのように変革し法的安定性を求めていくのかが従来にも増して問われることになる。本書で取り上げたＥＵとドイツについても，IFRSの受容と接近に対して所定の綿密な立法計画に沿った改革を経た現在においてもまた，対応すべき課題が少なくないことがそれを物語っているといえよう。

補説：本書において，英語のAdoption, Convergence, Endorsement, Enforcementの訳語について，アドプション，コンバージェンス，エンドースメント，エンフォースメントのカタカナ表記しているが，ドイツ語文献の引用等に際して，上記の用語

に対応する Annahme, Annäherung, Anerkennung, Durchsetzung・Überwachung について，原語の意味あいも考慮して，それぞれ，受容，接近，承認，執行・監視と訳出し，それらの訳出を使用した箇所については，例えば，受容（Adoption），接近（Convergence）というように必要に応じて，対応する英語表記を括弧書きで加えている。

第 1 章

EU の IFRS 導入に対する枠組み
―欧州型 TFV と慎重性原則―

は じ め に

　EU では 2002 年 IAS 適用命令（IAS-Verordnung）[1] に基づき，2005 年より EU 規制市場に上場する欧州会社の連結決算書（Konzernabschluß）に対して IFRS の適用を義務づけ，非上場の欧州会社の連結決算書については IFRS の選択的適用を認めている[2]。さらに，EU においては，連結決算書への IFRS 受容（Adoption）の局面だけでなく，2001 年公正価値指令（Fair-Value-Richtlinie），2003 年現代化指令（Modernisierungsrichtlinie）に基づく，年度決算書（個別決算書：Jahresabschluß）を含めた域内諸国の国内法会計規準における IFRS への接近（Convergence）に向けた改編へとすでに同時進行しており，そうした IFRS をめぐって行われた EU の会計制度改革は，会計規準の国際的統合の局面をあらわしている。

　しかし他方で，加盟国間においては，それぞれ国内の経済的・法的環境や財政規則などと連携した国内会計規準が多様化している状況もみられる。その結果は，1970 年代後半から始まる EU 域内の同調的な会計制度再編という EU が掲げた改革目標の視点からすれば，かならずしも十分な達成を示すとはいえないだろう。

　では，そうした EU における統合と分岐の状況は，どのような条件のもとで成立しているのだろうか。IFRS 導入後 10 年以上が経過し IFRS 実務が進展する一方，IFRS の策定に対して EU の影響力を高めようとする，いわゆる「IFRS の欧州化[3]」の動きもみられる状況にあって，今後の EU 諸国における会計改革と IFRS との関係を捉えるうえでこの点を問い直すことも必要と思

われる。

　そこで以下においては，EU の会計統合における基軸的概念「真実かつ公正な写像（True and Fair View：以下，欧州型 TFV）を中心に，この概念を媒介にして欧州会計法に組み入れられた IFRS 導入の制度的枠組みについて整理し，併せてその意味するところも考察してみたい。

第 1 節　IFRS 受容の要件としての欧州型 TFV

　上述のように，EU では 2005 年以降，連結決算書のレベルでの上場企業への IFRS 適用義務，非上場企業への適用選択を講じ，さらに個別決算書レベルでも IFRS の選択的適用を許容した。ただし，そうした EU における IFRS の受容（Adoption）は，IAS 適用命令（IAS-Verordnung）第 3 条 2 項が規定するように，つぎの要件を充たすことが前提である。

- （ⅰ）年度決算書指令（EU 第 4 号指令）第 2 条 3 項および連結決算書指令（EU 第 7 号指令）第 16 条 3 項[4] の原則に抵触しないこと
- （ⅱ）欧州の公益に合致すること
- （ⅲ）理解可能性，重要性，信頼性および比較可能性の基準を充たし，経済的意思決定および企業経営の業績評価を可能にする財務情報を提供すること。

　このうち，（ⅲ）の意思決定関連的情報の伝達という要件は IFRS フレームワークの基本的要件に合致する。これに対して，（ⅰ）と（ⅱ）の要件である，導入する IFRS が，欧州の「公益」と年度決算書指令および連結決算書指令が指示する「真実かつ公正な写像（true and fair view）」すなわち，欧州型 TFV に合致するものかどうかは評価・承認されなければならず，このことが，EU において IFRS の受容が有する課題を含んでいるといってよい。

　欧州型 TFV は情報伝達規範としての共同体法の原理であり，この概念は年度決算書指令第 2 条 3 項および連結決算書指令第 16 条 3 項に遡及するため，それら会計指令と IAS 適用命令とを結ぶ連結帯として位置づけられている。

この場合，IFRS受容の基本要件である欧州型TFVは年度決算書指令に基づいて解釈される。つまり，欧州の法規命令の一部（第二次法）としてIFRSを適用する場合，欧州型TFVの解釈を年度決算書指令と一致させることが前提となる。ただし，そうして承認されたIFRSを年度（個別）決算書に対して適用するとき軋轢をもたらすことになる。後述するように，IFRSが資本市場参加者の情報利害を指向しているのに対して，年度決算書指令に基づく個別決算書は資本維持ないし債権者保護を基礎におくという矛盾がそこに存在するからである。

　では，欧州型TFVは，そうした矛盾のなかで，どのように位置づけられているのだろうか，まずこの点から確認しておこう。

　年度決算書指令第2条3項は，「年度決算書は会社の財産状態，財務状態，損益状態につき真実かつ公正な写像を伝達しなければならない」と規定している（英語版）。ただし，上のように指示される欧州型TFVは，他の規定と同様に加盟国それぞれの公用語・様式に応じて規定される。「真実かつ公正な写像」という用語は，イギリス，アイルランドでは "a true and fair view"，ドイツでは "ein den tatsächlichen Verhältnissen entsprechendes Bild"，フランスでは "une image fidèle" というように加盟国の公用語で用いられ，加盟国それぞれの法様式のなかで，意味合いも異なって転換される。もとより，欧州型TFVは義務規定（強制規定）であり，転換後の適用については欧州会計法の基準をもって方向づけられる。

　しかし，この欧州型TFVは包括条項を示すものであって，年度決算書指令においてその内容は明確に示されていない。もともとTFVという用語の法的起源はイギリス会社法にあるが，欧州型TFVはEU法の概念であり，それをイギリス法に遡及して解釈することはできない。したがって，その解釈は，加盟国それぞれの公用語の文脈と価値づけのなかで定まってくる。そのため，規範内容の視点でみれば，加盟国すべてにおいて均一の拘束性をもっているかどうか，判断するのは困難だといわれる[5]。

　また，こうした欧州型TFVの伝達条項は，年度決算書指令が指示する補完

規定，離脱規定と一体のものとして位置づけられている。年度決算書指令第2条4項および5項は以下のように規定している（英語版）。

　「この指令の適用が3項の意味での真実かつ公正な写像を伝達するに十分でないときには，追加的情報が示されなければならない。」（4項）

　「例外において，本指令の規定の適用が第3項で示された義務と一致しないときには，3項の意味での真実かつ公正な写像を伝達することを確保するため，当該規定から離脱しなければならない。当該離脱は決算書の注記において，その理由の説明かつ資産，負債，財務状態および損益への影響についての記載が開示されなければならない。」（5項）

　このうち第2条4項は説明機能，5項は修正機能を意味するとされ，欧州型TFVと一体化して情報規範の機能を果たすものと位置づけられている。しかし，それらは年度決算書指令の転換過程で加盟国の国内法に準じて各様に転換された。用語の法的起源であるイギリス会社法において長い伝統を有するTFV原則は，超越的原則（overriding principle）として，TFVの達成のためには当該一般規範が優先し個別規範からの離脱が可能であると解されている。例外的場合における規定離脱規定である年度決算書指令第2条5項は，加盟国において形式的にはほぼ同様に，規定転換されてはいるが，オーストリア，スイスなどでは，イギリス法のような超越的規定の性格は実質上，排除されている。成文法主義を貫くドイツの場合，第2条5項は採用していない[6]。ドイツの政府草案では，「要請される写像を伝達するという義務と例外とが両立しないときに法規定が破られるとする原則を意味するEU第4号指令第2条5項を表現として受け入れることは…拒否される[7]」と明言されているからである。

　要するに，欧州型TFVは，EU域内諸国の同調的な会計制度再編において，基軸となる情報規範であると同時に，その不確定性によって加盟国の妥協的解決も可能とする概念といえる。それは，「法律的，哲学的さらには社会的要請を具体化する高次元の普遍的概念[8]」といわれるように，どのような写像（情報伝達）を与えるべきか，EU加盟国それぞれの法体系のもとで弾力的な解釈を可能としている点は，念頭におかなければならないだろう。

第2節　EU会計現代化改革とIFRS

1.　欧州型TFVとEU会計指令

　さて，すでに述べたように，IAS適用命令に基づき受容（Adoption）される IFRSは年度決算書指令および連結決算書指令（以下，会計指令）が要請する欧州型TFVに合致することが必要となる。その場合，欧州型TFVについては，既述したように明確な定義は存在しない。しかし，法規範である限り，なんらかの解釈は必要となる。この欧州型TFVは不確定法概念の性格を持ち，加盟国においてその適用に疑義が生じた場合，EU法の建付け上，欧州裁判所（EuGH）が年度決算書指令の会計規範を中心に斟酌して具体化する。欧州型TFVは，規制の欠缺が生じた場合の解釈基準となる一方で，その最終的解釈は欧州裁判所の判決に委ねられ，年度決算書指令と指令規範の解釈は欧州裁判所によって確定されることになる[(9)]。

　この場合，欧州裁判所は，欧州型TFVの解釈に際し年度決算書指令第31条が掲げる一般原則を指向し，個別規範の解釈を考慮してその具体化を図っている。年度決算書指令第31条は，企業継続性，安定性，期間区画，慎重性，貸借対照表一致の一般原則などから構成され，欧州裁判所は，これら諸原則のうち，とくに，実現原則と不均等原則によって特徴づけられる慎重性原則を考慮しているといわれる[(10)]。

　しかし他方において，IAS適用命令はIFRSの純粋な情報機能に基づいて，そうした個別の一般原則を規定していない。そのため，IFRSを受容する場合，IFRSとの連結帯としての欧州型TFVの解釈は，基礎となる会計指令の目標設定を考慮したもとでIAS適用命令との調和的解釈を要請する。つまり，IFRSを承認（endorsement）する場合，欧州型TFVに合致した写像の伝達のために慎重性原則を暗黙裏に考慮したうえで，IAS適用命令第3条2項が求める共同体法に調和した解釈に合致することが要請される。個々の加盟国への指令の転換は，他方で，一般規範とその構想に基づく個別規範が規範の幅広い解

釈を導く適用余地を生み出している。したがって，EU の立法者が設定した会計指令と欧州型 TFV との共存関係は，会計指令の個別規範に基礎をおきつつ，欧州型 TFV の弾力的解釈を通じて IFRS を包摂することも可能にさせる。そうした欧州型 TFV の弾力的解釈のもとで，債権者保護に重きをおく EU 法体系のなかに私的機関によって策定される投資家指向の IFRS 受容が破綻することもない。

しかも，このメカニズムは，IAS 適用命令それ自体のなかでも補完される。IAS 適用命令によれば，IFRS を適用するにあたって，「理事会決議に照らして，EU 指令のすべての各個別規定の厳格な遵守を必要とすることなく」，欧州型 TFV の基本要請を充たすことが求められる。つまり，この規定の意味するところは，IFRS 受容にあたって，欧州型 TFV を可能にするなら，年度決算書指令のすべての個別規定，したがって年度決算書指令を転換した加盟各国の個別規定についてもその適合を前提としないことにある。欧州型 TFV は明確な定義のない不確定法概念である。欧州法の設定者は，欧州型 TFV の伝達の遵守をもって評価され，承認される IFRS と年度決算書指令との原則間の競合を当初から考慮に入れていたということであって，そこには IAS 適用命令第 3 条 2 項がいう「欧州の公益」のもとで，IFRS を受容し，場合によっては防御（例えば，カーブアウト）も可能とする EU 法制の妥協的・政治的調整のメカニズムが組み込まれているといってよいだろう。

2. 会計現代化による IFRS への接近

共同体法の解釈は，すべての加盟国言語（24 の公用語）による均衡ある拘束性ならびに加盟国の共同体法概念に対する自律的法解釈を前提とするとされる。この脈絡のなかで，会計指令を介して加盟国に転換された会計規準も指令適合的に解釈されるものとみなされている。

しかし，加盟国がその国内会計法と IFRS への接近（Convergence）をはかる場合，IFRS に対応した個別決算書は配当測定目的と会計上の資本維持目的に直接適合しないために，そこに矛盾を伴うことになる。すなわち，EU の会計

指令は資本指令（第 2 号指令）を前提に，資本維持レジームに基づく債権者保護に重きをおく[11]。それに対して，IFRS に対応した決算書はその基本コンセプトにおいて資本維持目的もしくは配当測定目的に適合しない。そのため，IAS 適用命令第 5 条の IFRS 適用選択権を通じて加盟国が個別決算書へ IFRS を適用させる場合，配当測定目的への利益に対応することなく影響を及ぼす可能性が生ずるからである。ただし，欧州型 TFV の弾力的解釈のもとにあって，適用選択の結果として生ずる加盟国間における様々な利益数値が可能となるとしても，依然として資本維持に基づく債権者保護構想は将来における国家規制の基盤となっている[12]。そして，加盟国における分岐化された規制が基礎に据えられる限り，欧州における IFRS への接近も，結局のところ慎重性原則（Vorsichtsprinzip）との調和的解釈を図ることにならざるを得ない。

　そのことは，IAS 適用命令と同時進行でおこなわれた 2001 年公正価値指令[13]，2003 年現代化指令[14]の加盟国における国内法への IFRS の接近の局面において論争された問題である。

　公正価値指令と現代化指令が発せられるまで，年度決算書指令第 32 条が基礎を置く調達原価および製作原価に基づく評価は，実現原則への狭義の解釈を示していた。しかし，上の 2 つの指令による会計指令の修正として実施された IFRS への接近は欧州委員会の IFRS に対する指令の動的解釈を許容しており，欧州型 TFV の伝達のための実現原則の広範な解釈を正当化した。それと同時に，実現原則の厳格な適用もまた，指令の動的解釈のもとでは可能となった。会計指令の修正を通じた実現原則の解釈余地は，その構想において法的安定性の観点からも問題視されていたが，最終的に欧州法はそれを是認した。そして，こうした共同体法上の実現原則の解釈余地は欧州型 TFV の情報保護目的に向けた将来指向の解釈拡大を可能とし，債権者保護の観点を薄めることに繋がるものでもあった[15]。

　つまり，公正価値指令を通じた金融商品に対する公正価値評価の導入は，既存の会計指令における実現原則の破棄を導き，IFRS がいう情報指向の意味での欧州型 TFV の伝達に資する実現原則の幅広い解釈を正当化した。同様にし

て，公正価値による一定資産の再評価等の導入を掲げた現代化指令もまた，共同体法の不均等原則の枠組みのなかで会計指令の慎重性原則の幅広い解釈を生み出し，他方においては，従前の会計指令に応じた厳格な慎重性原則ないし損失把握を指向するという加盟国間の損失構想に対して幅広い解釈を導いた。実現原則と不均等原則のそうした破棄はIFRS適用の前提として指令の情報提供目的の強化ともいえる。しかし，現実には，欧州型TFVの解釈拡大の下で実施された標準化の試みは，加盟国レベルにおいて一様に受け入れられたとはいえない。

　この点は，現代化指令を転換したドイツの会計法現代化法（BilMoG）の成立経過からみても明らかである。現代化指令を転換した会計法現代化法は政府法案[16]においてドイツの立法者が示すように，配当測定の基礎および税務上の利益決定に対する基準性の維持としての商法上の年度決算書機能の保持のもとでIFRS決算書への接近を可能とした。しかし，ドイツの裁判所は「IFRSと調和的な法前進」の実施を認めていない。また，商法会計規範は，現行国内法の尺度，すなわち，正規の簿記の諸原則（GoB）の意味と目的に従い目的論的に解釈されるとされている[17]。こうしたドイツの立法者と裁判所判決の明確な意思は，BilMoG以降も，GoBシステムを通じて慎重に算定された配当可能利益を求める債権者保護目的を保持しており，公正価値の導入を最小限にとどめ[18]，利益算定基礎としてのIFRSの導入は例外を除いて排除されるに至っている。

第3節　欧州型 TFV と資本維持・配当測定目的

　EUにおける会計法現代化構想の基礎に位置づけられているのは，会社法指令を通じた社員と債権者の保護規定の等価性の形成を目的とした加盟国の国内会計法規範の調和化である。そして多くの指令のうち中心にあるのが，年度決算書指令および連結決算書指令の会計指令である。

　すでに述べたように，年度決算書指令と連結決算書指令は加盟国の配当測定目的への同時的考慮のもとでの分離された情報伝達という妥協的性格を附備し

ており，また，年度決算書指令と資本指令との相互の結びつきにより，欧州会計法の全体枠組みのなかで資本維持レジームにもとづく債権者保護の思考もそこに統合されている。この関係は，図表1のように示されよう。その場合，とくに，年度決算書指令については，欧州型 TFV を規定する第2条3～5項が加盟国への転換されるなかで様々な理解を通じて根拠づけられ，結果として，加盟国転換選択権が行使されることを通じて，離脱機能，離反命題も切り離されている。その不確定性によって，欧州型 TFV の一般規範は加盟国のそれぞれの解釈に応じて，それに合致した会計損益に対する解釈を導き，そこでの配当測定目的への年度決算書の指向は，欧州型 TFV の効力を限定するという効果を及ぼしたという[19]。

　IAS 適用命令に従う資本市場指向会社に対する IFRS の受容も，こうした会計指令を通じた不完全な調和化という経過のうえに成り立っており，会計指令そのものの妥協的性格を組み入れたものであった。そこで問題となったのは，IFRS 決算書の情報伝達という単一の機能性にあり，個別決算書に対して IFRS をそのまま適用（選択権）することは，投資家への情報保護への指向を意味するものであって，そこでは，年度決算書指令の資本維持を通じた配当測定目的ないし債権者保護目的が考慮されることに反することになる。

　欧州委員会が導入した IFRS の同調的受容に向けての年度決算書指令に対する動態的解釈と，先に述べたように，その後の公正価値指令および現代化指令を介した会計指令の IFRS への接近も，そうした課題に対処しようとしたものであったが，むしろ，年度決算書指令の規範解釈をさらに不安定にすることにつながった。

　しかし，一方において，そうした会計指令の変化はその妥協性，弾力性を増すことによって会計指令における歴史的な実現原則の破棄にもつながり，そこに準備された実現原則の拡大解釈によって IFRS の情報指向による欧州型 TFV の伝達を合法化することも可能にさせる。ただし，年度決算書指令は，資本指令と結合した欧州の資本維持システムの枠組みのなかで，IFRS を組み入れており，そのことは，受容する IFRS に対して資本指令も解釈基盤にもな

図表 1　EU の会計制度改革における IFRS 受容の枠組み

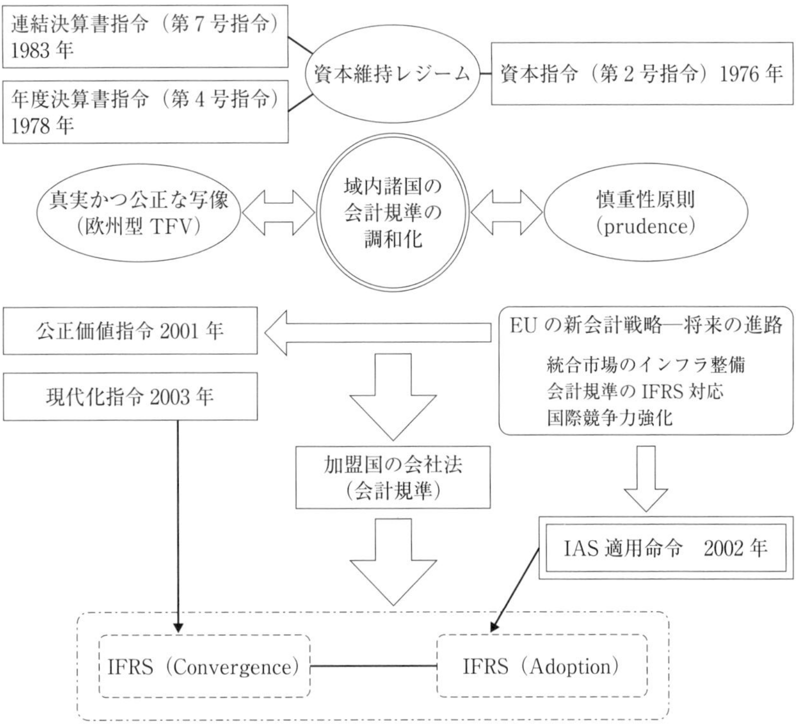

出所：筆者作成

　ることを意味することになる。情報伝達という排他的目標を有する IFRS の受容は，欧州の年度決算書規範がそれとの相互の関係のもとに，どの程度，配当測定基礎の目的を保持できるのか，あるいはどのような利益測定が適切なものなのかという問題を孕むことになる⁽²⁰⁾。

　もちろん，IFRS を導入する過程で，EU ではそうした問題をそのまま放置したわけではない。EU では個別決算書への IFRS 適用をにらんで代替的資本維持システム（alternative Kapitalerhaltungssysteme）の構築を計画した経緯も

ある。欧州委員会は 2003 年のアクションプランにおいて，資本指令（第 2 号指令）に定められた資本維持システムの変更について，従来の社員に対する配当を貸借対照表に表示される自己資本に関連付ける（制度的資本維持）のではなく，いわゆる「情報による資本維持」の思考を導入し，アングロサクソン型の支払能力テスト（solvency test）による補完を計画し [21]，IAS 適用命令の個別決算書への IFRS 適用選択を前提にした KPMG への委託調査を実施したのも事実である。その KPMG の調査（2001 年）によれば，IFRS 準拠の個別決算書に基づいて利益配当を行う加盟国は 27 か国のうち 17 か国，また，配当決定に際して未実現利益の削除の修正する加盟国はそのうち 8 か国であった。

　KPMG の調査は，行政コスト負担も考慮していくつかの代替モデルの実行可能性を比較検討したうえで，最終的にその採用の可否を欧州委員会の決定に委ねたものであったが [22]，その調査結果を受けた欧州委員会は代替的モデルの導入についての判断を加盟国の選択に委ねたうえで，IFRS 導入後も既存の資本維持レジームに重要な問題を生じさせることはないとして，当面，資本指令の修正を見送ることとし，資本維持レジームの基本的姿勢はその後も変わらず保持されている [23]。

第 4 節　欧州型 TFV と慎重性原則との相互補完性

　さて，欧州型 TFV の構想においては，年度決算書指令における一般規範と個別規範との循環的関係（zirkulären Zusammenhang）[24] が存在する。欧州裁判所の判決もまた，欧州型 TFV の解釈について年度決算書指令第 31 条の一般原則を指向しながら，個別規範の解釈を考慮して具体化する。すでにふれたように，欧州裁判所が欧州型 TFV と関連づけているのは年度決算書指令第 31 条が掲げる一般原則のうちとくに慎重性原則（Vorsichtsprinzip）だといわれる。

　では，欧州型 TFV という統一規範のもとでの会計法調和化と IFRS 受容の要件が絡み合うとき，そこで慎重性原則はどのように位置づけられているのだろうか。

　年度決算書指令第31条1項は，年度決算書に表示される項目は一般原則に従い評価されなければならないとし，慎重性原則については，1項Cにおいて，「評価は慎重な基準で行われなければならず，とくに（aa）貸借対照表日に実現した利益のみが表示され，（bb）負債もしくは損失が貸借対照表日と貸借対照表作成日の間にはじめて認識されるときですら，当該事業年度もしくは前事業年度において発生するすべての予測可能な負債と潜在的損失が計上されなければならず，（cc）当該事業年度の結果が損失または利益になるかに関わらず，すべての減価償却費が計上されなければならない」（英語版）と規定する。

　ただし，この慎重性原則は加盟国によって多言語で翻訳され，それぞれの法文解釈をもって転換された。たとえば，イギリス会計法における慎重性原則（prudence principle）は，信頼性という包括的目的のひとつの局面を示し，そこに体系的原則が存在せず解釈前提も多様となる。そのため，慎重性原則が果たす法効力も弱いとされる。共同体法も，加盟国に対しそれぞれの会計報告目的に応じて慎重性原則の異なるウェイト付けを可能とする転換余地が存在する。つまり，意思決定関連的な情報伝達を求めて会計指令の情報保護目的を指向するとすれば慎重性原則のウェイトが弱まるだろうし，保守主義的指向が強いドイツなどのように，配当測定（債権者保護）目的を指向するなら慎重性原則のウェイトが強まることになる。

　その点，欧州裁判所（EuGH）はTomberger判決（1996年6月27日付）[25]，DE+ES判決（1999年9月14日付）[26]ならびにBIAO判決（2007年1月7日付）[27]において，年度決算書指令に対する加盟国の転換選択権を前提にして，当該国に転換された国内規定に準じた慎重性原則の解釈を追認した。ただし，Tombergerの判決にみられるように，欧州裁判所は，年度決算書指令第20条に基づく引当金の計上能力，年度決算書指令第31条1項cが意味する利益の実現時点についてなど，係争の論点となる会計指令の解釈問題に対して明確な判断を下していない。しかも，DE+ES判決にみられるように，欧州裁判所は，引当金の定義との関連で，リスクないし不確実性の見積もりや慎重性原則に関して，加盟国の歴史的，文化的，経済的理由から生ずる会計慣行に沿った解釈

を容認した。ただし，それと同時に，欧州裁判所は，会計指令を通じて判断余地が限定されることも強調して，一般規範としての欧州型 TFV が慎重性原則を通じて制限されるとしている[28] という。つまり，そこでは加盟国に評価基準の転換余地を認めつつも，指令が列挙している一般諸原則が内包する資本維持レジームの基本姿勢は貫かれているといってよい。

　こうした慎重性原則に対する解釈の多様性は，慎重性原則の構成要因である実現原則についても同様の取り扱いである。年度決算書指令第31条1項Cは実現原則について，「貸借対照表日に実現した利益のみが記載されなければならない」と規定する。つまり，実現原則は利益表示を実現した利益の基準のみに結合させているが，その基準のもとで何を意味するかについてはやはり確定されてはいない。年度決算書指令も利益の実現に対して統一した概念も，また利益という語彙に関して厳格な用語選択も行っていない。ただし，実現原則の解釈範囲は慎重性原則との結合によって規定される。それによって，慎重性原則と同様に，実現原則は評価ならびに計上問題にも関係し，指令の債権者保護構想とも連携し，そこに加盟国における転換余地も存在する。

　その場合，狭義に解釈された実現原則は慎重に算定された配当可能利益を求めることになる。この狭義の実現原則はドイツ商法会計法（商法典第252条1項4号）に見出される。ドイツの GoB システムにおいて，計上原則も評価原則も実現された利益は販売活動と結合し，この関係は収益の実現に関係するだけでなく費用の積極計上に結びついている。資産の市場価値の変動から生ずる純財産増加は未実現の利益であり，したがって認識されることはない。

　そしてこうした実現原則から派生するのが調達原価・製作原価主義（つまり取得原価主義）である。この調達原価・製作原価主義と利益が販売活動と結合するという理解は欧州委員会の見解にも合致する。一定の金融商品に対する公正価値評価の導入に関して，欧州委員会は，調達原価もしくは製作原価での評価にあたって，損益計算書に表示される利益は獲得ないし販売が先行するため，実質的に実現されているが，公正価値評価に基づく未実現利益の表示については，資本維持の観点から慎重性原則に反するものとみなされる，との解釈

を示している⁽²⁹⁾。なお，金融商品への公正価値評価の導入については，公正価値指令，現代化指令の転換に際して，ドイツでは実現原則，慎重性原則の破棄問題を論点に活発に論議されたが，金融機関を除いて最終的に拒絶されたことは，さきに述べたとおりである。

　これに対して，広義の実現原則はイギリス法にみられる。イギリス法では，実現原則に "profit made" の用語が利用され，ドイツと比較して厳格ではない利益構想のもとで，実現可能利益の計上も可能である。この広義の実現原則のひとつの適用例が工事進行基準である。欧州委員会は一定の前提のもとで広義の実現主義に基づく工事進行基準の適用を指令適合的とみなしているが，イギリスでも，基本的には，広義の実現原則にたった解釈を可能としている。情報提供目的に資するとする立場からの実現原則の解釈は，会計指令の転換に際してイギリスをはじめ多くの加盟国が工事進行基準を許容し，もしくは義務的適用を行ったが，そうした転換は指令適合的とみなされた。つまり，工事進行基準の適用は，共同体会計法上の実現原則の転換余地のなかで可能とみなされ，「マイルドな実現原則（milder Realisationsprinzip）」の結果でもあった。

　以上のように，同じく実現原則といっても，加盟国それぞれによって年度決算書指令の転換の厳格度は異なる。"realisierter Gewinn"（ドイツ語）や "profit made"（英語）など多言語で示される実現原則に関する統一的定義は年度決算書指令においても存在しない。しかし，そこでの実現主義の解釈の弾力化によって，一定の条件のもとでは公正価値評価に基づく実現可能（未実現）利益の計上も許容されることになる。

　それでは，欧州裁判所は，実現原則をどう解釈しているのか。さきに取り上げた Tomberger 判決において，欧州裁判所は共同体法上の実現原則ないし欧州型 TFV の観点からみて，ドイツの実現原則に対する解釈を指令適合的とみなした。しかし，欧州裁判所は，このドイツの係争以外の事例について，計上可能性が共同体法上の実現原則に合致するか否かについて立ち入って論じず，ドイツの解釈が年度決算書指令第 31 条の掲げる実現原則と矛盾していないことを追認するにとどまった。欧州裁判所はまた，BIAO 判決において，年度決

算書指令は具体的事態に対する詳細規定をおいているのではなく，加盟国の様々な規制を通じて充塡される一般に考慮されるべき諸原則を準備していると論じて，そこでも，個別規範に対して広範囲の転換余地が容認していることを明確に示しているといえる。

　つまり，欧州型 TFV の解釈を基礎づける慎重性原則について，年度決算書指令も欧州裁判所の判決も具体的内容を提示していない。むしろ，指令の転換後の加盟国における国内法規上の解釈余地を容認しながら欧州型 TFV の情報指向的解釈を制約する役割が付与されているといってよい。欧州委員会の構成員でもあった Karel van Hulle は，年度決算書指令の生成史から，「慎重性（prudence）に関して，第 4 号指令の交渉者達（negotiators）はそれを会計原則のひとつとして，また重要な地位を与えようとしたことに疑いはない[30]」としているが，まさしく慎重性原則については，その解釈の選択を許容しながらも，欧州型 TFV と一体となって IFRS 流の情報提供機能への過度の傾斜を抑制するという EU 諸国の妥協的同調を支える主要な原則となっていると考えられるのである。

むすびとして

　以上，本章では，欧州会計法に組み入れられた IFRS 導入の制度的枠組みについて，その媒介を果たす欧州型 TFV と慎重性原則との関連を中心に考察してきた。

　EU 域内諸国における会計規準調和化の歴史は，1970 年代後半以降，年度決算書指令，連結決算書指令が掲げる欧州型 TFV ならびに資本指令に基づく資本維持レジームと連携した慎重性原則を軸に展開されてきた。その基本的骨格は，統合市場の国際的競争力強化に向けて，域内諸国の会計法に対する IFRS 導入を図った IAS 適用命令以降の会計改革においても変わることはない。

　欧州型 TFV は EU 諸国の会計制度調和化の包括条項として，また慎重性はその欧州型 TFV を支える中心的一般原則として加盟国間の会計法をつなぐ紐帯の役割を果たしている。そして，IFRS 導入以降，このふたつの概念の結合

は，一方では欧州型 TFV が不確定で包括的な情報規範として IFRS の開放に
働き，また，他方においては，慎重性原則との相互補完性を通じて域内諸国に
おける会計制度の妥協的解決[31] を図る資本維持規範として IFRS の過度の導
入の防御にも機能するという役割を果たすことになる。

　ただし，その場合 IFRS 導入の要件である欧州型 TFV は，慎重性原則と相
互補完的に解釈されるなかで，加盟国に付与された転換選択権を通じたそれぞ
れの理解におうじて会計制度の分岐化ももたらすことになる。欧州型 TFV
は，その不確定の性格を通じて IFRS の受容（Adoption）や接近（Convergence）
を可能にした。しかしその一方で，年度決算書が資本維持レジームに立った配
当測定目的を指向する場合，個別規範は欧州型 TFV に対して情報抑制的効果
を与えることになる。つまり，欧州型 TFV は動態的な概念（dynamisches
Konzept）であって，IFRS 受容の局面だけでなく IFRS への防御も可能とする
役割を果たすことになる。そこに，統一的な会計戦略に立脚しつつも，域内諸
国に対して多様な経済的・法的環境や財政規則に基づく会計制度の自律性を担
保しながら同調的解決をはかるという EU 独自の IFRS 導入のメカニズムをみ
て取ることができるのである。

注

(1) Verordnung（EG）1606/2002 des Europäischen Parlaments und des Rates vom
　　19.07.2002, betreffend die Anwendung internationaler Rechnungslegungsstandards,
　　Amtsblatt der EU, Nr.L243, 11.09.2002.

(2) なお，加盟国選択権が付与された年度決算書に対する IFRS の適用については，6 か国
　　を除く加盟国が導入しているが，その内容は上場・非上場あるいは義務・選択適用の区分
　　と様々な対応になっている。

(3) この点については，本書第 2 章および佐藤誠二「IFRS の欧州化についての考察」『會計』
　　第 188 巻第 4 号，2015 年を参照。

(4) Fourth Council Directive of 25 July 1978 based on Article 54（3）(g) of the Treaty on
　　the annual accounts of certain types of companies（78/660/EEC），Official Journal of the
　　European Communities Nr. L 222,14. 08. 1978.

(5) Hulle は，「真実かつ公正な写像の解釈にあたって第 4 号指令の異なる用語版からいかな

る重要な帰結も引き出すことは困難である。真実かつ公正な写像という用語を意義ある方
法でなんらかの公用語に転換することは不可能である」と指摘している。Karel van Hulle
; Truth and untruth about true and fair :a commentary on a "European true and fair
view" comment, in: EAR,Vol.2, 1993, p.100.

(6)　TFV のドイツ商法会計法への転換の内容については，佐藤誠二『現代会計の構図』森
山書店，1993 年所収の「第 4 章ドイツ商法典における一般条項の位置」を参照。

(7)　Beck コンメンタールのなかで，Budde は，「真実かつ公正な写像の原則はその生成史に
もかかわらず，その解釈になんら意味をもたず，その法解釈については，ドイツ流の原則
が基礎にあり，なんら変更を及ぼすものでない」と述べている。Wolfgang Budde,
Hermann Clemm,Manfred Max-Sarx; Beck'scher Bilanz Kommentar, Der
Jahresabschluß nach Handels- und Steuer Bilanz, 1987, S.730.

(8)　黒田全起，『EC 会計制度調和化論』有斐閣，1989 年，249 頁。

(9)　Vgl. Robert Winnefeld, Bilanzhandbuch, Handels-und Steuerbilanz,
Rechtsformsspezifisches Bilanzrecht,Bilanzielle Sonderfragen, Sonderbilanzen, IAS/IFRS-
Rechnungslegung, 5.Aufl., 2015,S.35-37. Winnefeld によれば，EU 条約に基づき，加盟国の
裁判所が係争問題に際して EU 法の解釈や法効力が先決的な問題である場合，その問題に
ついて欧州裁判所が判断（先決的判決）を下す役割を有している。その場合，規範目的に
基づく自律的解釈が中心的解釈源泉となるという。.

(10)　Anne Najdeak, Harmonisierung des europäischen Bilanzrecht Problembestimmung
und konzeptionelle Würdigung, 2009, S.138-139.

(11)　資本指令では前文で「共同体は，債権者保護としての資本を維持するために，とくに
自己の株式を取得する会社の権利を制限し，株主にたいする責務のない配当制限を通じ
て資本の減少をふせぐことをもって，諸規定を公布しなければならない」とし，株主及
び債権者の保護と債権者保護としての資本維持をその目標においている。vgl., Zweit
Richtlinie des Rat vom 13.Dezember 1976 zur Koordinierung der Schutzbestimmungen,
die in den Mitgliedstaaten den Gesellschaften im Sinne des Artikels 58 Absatz 2 des
Vertrages im Interesse der Gesellschafter sowie Dritter für die Gründung der
Aktiengesellschaft sowie für die Erhaltung und Änderung ihres Kapitals
vorgeschrieben sind, um diese Bestimmungen gleichwertig zu gestalten
（Kapitalrichtlinien）, Amtsblatt der EU Nr.L26, 31.01.1977,　S.1.

(12)　Anne Najdeak, a.a.O., S.210.

(13)　Richtlinie 2001/65EG des Europäischen Parlaments und des Rates vom 27.September
2001 zur Änderung der Richtlinien 78/660/EWG, 83/349/EWG und 83/635 EWG des
Rat im Hinblick auf die im Jahresabschluss bzw. im konsolidierten Abschluss von
Gesellschaften bestimmter Rechtsformen und Banken und anderen Finanzinstituten

zulässigen Wertansätze, Amtsblatt der EU Nr.L283, 27.10.2001 .

（14） Richtlinie 2003/51/EG des Europäischen Parlaments und des Rates vom 18.6.2003 zur Änderung der Richtlinien 78/660/EWG, 83/349/EWG, 86/635/EWG und 91/674/EWG über den Jahresabschluss und den konsolidierten Abschluss von Gesellschaften bestimmter Rechtsformen, von Banken und anderen Finanzinstituten sowie von Versicherungsunternehmen, Amtsblatt der EU L178, 17.07.2003.

（15） Anne Najdeak, a.a.O., S.162.

（16） Vgl. Bundesregierung , Regierungsentwurf eines Gesetzes zur Modernisierung des Bilanzrecht（Bilanzrechtsmodernisierungsgesetz-BilMoG）vom 21.05.2008

（17） この点については，本書第6章ならびに佐藤誠二「ドイツ会計法規範へのIFRSの影響」，『會計』第190巻第6号，2016年を参照。

（18） BilMoG参事官法案では当初，売買目的の金融商品の公正価値（付すべき時価）評価の導入が提案されていたが，学者，会計人の批判などを受けた法務委員会決議勧告を経て，ドイツにおいては，最終的に信用機関および金融サービス機関のみに公正価値評価が限定的に適用された。なお，2004年に成立した会計法改革法（BilReG）においても，公正価値指令に基づき公正価値に類似する「付すべき時価」の定義が，附属説明書（Anhang）の説明事項として導入されているが，金融商品の公正価値評価は採用されなかった。このドイツにおける経過については，Henning Zürch, M.A.Dominic Detzen；「ドイツにおける公正価値会計」，佐藤博明（訳），Jörg Baetge編著『ドイツ会計現代化論』森山書店，2014年に詳しい。また，その後の経過については，本書第8章を参照。

（19） Anne Najdeak, a.a.O., S.208.

（20） Ebenda, S.98.

（21） Vgl. Kommission der Europäischen Gemeinschaften, Modernisierung des Gesellschaftsrechts und Verbesserung der Corporate Governance in der Europäischen Union Aktionplan, KOM（2003）284 endg.v.21.5.2003. ／ Stellungsnahme der Generaldirektion Binnenmarkt und Dienstleistungen der EU-Kommission: Result of the external study on the feasibility of an alternative to the capital Maintenance Regime of the Second Company Law Directive and the impact of the adoption of IFRS on profit distribution.

（22） Vgl., KPMG（hrsg.）, Contract EDT/2006/IM/F2/71 Feasibility study on an alternative to the capital maintenance regime established by the second Company Law Directive 77/91/EES of 13 December 1976 and an examination of the impact on profit distribution of the new EU-accounting regime- Main Report, January 2008.

（23） Kommission der Europäischen Gemeinschaften: Results of the external study on the feasibility of an alternative to the capital Maintenance Regime of the Second Company

Law Directive and the impact of the adoption of IFRS on profit distribution, p.2.

(24)　Wolfgang Ballwieser, Sind mit der Generalklausel zur Rechnungslegung auch neue Prüfungspflichten verbunden, in:BB, 40Jg., 1985, S.1035. Ballwieser によれば，一般規範の内容は個別規範によって高められる一方で，一般規範の役割は解釈を要する個別規範の価値充填をおこなうことにあるという。

(25)　EuGH-Urteil　vom27.Juni 1996，Rs.C-234/94（Tomberger/Wettern GmbH），Slg.1996, Ⅰ-3133.

(26)　EuGH-Urteil　vom14.September 1999，Rs.C-275/97（DE+ES Bauunternehmung GmbH），Slg.1999, Ⅰ-5331

(27)　EuGH-Urteil　vom 7.Januar 2003，Rs.C-306/99（BIAO），Slg.2003, Ⅰ-1

(28)　欧州裁判所の3つの判例について詳細に論じたものとして，稲見亨「欧州裁判所の判例に見るドイツ会計の国際的側面」『會計』第164巻第1号，2003年を参照。

(29)　Kommission der　Europäischen Gemeinschaften; Vorschlag für eine Richtlinie des Europäischen Parlament und des Rates zur Änderung der Richtlinien 78/660/EWG und 83/349/WEG im Hinblick auf die im Jahresabschluß bzw. im konsolidierten Abschluss von Gesellschaften bestimmter Rechtsformen zulässigen Wertansätze, KOM（2000）80 endg., S.9.

(30)　Karel van Hulle; Prudence: a principle or an attitude ? , in: EAR,Vol.5, 1996, p.375.

(31)　Hulle は，TFV 原則は弾力性を加味し，加盟国間の社会経済的，文化的および法的相違のため国際的文脈のなかでは好ましく，ある加盟国では TFV とみなす年次決算書が他の加盟国ではそう解釈されないことが可能となる，と述べている。Karel van Hulle, Truth and untruth about true and fair :a commentary on a `European true and fair view' comment , op.cit., pp.99-100.

第2章
EU における IFRS の承認システム
—欧州委員会「IAS 適用命令の評価」を中心に—

は じ め に

　EU では，欧州の規制市場に上場する域内企業，すなわち資本市場指向企業の連結財務諸表に対して IFRS の適用を義務づけ，資本市場指向企業以外の欧州企業に対しても IFRS 適用への任意選択を認めている。そして，そうした IFRS 受容の起点となったのが，欧州委員会が 1995 年に公表した「会計領域の調和化‐国際的調和化の観点からの新戦略[1]」であった。

　この新戦略では，国際的に活動する欧州企業の国際的資本市場への参入を容易にするため，とくに連結決算書に関して EU の会計指令と抵触せずに国際的会計基準（IFRS もしくは US-GAAP）を導入するためには，その国際的な会計原則と EU 会計指令との等価性を比較可能性の観点から検証することが必要とされた。

　その新戦略を受けて金融市場の活性化との関連で，欧州委員会が今後の会計制度改革の課題を明示したのが，「金融サービス：行動大綱の策定[2]」（1998年 10 月 28 日）と「金融サービス：金融市場大綱の転換：行動計画[3]」（1999年 5 月 11 日付，以下「金融サービス行動計画」）であった。とくに，「金融サービス行動計画」において，欧州委員会は「比較可能で，透明かつ信頼性ある年度決算書は，効率的および統合された資本市場にとって不可欠[4]」であるとし，国際的資本市場で資金調達する欧州企業にとって，「EU 市場内部での比較可能性の改善に対する解決は，国際的に認められた行為基準の動向を反映させる」ことであり，「企業に対し国際資本市場で資本を調達することを可能にする統一会計規定の指針として国際会計基準（IFRS）が最も適している[5]」と

し，EU が採用する国際的会計基準を IFRS と定めて，2005 年を目途とした IFRS 導入のための立法化計画を EU 加盟国に明示した。その後，その「金融サービス行動計画」における行動（立法）計画にそって 2002 年 7 月に公表されたのが「IAS 適用命令」であった。

　前章でも述べたように，「IAS 適用命令」は IFRS を EU で適用するにあたって，IFRS が（ⅰ）企業の財産・財務・収益状態の事実関係に合致する写像を伝達するという EU 会計指令の基本要請を満たし，（ⅱ）欧州の公益に合致し，（ⅲ）情報の質に関する EU の基本的基準が満たされ，それにより決算書がその受け手にとって有用であること，の 3 つを前提とする（IAS 適用命令第 3 条 2 項）。

　それとともに，IFRS を導入するには，EU における承認機構，いわゆるエンドースメント・メカニズム（Endorsement Mechanism）が不可欠とされている。「IAS 適用命令」によれば，その承認機構は共同体において IAS/IFRS を適用させるための共通理解を深めるための手段であり，承認機構は，提案された IFRS を遅滞なく受け入れ，主要利害関係者，とくに国内の基準設定機関，有価証券領域の監督機関，銀行および保険会社，中央銀行，会計専門職ならびに決算書の受け手および作成者によって，IFRS を審議し検証しなければならない[6]，とされる。

　本章の目的は，IFRS 適用命令の発効から 10 数年を経て，そうした IFRS の承認機構がその機能をどの程度，果たせているかについて，先ず，EU における IFRS の承認機構の内容について確認したうえで，2015 年 6 月に公表された「IAS 適用命令に関する EU 規則の評価に関する欧州委員会の欧州議会および欧州理事会に対する報告」および補足の「スタッフ・ワーキング附帯記録」[7]を中心にして検討することにある。

　この「IAS 適用命令」の評価報告は，ギリシャの財政問題に端を発し，2010 年頃から深刻化した金融危機と停滞している欧州経済の現状打開に向けた金融・資本市場政策として，欧州委員会が 2014 年 3 月に公表した「欧州経済の長期的資金調達についての欧州委員会の欧州議会および欧州理事会に対する公

式報告[8]」，さらには，欧州委員会特別アドバイザーである P.Maystadt の
IFRS 開発への EU の影響力強化のための 2013 年 10 月の「IFRS の欧州化[9]」
の提言とも関連を有すると述べられている。したがって，「IAS 適用命令の評
価」のなかには，「IFRS の承認メカニズム」そのものに対する評価だけでな
く，IFRS を策定する IASB の基準設定の在り方に対する EU の姿勢も織り込
まれているといってよいだろう。

　本章では，その点との関連を含めながら，IFRS の受容後における EU の
IFRS の承認メカニズムの評価について考察してみたい。

第 1 節　EU の IFRS 承認メカニズム

　EU は，域内諸国における会計の調和化に対して，EU 域内で協議し策定す
る「指令（Richtlinie）」ではなく，IFRS という統一基準を直接，適用させるこ
とが可能な「命令（Verordnung）」を選択した。ただし，私法上の委員会であ
る IASB に会計管轄権限を完全に委譲することはできないため，加盟国の参加
のもとで特別のコミトロジー手続きを経て，IFRS は EU 機関の承認
（Endorsement）を得ることが条件づけられる。そして，EU 機関の承認機構で
認められたとき，IFRS そして解釈指針（SIC，IFRIC）は EU サイドでの法規
行為を経て合法となり，IAS 適用命令の構成要素となり，直接，法効力を持つ
ことになる（第二次法）[10]。

　こうした IFRS の承認メカニズムは，IAS 適用命令に従い，政治的側面と技
術的側面から審査される。その審査プロセスの構成として，欧州委員会，欧州
議会，欧州理事会のほかに，つぎの機関が設置されている。

　(1)　会計規制委員会（ARC）：欧州委員会の提案を経て，新基準の受理を決
　　　定する。委員会は加盟国の代表によって構成される。承認決定のため審査
　　　基準は，すでに述べた IAS 適用命令第 3 条 2 項に基づく IFRS 受容の 3 つ
　　　の前提が充たされているか否かである[11]。

　(2)　欧州財務報告諮問委員会（EFRAG）：欧州委員会の提案する新基準につ

いては，ARC だけでなく，他方で独立した私経済的な EFRAG によっても審査される。EFRAG は，IASB とも協働し，一方では専門家委員会（技術専門グループ：EFRAG-TeG）の援助を受ける。この EFRAG-TeG は，特別の経済監査士，決算書作成者および決算書の受け手，ならびに国家の基準設定機関の代表が参加する。欧州委員会への審議以外に，EFRAG は IFRS の決定プロセスにも参加し，欧州サイドの意見形成も調整する。EFRAG は，技術専門グループと監査役会から構成され，専門グループは国家の基準設定委員会の専門職により設置され，監査役会は欧州の会計組織の代表により構成される[12]。

ARC が，欧州委員会の提案を承認した場合，欧州委員会はその提案を，欧州議会の可決／保留に付す。ARC が否決した場合は，欧州議会がそれでもなお否決を認めない限りにおいて，欧州理事会が基準の受容について決定を下すことになる[13]。

(3) 基準諮問審査グループ（SARG）：この機関は，2006 年以降，基準承認勧告に対する受容方法の①高い品質の確保，②透明性および③信頼性に対する審査グループとして設置された。SARG は欧州委員会に対して，とくに，EFRAG の意見表明が均衡がとれ，客観的か否かに関して決定を下す。SARG の構成員は，国家の基準設定機関の代表から構成される。EFRAG および SARG の受容勧告が異なる場合，その両機関との間で意見の相違解消のための調整が行われることになる[14]。

以上の承認プロセスの経路を示したのが図表1である。

なお，EU の承認プロセスの対象は，多くの公表物のうち，通常，重要な内容を持つ IFRS の規制のみであり，例えば，結論の基礎（basis of conclusion）や履行ガイド（Implementation Guidance）はしばしば EU 法に受け入れられることはないという。また，解釈に際して対象となるのは，基本的に問題設定（question），結論（conclusion），結論の基礎，発効日（effective date），附属資料（appendices）であるとされる[15]。

図表 1　IFRS の承認メカニズム

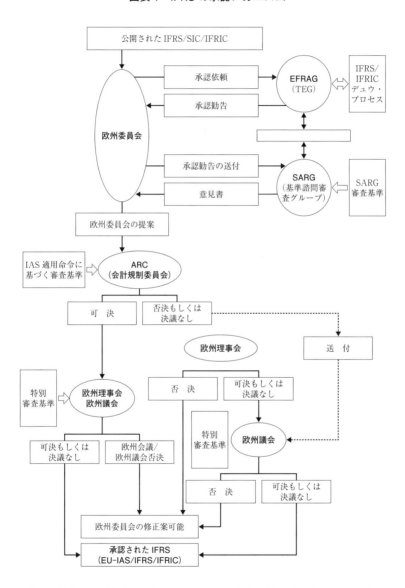

Rudolf Federmann/Stefan Müller, Bilanzierung nach Handelsrecht, Steuerrecht und IFRS, 13., Auflage, 2018, S.94.

第 2 節 「IAS 適用命令」の影響分析

1.「IAS 適用命令の評価」の概要

　IAS 適用命令の発効後（経過措置後），7 年が経過し IAS 適用が格段に進行したことを踏まえ，欧州委員会は，IAS 適用命令の目的達成を検証するという観点から資本市場や企業への影響についての調査を 2014 年から開始し，2015 年 6 月 18 日付で「IAS 適用命令の評価に関する欧州委員会の欧州議会および欧州理事会に対する報告」（以下，「IAS 適用命令の評価」）ならびにスタッフ・ワーキングの附帯記録（以下，「スタッフ・ワーキング記録」）を同時に公表した。この評価にあたって，欧州委員会は，パブリック・コンサルテーション（2014 年 8 月 - 11 月実施，200 の回答者），非公式の専門家グループとの会合（18 の公共・民間団体と 2014 年に 3 回），すべての加盟国の代表者を含んだ会計規制委員会（ARC）を通してステーク・ホルダーの意見交換を行い，また，EU の IFRS の強制適用による影響と金融危機の間の IFRS の業績についての文献レビュウも加え，関連の国際的団体およびヨーロッパ団体の内部の経験もまた組み入れたという。この「IAS 適用命令の評価」に際して用いられた評価ロジックの構成は，図表 2 のように示されている。

　評価は，EU 資本市場と域内市場を効率的に機能改善するという IAS 適用命令の目的に照らして，有効性（Effectiveness），目的適合性（Relevance），効率性（Efficiency），一貫性（Coherence），EU の付加価値（EU added value）の 5 つの指標を軸に全体で 42 の質問形式のパブリック・コンサルテーションとその回答を中心に実施された。「スタッフ・ワーキング記録」に記された，その評価について，代表的と思われる記述を示すと，つぎのようなものがある（括弧内は「スタッフ・ワーキング記録」の頁数）。

- ・フィードバックは，一組のグローバルな会計基準としての IFRS の地位が「IAS 適用命令」の成功にとっての強力な要因であることを示した。(p.32)。

図表2　「IAS 適用命令の評価」の評価ロジック

法的基礎：IAS 適用命令	期待される成果	影響要因		包括的影響
IFRS の導入と利用	財務情報の調和化	クロスボーダー取引の増大	高品質の国際的会計基準の先導する国際的意見発信	**効率性** **EU 資本市場と内部市場の機能化**
1. EU 規制市場に上場する EU 企業の連結財務諸表	不必要な規制の回避	財務諸表の高度の透明性と比較可能性	投資家保護金融市場における信頼性の保持	
2. 年次報告書および非上場企業への適用を許容／義務付ける加盟国選択権		国際企業資本コストと管理負担費用の削減公開を望む EU の SME の負担	一回限りの履行コスト透明性と品質のためのコスト	金融サービスのための内部市場の達成
ガバナンス	EU にとっての品質基準の審査	専門的サービス（会計・監査）のクロスボーダー準備の容易化	基準の複雑性と不安定性	金融市場の安定性
基準を伴う承認メカニズム サポートと専門的意見のための会計技術委員会（EFRAG）	国家エンフォースメント委員会の調整（ESMA）	基準策定過程への EU の影響の減少／負の結果を伴う可能性のあるカーブアウトの主権利用のロス	金融安定性への影響潜在的な金融ボラティリティ	EU 資本市場の達成障壁の除去
助言のための会計規制委員会（ARC）	承認前に考慮すべき EU の視点	強力な EU の調整	経営者行動への影響	
コンテクスト	**加盟国のアクション**	**専門的ファクター**		
均衡メカニズム	エンフォースメントの調整（加盟国, ESMA による調整）	G20 の収斂に対する要望	国家の租税法制	
	選択されるオプション	（国家）特有の経済条件	会社法-EU 指令（資本維持）	
組織の資金調達（IASB, EFRAG）	国家基準設定主体の参加			
IASB/IFRIC—民間主体-基準開発	組織の資金調達（IASB, EFRAG）	特殊な産業制約	一定形態の企業に対する慎重性と規制要件	

出所：Commission Staff Working Document, Evaluation of Regulation (EC) N° 1606/2002 of 19 July 2002 on the application of International Accounting Standards, accompanying the document Report from the Commission to the European Parliament and the Council Evaluation of Regulation (EC) N° 1606/2002 of 19 July 2002 on the application of International Accounting Standards, COM (2015) 301 final, p.63.

・コンサルテーションでは，ほとんどの利害関係者（パブリック・コンサルテーションの回答者の 70-75%）が，IFRS に基づき作成される財務諸表の品

質を非常に良いと考えていることが示された (p.34)。

・パブリック・コンサルテーションに回答した利害関係者および専門家グループには，全体として，IFRS のメリットがコストを上回っているという広範な合意がある (p.41)。

・パブリック・コンサルテーションの回答者および専門家のグループのほとんどは，エンドースメント・プロセスがうまく機能していると考えている。(p.42)

・コンサルテーションにおける回答者の多数は，各国における IFRS の適切なエンフォースメントを確保するために適切なメカニズムが存在していると感じている (p.52)。

以上のように，「IAS 適用命令」の影響分析評価の結果については，おおむね「IAS 適用命令」の目的が現在も有効であり，資本市場のグローバル化を推進しているとする結果を得たものであった。

ただし，欧州委員会の報道発表によると，「IAS 適用命令の評価」は，欧州委員会特別アドバイザーである P.Maystadt が提起した「IFRS 開発への EU の影響力強化」の勧告を前提に，欧州でのこれまでの IFRS の適用実態についてのデータを提供することによってその勧告内容を補完する役割を担っているとされる[16]。したがって，上のような評価がある一方で，Maystadt の提言との関連でどのような評価が行われているのか，その点は注目される。

続けて，Maystadt の提言と関連づけて，「スタッフ・ワーキング記録」の内容をみてみよう。

2．「IAS 適用命令の評価」と「IFRS の欧州化」

2013 年 3 月，欧州委員会は ECOFIN 会議の決定を受け，欧州投資銀行の元総裁である Maystadt を域内市場・サービス担当のバルニエ（M. Barnier）委員の特別アドバイザーに任命した。IFRS 開発への EU の貢献の強化，IFRS 開発に関連する欧州機関のガバナンスの向上のための方策について検討する任務を与えられた Maystadt は，「IFRS 基準はより欧州化すべきか」と題する最終

報告を 2013 年 10 月に作成した。11 月 15 日の ECOFIN 会議において，Maystadt の提言が加盟国の幅広い支持を得たことを受け，2014 年 2 月に Maystadt の任期は延長され，勧告内容の早期実現と EFRAG 改革の的確かつ適時的なフォローアップが委任された[17]。

「スタッフ・ワーキング記録」によれば，その Maystadt 提言との関連で，用いられた主要な質問は次のようなものであった。

（ i ）IAS 適用命令の目的がどの程度達成されたのか。IFRS はステーク・ホルダー（例えば，財務諸表を作成している企業，財務アナリスト，投資家）に対して，他の会計基準（例えば，国内または米国の GAAP）と比較してより高い透明性と可能性を提供したのか。ステーク・ホルダーは，国際的な収斂に対してメリットを感じているのか。変化は，投資家をより保護し，金融市場の持続的信頼に貢献したのか。

（ ii ）IAS 適用命令の目的は，現在，どの程度まで目的適合的なのか。とくに，IFRS の承認基準は依然として適切か。承認手続きは適切か。危機からどのような教訓を学んだのか。

（iii）欧州における IFRS を利用した影響はどのようなものか（費用および便益を含む）。

（iv）IASB および EU 機関の承認に関与するガバナンスは適切か

それら質問に対する回答結果の主要な記述を「スタッフ・ワーキング記録」から列挙すれば，つぎのようになる（括弧内は，「スタッフ・ワーキング記録」の頁数）。

・コンサルテーション（パブリック・コンサルテーション回答者の 3 分の 2）は，国家レベルで IFRS の適用を広げる柔軟性とともに規制適用の展望への承認について加盟国と専門家を含む利害関係者の間で幅広い合意を示した（p.22）。

・利害関係者のコンサルテーション（パブリック・コンサルテーションの回答者の 95% 近くを含む）は，IAS 適用命令の目的がまだ今日でも有効であり，さらに資本市場のグローバリゼーションの進展を一層与えていることを示

した（p.29）。

　Maystadt 報告の特徴は，IFRS 導入という EU の選択が財務報告の質と比較可能性の観点からは積極的効果を与えたとする一方で，現在の IFRS の開発と策定プロセスに批判的な眼を向けている点にみられる。

　Maystadt によれば，金融商品の会計における市場価値への過剰な依存が金融危機を助長する要因となったとの議論を引き起こし，多くの経済関係者と政策決定者に，企業の公開する成果，結果的には経済全体への会計基準の潜在的影響を認識させた。また，そうした議論は IFRS 基準と概念フレームワークおよびその適用プロセスに対してより一般的な批判を生み出しているという。

　そして，IASB は概念フレームワークの改訂に現在，着手しているが，それはアメリカの FASB とのコンバージェンス・プログラムの対象でない。しかし，当面，アメリカの IFRS の適用が見込まれないにもかかわらず，IASB は国際的コンバージェンスに対して北アメリカの主要な影響を認識しつづけている。他方で，世界の他の法域において IFRS の利用が拡大してきており，とくに市場の時価総額からしても主なユーザーである EU がいかに基準開発とその適用プロセスに主要なリーダーシップを獲得できるのかが問われているのだとする[18]。

　また，Maystadt によれば，会計領域における公益（public interest）を含む会計選択がより徹底的に考慮されるべきであり，最近の事例では，銀行や保険会社に対する慎重性（prudence）の要件，シャドウバンキング体制に適用可能なルール，長期投資（とくに，SME の資金調達に対する）への影響がそれと関連している。2012 年 11 月の ECOFIN 会議では，欧州の会計論議を調整し，会計領域における政策選択に利害関係をより考慮することが必要とされ，また既存の ARC と EFRAG の構造が検証され，必要とあれば再構築されなければならないことが議論されたとしている[19]。

　Maystadt の報告では，上のような状況認識にたって全体で 12 の勧告（recommendation）が提起されているが，ここで，その提案の要点のみを示せば以下のようになる[20]。

　（1）IASB が発行した IFRS の承認または拒否の可能性を含むような，基

準ごと（standard by standard）の採用手続きを維持する。基準の修正，採用といった柔軟性を導入する動きはグローバル・スタンダードの適用目的を毀損しないように厳格に規制する。金融の安定性を危険にさらさない，地域の経済発展を妨げないという IFRS の採択基準を追加するか，そうでなければ，欧州委員会は会計基準が公益に貢献することを指定する基準の解釈を明らかにする。

(2) EU の IFRS 策定に対する影響力を強化するため，(a) 現在の EFRAG（欧州財務報告諮問グループ）をその正当性と代表性を高めるために再編する，(b) ESMA に与えられている任務を EFRAG に移行する，(c) EU の代理機関（Agency）を創設する，という 3 つのオプションのうち，迅速な実施を確保する視点から (a) を採択する。

(3) ARC は，EFRAG と IASB との活動に関してより効果的な影響をもたらすため，より早い段階で EFRAG との対話を一層発展させる。

IAS 適用命令に対する評価では，こうした Maystadt の主要な提言に沿った EFRAG の改革については，「スタッフ・ワーキング記録」のなかで実施経過がつぎのように記述された（括弧内は，「スタッフ・ワーキング記録」の頁数）。

・2014 年 7 月，欧州委員会は，Maystadt 報告の勧告に従う EFRAG の改革の実施について進捗状況報告書を欧州議会と理事会に提出した。欧州委員会は進捗状況の望ましい結論を得て，2014 年 6 月 16 日の EFRAG 総会での承認に基づき，Maystadt の勧告をほぼ反映した EFRAG の法令および内部規定の改訂を実施した（p.60）。

また，新たなエンドースメント基準の導入の関係では，コンサルテーション結果との関係からか，必ずしも肯定的意見は示していないが，慎重性原則の導入に関して積極的な記述もなされている。

・コンサルテーションは，IAS 適用命令における既存のエンフォースメント基準を明確化し補完することが可能な新しい基準についての質問を含んだ。ある特定の基準を求める明確な多数意見はなかったが，回答者の一部は，IAS 適用命令にはそうした基準が含まれていると考えている（p.46）。

・IFRS を採用するための IAS 適用命令の基準のひとつは，真実かつ公正な写像の原則に反してはならないことにある。欧州裁判所（ECJ）の判例法（case-law）はこの真実かつ公正な写像（TFV）は慎重性に基づく認識と測定を含む EU 会計指令の一般原則によって導かれるとしており，IAS 適用命令によってインプリシットに要求される慎重性を斟酌する必要があるという結論が導かれる（p.48）。

・IASB の概念フレームワーク・プロジェクトに関する欧州の議論と IAS 適用命令の評価を通じたフィードバックによれば，多くの欧州のステークホルダーは，慎重性の概念が財務報告において基本的に重要な役割を果たしていると信じている（p.48）。

3.「IAS 適用命令の評価」と長期的資金調達改善政策

「IAS 適用命令の評価」は，2009 年頃から深刻化した金融危機と停滞している欧州経済の現状打開に向けた金融・資本市場政策とも連携している。その関連では，欧州委員会が 2014 年 3 月に公表した「欧州経済の長期的資金調達についての欧州委員会の欧州議会および欧州理事会に対する公式報告」がとくに注目される。

公式報告では，欧州の経済・金融危機が実体経済，特に長期的な投資に対し資金提供する金融セクターの能力に影響し，銀行機関への深い依存関係は，銀行のレバレッジ解消や投資家の信頼低下と結びついて経済のすべてのセクターへの資金を削減させたと言及する。そして，EU はそうした傾向を逆転させ持続的な成長と投資のための条件を回復させる行動に入ったとしている[21]。

会計領域に関して，公式報告は，情報の正確性と長期的投資を維持・管理するうえでの十分なインセンティブとの間のバランスをめぐる議論のなかで，公正価値会計が財務報告における市場のボラティリティを導いたことが一定のステーク・ホルダーから批判され，そのため短期的行動が好まれたとし，EU の調査に対する回答者の多くは長期的投資を阻害しないように将来の会計基準開発を確保するうえで，IASB の概念フレームワークが重要だと考えているとい

う。また，公式報告は，欧州委員会が同時進行させて着手している IAS 適用命令の評価についてもふれ，この評価は 2012 年に策定されたエンドースメント基準がいまでも適当なものかどうか，そして欧州の現在と将来にとって十分に適切かどうかという観点を含んでいるとしている [(22)]。

公式報告は，結論として，つぎのようなアクションプランの実行を提起しているが，そうした欧州委員会の政策提案の内容もまた「IAS 適用命令の評価」の対象に組み入れられている [(23)]。

(1) 改訂 IFRS 9 号を審査・承認する枠組みにおいて，欧州委員会はその基準のなかで公正価値（fair value）の利用が適切か否か，特に長期投資のビジネスモデルとの関連で検討する。

(2) 欧州委員会は，IASB が特定の関連プロジェクトと概念フレームワークの開発の双方で，投資家の投資視野のもとでのその意思決定が持つ影響を，とくに慎重性（prudence）概念の再導入に注意を払って考慮することを要請する。

(3)「IAS 適用命令」に対する欧州委員会の評価は，2014 年のうちに欧州の長期的な資金調達ニーズを考慮して，IFRS のエンドースメント基準の適切性を検証する。

この公式報告の提言との関連では，「IAS 適用命令の評価」においては，既に取り上げた慎重性原則の導入以外では，IFRS の承認基準の評価項目である金融の安定性，経済発展と長期金融，金融危機と公正価値基準に関する評価が主に関連している。つぎに，その点についても「スタッフ・ワーキング記録」の記述を示しておこう（括弧内は，「スタッフ・ワーキング記録」の頁数）。

以下にみられるように，そこでもまた，意見の内容からは統一した方向性は見られない。

・パブリック・コンサルテーションでの回答者と専門家グループのメンバーは，金融の安定性に関する明確な基準の必要性について意見が分かれた。反対者は，財務諸表の役割を市場に透明な情報を提供するものといい，金融安定性への懸念はプルデンシャルなどの基準以外の責任であるべきだと

主張した（p.46）。

・パブリック・コンサルテーションへの回答者と専門家グループの一部のメンバーは，IFRSが欧州の公益に資するかどうかを判断する際に，Maystadtの勧告事項に従って経済発展を検討することが有益だと考えている。しかし，ある専門家は，財務報告がEUの経済発展をどのように妨げる可能性があるのか疑問を呈した（p.47）。

・ある専門家は，IASBは米国と密接に連携しており，長期的な考慮事項は米国のアプローチの一部を構成しないため，長期または他の投資家のニーズを承認プロセスに含めることは現実的ではないとコメントした。ただし，これにより，IFRSは資本市場との関連性が低くなり，長期投資などの要因への対処方法を考察することが重要になるとした。別の専門家はこの見方に反対し，IFRSは長期投資家のニーズを満たすと主張した（p.47）。

・欧州では，IFRSの適用により一般に，特に金融商品の場合，ローカルGAAPの場合よりも多く公正価値が使用されるため，公正価値会計は重要な側面の1つになっている。ただし，これは欧州全体で必ずしもそうではないことを強調する必要があり，たとえば，英国圏では，各国のGAAPは，公正価値の使用に関してIFRSと同様の方向に進展している（p.35）。

・ある学者は，公正価値の情報は現在の市場の状況を反映し，是正措置を促すタイムリーで透明な情報を提供する客観的な測定基準であると主張し，専門家グループのほとんどのメンバーは，この視点を共有した。ただし，一部の学者は，市場の動きによって価格がゆがみ，ピークとトラフが誇張される可能性があり，その結果，景気循環が促進される傾向があると指摘した（p.35）。

・パブリック・コンサルテーションの少数の回答者は，市場ベースの過度に楽観的な評価では利益が誇張されているため，公正価値の使用が危機以前の期間の過剰な報酬と配当に寄与したことを示唆し，それが，銀行が危機に突入したときの資本不足に陥る一因となったと述べている（p.35）。

第3節　「IAS適用命令の評価」の最終報告

　上述した「IAS適用命令」の影響分析を内容とする「スタッフ・ワーキング記録」を包括した最終報告「IAS適用命令の評価」が，欧州理事会と欧州議会宛てに提出された。「IAS適用命令の評価」によれば，IAS適用命令の評価について，純粋な費用対効果による影響度分析を実施したというより，全体としてのEUの展望のもとでの一般的な評価（generally from the Perspective of the EU as a whole）[24]にすぎないという。また，評価はIFRSと国内法との相互作用の体系的な分析はなく，また，IFRSへの技術的レビューは含まれておらず，個々の基準が課す経営上の負担の観点からの分析も含まれなかったとする。その理由としては，IFRSを適用している企業やその費用・便益に関する具体的なデータを入手することが困難だったこと，既存の研究対象が主として大企業に焦点を当てること，パブリック・コンサルテーションへの回答は自己選択であり，必ずしも代表的なサンプルを構成するものではなかった，ことが挙げられている。ただし，IFRSをめぐる様々な現状も踏まえて，EUの今後の課題が要約して提示されている点に注目するところがある。

　「IAS適用命令の評価」の内容は，評価に際して使用された5つの指標に沿って構成されている。先ず，そこに示された要点をしめしておこう。（以下，括弧内は「IAS適用命令の評価」の頁数）

（ⅰ）有効性（Effectiveness）

・IAS適用命令によって，会計の質と開示が改善され，財務報告の価値関連性，財務諸表の透明性が向上し，他方，いくつかの違いが存在する，業界内および各国間での財務諸表間の比較可能性が向上した。エビデンスからは，IFRSの適切な執行を確実にする適切なメカニズムがあり，ESMAがEU全体で執行の一貫性を保つ上で重要な役割を果たすことを示唆された。しかし，いくつかのエビデンスは，加盟国間でエンフォースメントでのいくつかの違いが継続していることを示した（p.5）。

・会計規準の一貫したエンフォースメントは，それらがどのように解釈されるかに依存する。ESMA は，実際の多様性がある分野を IFRS 解釈指針委員会に紹介しているが，欧州委員会は，両機関間の効果的な協力を望んでいる（p.5）。

・IFRS と EU 資本市場，国内市場の効率的な機能との関連では，資本コストの削減，クロスボーダー取引の増加，EU およびグローバルレベルでの資本へのより簡単なアクセス，投資家の保護と投資家の信頼の維持という点では，資本市場が改善されたというエビデンスを得たが，それが会計基準以外の要因に基づくものかどうかは判別できない（p.5）。

・金融危機との関連で，IFRS の金融市場に対して，広範な経済効果をもたらす可能性があることが指摘されたが，全体として，評価から得られたエビデンスからは，「IAS 適用命令」を実施した便益がコストを上回ることが示されている（p.5）。

（ⅱ）効率性（Efficiency）

・評価からのエビデンスは，IAS 適用命令の実施の便益がコストを上回ることを示した。しかし，便益は貨幣尺度で定量化できないため，会計基準の適用は従来の費用便益分析では容易にはかれるものでない（p.6）。

・IFRS 財務諸表を作成する企業が費用の大部分を負担する一方で，便益は投資家や投資家を含む財務諸表利用者と経済全体によって共有されるという費用と便益の不均等な分配がある。それにもかかわらず，費用が便益に見合ったものであると考え，企業は IFRS を大部分，支持している。エビデンスは，費用対便益の比率は，国際事業の規模や範囲など，企業の特性に依存することを示した（p.6）。

・一部の利害関係者は，特に上場グループの企業にとってコスト削減があるため，企業に IFRS を採用するオプションを与えることにより，IFRS の使用を拡大するメリットがあると考え，また，上場グループの子会社については，開示を減らした IFRS のより軽いバージョンを求める提案もあった（p.6）。

・IFRS を採用するコストには，特に中小企業（SME）にとって，新規株式公開の障害になる可能性があることが注記される。なお，財務諸表の利用者は，財務諸表の透明性と比較可能性を改善するために大部分が IFRS を支持している（p.6）。

（iii）　目的適合性（Relevance）

・評価からのエビデンスは，全体として，IAS 適用命令の目的が引き続き適切であることを示した（p.6）。

・資本市場のグローバル化の高まりによって，単一の財務報告言語の必要性がさらに重要になっている。2002 年には，EU の資本市場全体で上場企業に平等な競争条件が存在しなかった。現在，それは達成されて，議論は，公平な競争条件がグローバルに存在するかどうかに焦点が当てられており，グローバル基準としての IFRS を国際機関はサポートしている（pp.6-7）。

・金融危機は，金融市場と経済に対する規制の影響を理解する必要性を証明している。IAS 適用命令は，EU に受容する条件として，国際基準が欧州の公益に資するものでなければならないと規定している。この「公益」という用語は定義されていないが，幅広い経済的安定性と経済的考慮事項を含むと理解される。とくに，会計基準が経済または長期投資家などの特定の利害関係者に対して有効でないのかどうか評価する必要がある。また，累積的な影響の観点から規制を総合的に検討すべきであるという要望が高まっている（p.7）。

・IAS 適用命令の採択の時点で，その目的は上場 EU 企業により関連しており，加盟国がそれを拡大する選択権を持つことが合意された。一部の利害関係者は，とくに，投資家にとって，その選択権の利用が拡張された場合（例えば，連結財務諸表を作成しない上場企業の個々の年次財務諸表に対して），IFRS の使用が潜在的に同じ便益をもたらす可能性があると考え，他方では，中小企業に複雑な会計基準を課すリスクがあることが強調された（p.7）。

（iv）　一貫性（Coherence）

・承認された IFRS は，委員会が毎年 2 回，すべての EU 言語で現行の基準の拘束力のない統合バージョンを作成するが，エビデンスは，特定の言語の翻訳の改善，基準の統合についての実際的な困難性および IASB と EU の統合テキストとの間のいくつかの矛盾を解消する必要性を示している（p.7）。

・資本維持および配当分配規則は，加盟国が分配可能な利益の基礎となる個々の年次財務諸表に IFRS の使用を許可または要求した一定の法域において生じうる法的摩擦の根源として引用されている。各加盟国は，EU の資本維持要件のフレームワークで，国内立法でそうした問題にどのように対処するかを検討している（p.7）。

・IASB の現行のフレームワークは，財務報告の目的を実現し，将来の投資家，レンダーおよびその他の債権者に通用する報告主体についての情報を提供することにある。IFRS ベースの財務情報は多くの慎重性（Prudence）規制の出発点であるけれども，IASB はユーザーのリストに慎重性の監督者または規制者を含めていない。しかし，慎重性規制者が異なる目的を満たすために他の情報を要求できることを認識しながら，財務情報がその目的に適合することを保証する必要がある（p.7）。

・IFRS，規制要件，税および資本維持規則が企業に異なる報告要件を課すかもしれないが，そのような違いは，追求された目的の序列を考えるなら，大部分は正当性の釣り合いがとれていることをエビデンスは示唆している（p.8）。

（ⅴ）EU への付加価値（added value）

・エビデンスは規制の目的が効果的かつ効率的に達成され，適合性が維持されていることを示している。また，現時点で，IFRS に対する明確な代替案はまだ存在しない。したがって，IAS 適用命令はヨーロッパに付加価値を提供し続け，共通の国際会計言語を通じて国境を越えた障壁を減じ，国際標準の開発において EU の強い発言を可能にする（p.8）。

・エビデンスは，IAS 適用命令の適用への強制範囲と加盟国が国内レベルで

IFRSの使用を拡張する選択権とのバランスが適切な補助と比例性を確保することを示している。加盟国は，特定の経済的および法的環境を考慮したさまざまな方法で選択権を行使した。IFRSの強制使用は，非上場企業または個々の財務諸表に広く拡大されていない（p.8）。

以上の各指標に対する分析に加えて，「IAS適用命令の評価」はIFRSの承認に対するメカニズムと基準についても触れているが，すでに取り上げたMaystadt提言における承認基準の弾力性について，つぎのように述べている。

「いくらかの欧州の利害関係者は，『IAS適用命令』がテキストの追加によるIFRSを修正することを許可せず，『削除』（カーブアウト）が限られているため，柔軟性に欠けると考えている。EUでは，多くの銀行が使用する1つのカーブアウトが2005年から実施されているが，他の利害関係者は，IASBが発した基準を欧州における適用のため変更されるべきでないと考えている。メイシュタットの報告書では，この領域での注意が必要としたが，利害関係者のほとんどは現状維持を支持している一方，受領したフィードバックは，EFRAGの改革がプロセスの初期段階において，基準の開発に対してヨーロッパの影響力を高めるべきであるという信念も表明している[25]。」

「IAS適用命令の評価」では，その末尾において，IAS適用命令の機能，承認プロセス，関連組織に関するガバナンス調整の3つの観点にたって「結論と今後の段階」が述べられている。そのうち，とくに「関連組織に対するガバナンス調整」という項目のなかで取り上げた4つの論点は，EUのIASBに対する要望と今後のEUの戦略上の方向性をみる上でも興味深い内容を含んでいると思われるので，それも示しておこう[26]。

・欧州委員会は，IFRS財団のガバナンスの改善を認めている。しかし，モニタリング・ボードのメンバーとして，欧州委員会は，当該組織体に対して，内部組織の問題として，IFRS財団に照会できる公益の問題を議論することに注目するよう要請する。

・欧州委員会は，IASBに対し諸基準を開発する際に，異なる投資期間を持つ投資家の特定のニーズを検討し，特に長期投資家に特定のソリューショ

ンを提供するため，それらの基準の影響分析を強化するよう要請する。

・欧州委員会は，概念フレームワークに慎重性の原則を再導入するという IASB の意図を歓迎する。

・欧州委員会は，2014 年の EFRAG のガバナンス改革の実施を承認および監督した。国際会計基準の策定に対する EU の影響力を強化する目的を確実に達成するために，欧州委員会は引き続きフォローアップを注意深く監視する。

第4節 「IFRS 適用命令の評価」に対する IFRS 財団の反応

　以上，みてきたように，IFRS 導入後，欧州委員会が実施した「IAS 適用命令の評価」は，IAS 適用命令の目的が現在も有効であり，資本市場のグローバル化を推進しているとする結果を得たものであったが，それは評価報告も述べるように，一般的かつ概括的評価であって，検証できるほど明確なデータに依拠できるものではなかったといえる。しかし，欧州における統一的基準としての IFRS の意義を認めつつも，欧州の「公益」にとって有効な IFRS とその策定にたいして EU の影響力を高めようとする政策的意図は，報告書の最後に掲げられた「関連組織に対するガバナンス調整」はもとより，報告書のいろいろな箇所にみられる。

　では，IFRS 財団は，そうした「IAS 適用命令の評価」に対してどう反応しているのだろうか。IFRS 財団は，すでに 2013 年 11 月に Maystadt 報告に注目しコメントを表明していた[27]。欧州委員会の「IAS 適用命令の評価」については，2014 年 9 月に欧州委員会が送付した「IFRS 適用命令の評価」に関するコンサルテーションにおけるいくつかの主要な論点について「IFRS 財団スタッフの見解[28]」も公表している。トーンに濃淡はあるが基本的に 2 つのコメントの内容はほぼ同一であり，「IAS 適用命令の評価」の最終報告に対するコメントにおいてもほぼ同様である。共通しているのは，IFRS 導入に対してEU 内に一定の評価がある点に賛意を表しているものの，EU の利害に立った

政策的議論に対しては懸念を示している点である。

　以下，「IAS適用命令の評価」に対するコメントの内容を要約して示せばつ ぎの通りである(29)。

　(1) IAS適用命令の目的適合性 と IFRS の便益

　IFRS財団は，「グローバル・スタンダードとしてのIFRS：ポケットガイ ド」において，調査対象国130カ国のうち105カ国が公開企業のすべてかほと んどに対しIFRS使用を義務づけているとした。最大の単一ユーザーとしての 欧州が存在するが，IFRSを使用する非欧州法域のGDPの総額は23兆ドルで あり，EUの17兆ドルを上回っている。2013年のMaystadt報告がIFRSのグ ローバルな性格の意義を強調し，財務報告の品質と比較可能性の側面で肯定的 な効果をもたらしたと述べたことをIFRS財団は注目している。

　(2) IFRS の便益

　IFRS財団が2012年に委託した学術研究の調査によれば，投資家保護が強 く，財務諸表エンフォースメントが良質である国で，IFRS採用後は資本市場 に便益を与えている。EU企業による修正を伴わないIFRSの使用もグループ 業績の改善と行政費用の削減を実現するという便益をもたらしている。

　(3) エンドースメント・メカニズムと基準

　欧州委員会は，IFRSのEUにおける使用に対して基準ごとに（standard by standard）採用するエンドースメント手続きについて調査を求めた。Maystadt 報告もその必要性を強調しており，その報告に対するコメントにおいて， IFRS財団はこれを受け入れた。

　IFRS財団の調査では，130の法域がIFRSをわずかしか変更していないこ と，いくつかの法域がIFRS採用の法制化計画のなかで変更を一時的なステッ プとみなしていることに言及した。EU自体もIAS 39号のカーブアウトを一 時的なものとし，欧州の規制市場で証券の取引されるほぼ8,000社の企業のう ち24に満たない銀行のみがカーブアウトを適用していると述べている。IFRS 財団は，ほとんどの法域において修正を伴わずにIFRSを使用している事実が グローバル経済における成長と透明性に重要な貢献を与えているということを

強調する。

　Maystadt 報告は，EU が IFRS をエンドースするための新しい基準（IFRS は金融の安定性を危険にさらすべきでない，地域の経済発展を妨げてはならない）を導入する可能性を指摘している。それに関して，IFRS 財団は IFRS が資本市場に対して透明性を提供することこそがそうした金融の安定性と地域の発展に貢献するのだという信念を述べ，また会計基準が企業の状況と業績を客観的に表示するという目標に照らして，道具主義（instrumentalised）に陥るべきでないという懸念を掲げた。

　欧州委員会も同様に EU の使用のため採用基準を修正する弾力性を持つべきかどうかについて意見を求めているが，IFRS 財団はそのような柔軟なエンドースメントはかなり現実的なリスクを伴うこと，とくに世界の残りの地域に負の信号を与えるとすでに忠告している。

　(4) IFRS 財務諸表の品質

　Maystadt 報告は，IFRS が財務諸表の品質，比較可能性，信頼性を改善したと述べている。それに加えて，IFRS 財団スタッフは，ESMA が「欧州における IFRS エンフォース機関の活動」のリポートにおいて，特定の分野で財務報告の品質に改善の余地があることを注記している点を認識している。

　(5) エンフォースメント

　IFRS 財団と ESMA は，IFRS の一貫性のあるアプリケーションを支持するため長く協働している。2014 年 7 月，IFRS 財団と ESMA は，相互の利害領域における将来の協働のための基盤として機能する「プロトコル共同声明の合意」を発表し，その合意に基づき IASB のメンバーとスタッフは欧州エンフォース主体調整会議（EECS）と定期的な会合を持ち，必要に応じて緊急事項，現在のエンフォースメント問題，IFRS 解釈委員会の動向について議論している。

むすびとして

　「IFRS 基 準 は よ り 欧 州 化 す べ き か（Should IFRS standards be more

European?)」，Maystadt 報告に付されたこのかなりセンセーショナルな題名
は，現在の EU における対 IFRS の戦略の一面を代弁したものといえる。すで
にみてきたように，そうした「IFRS の欧州化」への戦略は，欧州委員会の各
公式文書からも読み取ることができる。ただし，IFRS 財団はこうした EU の
影響力強化の動きに対して，肯定的な立場はとってはいないようである。

　EU が「IAS 適用命令の評価」を公表した同時期の 2015 年 5 月に，IASB
は，公開草案「財務報告に関する概念フレームワーク[(30)]」を発表した。この
公開草案は，概念フレームワークに関する慎重性，受託責任，信頼性，複雑性，
負債の定義，財務業績の表示，長期投資の含意，測定の各トピックに関するア
ドバイザリー・フォーラム（ASAF）の議論を経て発表され，「IAS 適用命令の
評価」においても言及された EU の共通の利害にとって重要な事項についての
意見集約を求めた。もとより，概念フレームワークそれ自体は IFRS でもその
解釈でもなく，また EU 法の一部になることもない。しかし，基準や解釈が不
明瞭の場合，概念フレームワークは財務諸表の構成要素に適用されるというき
わめて重要な役割を有している。

　EU の戦略に基づき改革を終えた EFRAG は，公開草案に対する回答案「財
務報告のための概念フレームワーク公開草案のパブリック・コンサルテーショ
ンに対する文書[(31)]」を 2015 年 7 月 8 日に公開した。

　この文書において，EFRAG はつぎのように述べている。

　概念フレームワークの改訂は，EU の対 IFRS 政策につながる欧州全体の公
益により綿密に精査すべき対象であり，概念フレームワークは EU のエンドー
スメント・プロセスの対象ではないが政策上の支持を満たすことができる品質
を持つことが必要である。EFRAG は，IASB が財務報告に対する概念フレー
ムワークの包括的な改訂に着手し，識別した諸問題に対して実用主義的アプ
ローチを採用した概念フレームワークのディスカッション・ペーパーに対して
満足の意を表明した。しかし，公開草案が展開する概念フレームワークは，結
果として，測定基準の分析は改善されたとはいえ，ディスカッション・ペー
パーのアプローチからは後退しており，必要である明瞭さを提供しないため

EFRAG の関心は薄れている⁽³²⁾。

EFRAG は，IASB が EFRAG のいくつかの要求，とりわけ財務報告の目的と質的特徴の再検討において対応したことを歓迎し，受託責任（stewardship）の目的および慎重性（prudence）の再導入についてより明確に示したことは望ましい進展であったとする。しかし，購入，保持，販売の意思決定を支援するためと受託責任の評価を支援するための目的適合的情報がすべての状況下で同じであるとは納得していない。慎重性に関しては，結論の基礎に示されたほとんどの展開に EFRAG は同意するが，しかし，付帯された注釈については受け入れないとしている⁽³³⁾。

EFRAG はその他，目的適合性，信頼性，比較可能性，忠実な表現，等の領域の相互関係，既存の IFRS に対する IASB の決定と概念フレームワークとの整合性について問題提起し，最終的に IFRS を採用する法域の合法的期待を満足させる第 2 次公開草案（a second exposure draft）を要請した。そこでは，EU が「IAS 適用命令」が前提とする慎重性や受託責任（資本維持）を重視する「EU の公益」の観点から IFRS に対するその影響力を行使しようとする戦略の一端を見て取ることができよう。

注

⑴ Regulation (EC) No 1606/2002 of the European Parliament and of the Council of 19 July 2002 on the application of international accounting standards, OGL243, 2002.
⑵ この EU の会計新戦略の詳しい内容について，川口八洲雄『会計指令法の競争戦略』森山書店，2000 年の第 5 章，佐藤誠二『国際的会計規準の形成』森山書店，2011 年の第 2 章を参照。
⑶ Kommission der EU: Mitteilung der Kommission, Finanzdienstleistungen: Abstecken eines Aktiontrahmens, KOM (1998) 625, 28.10. 1998.
⑷ Kommission der EU : Mitteilung der Kommission, Finanzdienstleistungen: Umsetzung des Finanzmarktrahmens; Aktionplan, KOM (1999) 232, 11. 05. 1999.
⑸ Ebenda,S.6.
⑹ Ebenda,S.6.
⑺ Ebenda,S.2.

(8)　European Commission ; Report from the Commission to the European Parliament and the Council, Evaluation of Regulation (EC) N° 1606/2002 of 19 July 2002 on the application of International Accounting Standards, COM(2015) 301 final, pp.1-12. / Commission Staff Working Document, Evaluation of Regulation (EC) N° 1606/2002 of 19 July 2002 on the application of International Accounting Standards, accompanying the document Report from the Commission to the European Parliament and the Council Evaluation of Regulation (EC) N° 1606/2002 of 19 July 2002 on the application of International Accounting Standards, COM(2015) 301 final, pp.1-160.

(9)　European Commission ; Communication From The Commission To The European Parliament and The Council on Long-Term Financing of the European Economy, 27.3.2014 COM(2014) 168 final, pp.1-15.

(10)　European Commission ; Report by Philippe Maystadt, Should IFRS standards be more "European"? Mission to reinforce the EU's contribution to the development of international accounting standards, October 2013, pp.1-35.

(11)　Rudolf Federmann/ Stefan Müller, Bilanzierung nach Handelsrecht, Steuerrecht und IFRS, 13., Auflage, 2018, S.90.

(12)　(13)　(14)　Ebenda, S.92

(15)　Ebenda, SS.92-93.

(16)　European Commission ; Commission Press Release, Commissioner Barnier prolongs Philippe Maystadt's mission with a view to ensuring adequate and timely follow-up of EFRAG reform, IP/14/110, 4 February 2014, pp.1-3.

(17)　European Commission ; Commission Staff Working Document, op.cit., p.16.

(18)　European Commission ; Commission Press Release, Philippe Maystadt, special adviser to Commissioner Michel Barnier, presents his recommendations for enhancing the EU's role in international accounting standard-setting, IP/13/1065, 12 November 2013, p.1.

(19)　Ibid., pp.1-3.

(20)　European Commission ; Report by Philippe Maystadt, Should IFRS standards be more "European"?, op.cit., p.5.

(20)　European Commission ; Report From The Commission To The European Parliament And The Council on the progress achieved in the implementation of the reform of EFRAG following the recommendations provided in the Maystadt report, COM（2014）396, pp.1-9.

(21)　European Commission ; Communication from The Commission to The European Parliament and The Council on Long-Term Financing of the European Economy, op.cit., p.1.

(22) Ibid., pp.14.

(23) Ibid., pp.14-15.

(24) European Commission ; Commission Staff Working Document, op.cit., p.4.

(25) European Commission ; Report from the Commission to the European Parliament and the Council, Evaluation of Regulation (EC) N° 1606/2002 of 19 July 2002 on the application of International Accounting Standards, op.cit.,pp.8-9.

(26) Ibid., p.12.

(27) IASB : IFRS Foundation Comments on The Maystadt Report, 05 December 2013, pp.1-2.

(28) IASB ; A Perspective From The Staff of The IFRS Foundation, Commission Evaluation of The International Accounting Standards (IAS) Regulation, September 2014, pp.1-5.

(29) Ibid., pp.1-4.

(30) IASB : Conceptual Framework for Financial Reporting ED/2015/3, May 2015, pp.1-92 / Basis for Conclusions on the Exposure Draft Conceptual Framework for Financial Reporting, ED/2015/3, May 2015, pp.1-134.

(31) EFRAG : A Document for Public Consultation on the IASB Exposure Draft Conceptual Framework for Financial Reporting. Comments are requested by 26 October 2015, 08/07/2015, pp.1-59.

(32) Ibid., p.2.

(33) Ibid., p.3.

第3章
欧州における会計エンフォースメント
—ESMA「ピア・レビュウ報告」を中心に—

は じ め に

　IAS 適用命令は，IFRS を受容（Adoption）するうえで，EU の公益等を要件
とした承認前提を付与するとともに，EU 域内諸国の調和化したエンフォース
メント・システム（Enforcement System）の確立を不可欠とみて，つぎのよう
に述べている。

　「適切で厳格なエンフォースメントは，金融市場における投資家の信頼を保
持するために重要である。加盟国には IFRS の遵法性を確保するための適切な
措置を講じることが要求される。欧州委員会はエンフォースメントの共通のア
プローチを開発するため，明確に CESR の援助を得て，加盟国と連携する予
定である [1]。」

　つまり，「IAS 適用命令」は，IFRS の履行に際して，効率的な資本市場を形
成するための有効な手段としてエンフォースメントを位置づけ，加盟国間のエ
ンフォースメントの調和化が金融市場における投資家の信頼を改善し，欧州市
場を利用する発行体が開示する財務情報の比較可能性を高めるとしており，こ
の IAS 適用命令と連係して，「透明性指令（Transparency Directive）[2]」では，
つぎのように述べられている。

　「各エンフォースメント管轄当局は，少なくとも，本指令で言及される情報
が，関連する報告フレームワークに従い作成されているかを審査し，離脱が発
見された場合に適切な措置を講ずることができるように，…その職務の遂行に
とって必要なすべての権限を持たねばならない [3]。」

　透明性指令は，「IAS 適用命令」の適用時期にあわせて EU 加盟国にエン

フォースメント・システムを 2007 年まで構築するよう義務づけ，エンフォースメントのための基準開発と加盟国間における調和化の推進を講じる役割を当時の欧州証券規制当局委員会（Committee of European Securities Regulators：CESR）に委ねた。CESR は 2002 年 3 月 1 日に「財務情報第 1 基準，欧州における財務情報に関するエンフォースメント基準[4]」，また，2004 年 4 月 22 日には「財務情報第 2 基準，エンフォースメント活動の協働[5]」の 2 つの基準を掲示した。CESR のエンフォースメント基準によれば，エンフォースメントとは投資家の意思決定プロセスに適合した財務情報を透明化することにより，投資家保護と市場の信頼を高め，財務情報については，EU 規制市場における IFRS の一貫した適用に貢献するという目的に照らして，エンフォースメントの定義を，適切な財務報告フレームワークにより財務情報の遵法性を監視し，違反が発見された場合に適切な措置を講ずるものとしたのである[6]。

　その後，CESR は，「IAS 適用命令」に基づく IFRS 決算書の適用と開示を待って，エンフォースメントの実施状況を調査し，その結果を公表したのが「EU における IFRS の履行とエンフォースメントに関する CESR の調査[7]」（2007 年 12 月）であった。しかし，この 2007 年調査においては，欧州経済圏の半数以下の加盟国が基準 1 の要件を満たしたに過ぎず，それどころか，基準 2 についてそれを十分に履行していたのは，3 分の 1 に満たない結果を示した。IFRS 適用当初という状況があったしても，「IAS 適用命令」が想定していた，エンフォースメントの調和化に対して好ましい結果をしめすものでなかったといえよう[8]。

　では，この CESR の調査から約 10 年が経過した現在，EU における会計エンフォースメントの状況は変化したのだろうか。この章では，CESR の任務を引き継ぎ創設された欧州証券市場監督局（European Securities and Markets Authority：ESMA）が 2017 年に公表したエンフォースメント調査結果（peer review）を中心に取り上げながら，IFRS の受容と並行して改編されてきた域内諸国における会計基準の履行の側面を中心にして，欧州諸国におけるエンフォースメントの適用現状とその課題について考察してみたい。

第1節　ESMA のエンフォースメント・ガイドライン

　金融危機を背景に，2011年に欧州の金融監視システムとして，CESR の任務を引き継いだ ESMA は，CESR と比べてより広いコンポーネントを有し，法的に直接的な効力を持つ規制基準と履行基準を公布することができる EU 法人として創設された。この ESMA の主要課題もまた欧州における金融経済の安定性と有効性に寄与することにあり，CESR と同様に IAS 適用命令と透明性指令の要請に基づき，欧州における IFRS を含む会計規準の一貫した適用を促進し，エンフォースメント活動の調和化を主導する役割が付与されている。

　ESMA によって改められたエンフォースメントの定義と目的はつぎのようである。

　　定義：透明性指令のもとで適用される規則に従い，エンフォースメント・プロセスを通じて違反が発見された場合に適切な措置を講じるうえで，財務報告フレームワークへの財務情報のコンプライアンス（遵法性）を検査する

　　目的：財務情報のエンフォースメントを通じて，エンフォース主体が投資家の保護と市場の信頼性の促進，ならびに規制上の裁定取引の回避に貢献し，それによって，投資家および他の利用者の意思決定プロセスに適合した財務情報の透明性に寄与する

　この目的に沿って，ESMA は CESR の基準に代替する，改定した「財務情報のエンフォースメントにおけるガイドライン（EFI）[9]」（以下，「ガイドライン」）を2014年10月に公表した。

　「ガイドライン」は，透明性指令の規制下にある発行体企業が提供する調和化された文書における財務情報に対するエンフォースメントのため適用される。発行体企業が国内法のもとで遵守しなければならないその他の要件に基づき財務情報をエンフォースする場合にも，それらに従うことが可能とされる。

　また，「ガイドライン」は，投資家保護の必要性は発行体企業がどの財務報

告フレームワークを使用しているかに左右されないため，欧州経済圏（EEA）
の上場発行体が適用する財務報告フレームワークに関連しても適用可能である
とする。つまり，「ガイドライン」は，透明性指令のもとで財務情報に対する
エンフォースメントを実施するEU加盟国のすべての管轄当局だけでなく，
EU加盟国ではないEEA加盟国の管轄当局に対してもまた，適用されるよう
策定された[10]。

　「ガイドライン」は，加盟国のエンフォースメント状況を評価する要件とな
る17項目にわたる指針によって構成されている。以下，その内容を示せばつ
ぎの通りである[11]。

　　指針1：欧州委員会は，透明性指令に基づいて適用される規定に従い，監督
　　　　官庁がEEA以外の発行者（第三国発行者）によって公開された財務情報
　　　　をエンフォースする場合，適切な熟練したリソースへのアクセスを確保す
　　　　るか，ESMAや他の欧州のエンフォース主体（Enforcers）[12]との財務情
　　　　報のエンフォースメントを調整し，適切なリソースと専門知識を有するこ
　　　　とを確認する。欧州のエンフォース主体は，当該発行体の財務情報の一貫
　　　　性を保証するために，財務情報のエンフォースメントをESMAと調整す
　　　　べきである。
　　指針2：エンフォース主体は，財務情報のエンフォースメントの有効性を確
　　　　保すべきである。そうするためには，エンフォース主体は効果的な方法で
　　　　活動を実行するのに十分な人的資源と財政資源を有さなければならない。
　　　　人材については，専門的に熟練しており，目的適合した財務報告フレーム
　　　　ワークへの経験を持ち，財務情報のエンフォースメントに従事する発行体
　　　　の数，財務諸表のその特性，複雑性および当該の財務報告フレームワーク
　　　　を適用するその能力を考慮しなければならない。
　　指針3：エンフォース主体は，政府，発行体企業，監査人，その他の市場参
　　　　加者，規制市場運営者から十分，独立性を確保すべきである。政府から
　　　　の独立性は，政府がエンフォース主体の決定に不当な影響を与えることが

できないことを意味する。発行体企業および監査人からの独立性は，とくに倫理規定およびエンフォース主体会議の構成員を通じて達成されるべきである

指針4：事前照会（pre-clearance）が認可される場合，それが正規のプロセスの一部であり，発行体企業とその監査人が関連の会計処理についての彼らの立場を確定した後にのみ提供されなければならない。

指針5：エンフォースメントは通常，選択を利用する。選択モデルは，リスクベース・アプローチがサンプリング・アプローチおよび／またはローテーション・アプローチと結合した混合モデルに基づくべきである。リスクベース・アプローチでは，虚偽記載のリスクと金融市場における虚偽記載の影響をともに考慮しなければならない。

指針6：エンフォースメント・プロセスの一環として，欧州のエンフォース主体は財務情報のエンフォースメントに最も効果的な方法を識別すべきである。事後エンフォースメント活動の一環として，エンフォース主体は，無限定範囲の調査または強制的に適用される発行者の財務情報の無限定範囲と重点的な調査の組み合わせを使用することができる。重点的調査のみの使用は，エンフォースメント目的からして十分なものとはみなせない。

指針7：エンフォース主体は，エンフォース主体のイニシアチブにおいて，以下に示す措置を講ずるべきである。重大な虚偽表示が検出されたときはいつでも，エンフォース主体は，パラグラフ61に記載される考慮事項に従って，以下の行為のうちの少なくとも1つを適時に行うべきである。a）財務諸表の再発行を要求する，b）修正注記を要求する，あるいはc）関連する場合は比較表示を伴う将来の財務諸表における訂正を要求する。

指針8：財務情報のエンフォースメントを目的として重要性を判断する場合，報告日現在の財務情報の作成に使用された財務報告フレームワークに基づき評価することが必要である。

指針9：エンフォース主体は，採用される措置が，その措置がとられた発行者によって適切に行われることを確保すべきである。

指針 10：エンフォースメントにおけるハイレベルの調和を達成するために，欧州エンフォース主体は，欧州エンフォース主体調整会議（EECS）の会合のなかで，IFRS を中心とする関連財務報告のフレームワークの適用およびエンフォースメントに関する経験について議論し共有するべきである。さらに，ESMA の調整のもとで欧州のエンフォース主体は，毎年共通のエンフォースメント優先順位を特定すべきである。

指針 11：エンフォースメントの責任は，エンフォースメント遂行の調和化を促進し，当該の財務報告フレームワークの適用に対してエンフォース主体の間の一貫したアプローチを確保するために，国内のエンフォース主体にあるが，事前および事後の決定に関する調整は，EECS に委ねられる。ESMA の調整のもとで欧州のエンフォース主体は，会計事項を特定し，ESMA の声明および／または意見の作成のための技術的助言を提供するべきである。

指針 12：EECS での事例についての議論は，事前（突発的）問題または事後（決定）ベースのいずれかで行うことができる。また，エンフォース主体に課せられた期限が，決定が下される前に EECS との準備，提示，議論が可能でない場合を除き，つぎのいずれかの状況において新たな課題として会計上の問題が提起されなければならない。

　－エンフォース主体によって事前の決定がなされていないか，もしくは特定の会計上の問題について事前の議論がなされていない場合。これは，技術的メリットがほとんどない事項，もしくは会計基準が明確である，そして違反が明白な場合には適用されない

　－財務報告上の問題が欧州のエンフォース主体もしくは ESMA によって内部市場にとって重要な事項として特定されている

　－エンフォース主体が同じ会計上の問題に関する事前の決定に同意しないとき，または －エンフォース主体が欧州域内の発行体企業間で著しく相違する取り扱いのリスクを識別しているとき，その際，突発的問題に基づいて行われたエンフォース主体の決定は，EECS における議論の結

果が考慮されるべきである

指針 13：その決定が以下の基準の 1 つもしくはそれ以上を満たす場合，その決定は EECS に提出されるべきである。

　－決定が技術的メリットを伴う会計事項に言及している

　－決定が，EECS での会議の議論を通じて別途，決定されることなく，決定が突発的な問題として議論されてきた

　－決定は，他の欧州エンフォース主体にとっては，別の理由から重要である（その判定は，おそらく EECS の議論によって通知される）

　－決定が，発行体企業によって著しく異なる会計処理が適用されるリスクがあることを，エンフォース主体に示唆している

　－決定が，他の発行体企業に重大な影響を及ぼす可能性が高い

　－決定が特定の会計基準にカバーされていない規定に基づいて行われる

　－決定が上訴委員会または裁判所によって無効とされる，または

　－決定が，同一または類似の会計上の問題に関する以前の決定とは明らかに矛盾している

指針 14：エンフォース主体によるエンフォースメント決定は，同様の事実および状況が適用される同一の会計上の問題に関する早期の決定を考慮に入れるべきである。エンフォースメント決定には，会計処理が関連する財務報告に対応しているかどうかの決定に関する EECS での議論の結果と同様に，事前および事後の決定が含まれる。フレームワークと措置はそれに関連する。EECS の議論の結果とは無関係に，最終決定は国内エンフォース主体の責任である。

指針 15：指針 12 が示している提出基準のいずれかを満たしている新しい問題はすべて，議論されることが予定されている EECS 会議の前 2 週間以内に関連する詳細文書とともに ESMA に提出されなければならない。

指針 16：指針 13 に記載されている提出基準のいずれかに合致するエンフォースメント決定は，決定が下されてから 3 ヵ月以内に，関連する詳細文書とともに ESMA に提出されなければならない。

指針 17：IFRS 適用の一貫性を促進するために，ESMA 内の欧州エンフォース主体は，データベースに含まれるどの決定が匿名で公表されるかを決定すべきである。

ESMA が 2014 年に公表した，上述のような「ガイドライン」は，エンフォースメントのコンバージェンスを強化することを目的として，エンフォースメントへのアプローチと手続きの整合性を図り，EECS において財務情報に関する共通したエンフォースメント優先順位（European Common Enforcement Priorities）を，毎年，公式化し，エンフォースメント事例の議論を経て，国家監督当局（National Competent Authority：NCA）の欧州における財務情報の一貫した適用とエンフォースメントを促進することに貢献するものと位置づけられている。EECS（欧州エンフォース主体協調会議）とは ESMA の前身である CESR により創設された。エンフォース主体が採用した，または採用すべき決定を分析し，エンフォースメント分野における実務経験を共有して比較し，CESR 基準および指針（現在では，ESMA の基準・指針）に必要となるかもしれない方法論上の問題を特定し助言するという役割を担う，加盟国の各エンフォース主体が意見交換し，財務報告要件の遂行に関する経験を議論・共有するフォーラムである [13]。もちろん，エンフォースメントそのものは，各国 NCA の責任のもとで，国内法に従い国家レベルで行われる。その際に，EECS が担うエンフォースメント活動の調和化への発展いかんは，NCA 自体が実施するエンフォースメントの有り様によって大きく左右されることになる。

この場合，ESMA の「ガイドライン」の役割は，各管轄地域の手続きを評価し，良好な実践と改善すべき分野を特定するために NCA が使用する欧州共通の枠組みを設定することにある。したがって，「ガイドライン」は，文字通り財務情報の実施に関して原則主義（principles-based）にたった指針を示すものであって，その適用に際して，NCA が行うエンフォースメントの具体的内容まで立ち入って示すものでないとされている [14]。

第2節 ESMA のエンフォースメント調査

ESMA は,「エンフォースメントのコンバージェンスに関する作業プログラム（2016年）」において, 財務情報のエンフォースメントに関する ESMA ガイドラインに対して, NCA によるコンプライアンスを評価するためのピア・レビュウを実施することを表明した。このピア・レビュウは, 欧州議会および欧州評議会の 2010年11月24日付規則（ESMA Regulation）[15] に従うピア・レビュウ方法論（ESMA / 2013 / 1709）第30条に基づき, 評価グループ（Assessment Group：AG）によって実施された。その結果は, 審査コンバージェンス常設委員会（SCSC）との協議の後, ESMA 理事会の承認を得て,「財務情報のエンフォースメント・ガイドラインに基づくピア・レビュウ（Peer Review on Guideline on Enforcement of Financial Information：Peer Review Report, 以下, ピア・レビュウ報告）として, 2017年7月18日付で公表された[16]。

このピア・レビュウ報告の範囲は, 上述した 2014年「ガイドライン」の指針すべてにわたるものでなく, 指針 2, 5 および 6 に関する各国の比較分析を中心とする。ピア・レビュウは, NCA の独立性, リソースとガバナンスの妥当性, ガイドラインの効果的な適用, 能力の向上などの高品質監督結果を達成する能力, 市場の発展, 法律および監督慣行の適用におけるコンバージェンスの程度, およびその慣行が目的を達成する程度, に対応する上で, NCA がその体制と役割をどの程度, 果たし得たものかについてエンフォースメント要件の細目に関する分析にわたるという意味で, IFRS 導入後はじめて実施された調査といってよいだろう。

1. エンフォースメント調査の概要

ピア・レビュウ報告における調査は, 透明性指令の規制のもとにある発行体企業が公表した 2014年度の年次報告書ならびに 2015年度の年次報告書と中間報告書を対象とし, 欧州各国の NCA を宛名とした重点事項についての自己評

図表 1　透明性指令のもとでの各法域における発行体企業数（2015 年度末時点）

	規制市場で有価証券取引（株式）を行う企業	規制市場で有価証券取引（社債）を行う企業	規制市場で有価証券取引（その他）を行う企業	合　計	内：IFRS 適用企業
オーストリア	65	65	0	130	113
ベルギー	120	30	0	150	121
ブルガリア	381	46	0	427	417
キプロス	91	1	1	93	93
チェコ	46	20	1	67	38
ドイツ	539	90	57	686	535
デンマーク	136	22	0	158	139
エストニア	15	1	0	16	16
ギリシャ	229	0	0	229	229
スペイン	144	27	0	171	147
フィンランド	116	13	0	129	129
フランス	510	25	0	535	525
クロアチア	144	27	0	171	147
ハンガリー	48	15	0	63	42
アイルランド	27	78	24	129	11
アイスランド	16	23	0	39	39
イタリア	236	4	5	245	245
リトアニア	33	1	0	34	34
リヒテンシュタイン	0	0	0	0	0
ルクセンブルグ	48	170	6	224	153
ラトビア	26	13	0	39	24
マルタ	22	21	0	43	43
オランダ	147	57	0	204	178
ノルウェイ	195	66	0	261	250
ポーランド	462	2	2	466	401
ポルトガル	46	12	3	61	58
ルーマニア	83	5	3	91	91
スウェーデン	297	27	4	328	313
スロバニア	43	7	0	50	27
スロバキア	50	18	0	68	27
イギリス	1021	1298	35	2354	1281
合　計	5336	2184	141	7661	5866

出所）ESMA：ESMA, Peer Review on Guideline on Enforcement of Financial Information（Peer Review Report）,Date: 18 July 2017 ESMA42-111-4138, pp.24-25 より作成。

価による質問票形式（self-assessment Questionnaire），評価グループによる聞き取り調査（7ヶ国）を活用して実施された。

　図表1は，透明性指令の規制に基づきエンフォースメントの対象となる発行体企業数（2015年度末）を国別に示したものである。全体で7,661社，そのうちIFRS適用の企業数は5,866社で約8割（76.6％）に及ぶ。なお，EWR加盟31ヶ国のうちリヒテンシュタインとクロアチアの2ヶ国がピア・レビュウに不参加のため，実際の調査対象となったは29ヶ国であった。

　透明性指令に基づけば，エンフォースメントの確保については，欧州各国におけるNCAが責任を持つことになる。ただし，加盟国は，適切な会計処理への違反を把握し，それに対する適切な措置を講じることによりエンフォースメントの確保に努めるという任務をしかるべく責任を有する他の常設機関にそれを委任することが可能とされている。したがって，例えば，イギリス，アイスランド，アイルランドなどは，エンフォースメント任務をプライベートセクターに委ねる私的エンフォースメントの方式をとり，ドイツでは，私法上の組織たるドイツ会計検査機関（DPR）と公法上の組織である連邦金融サービス監督庁（BaFin）の2段階システムを採用するなど，エンフォース主体の形態は国ごとで異なっている。

　図表2は，欧州経済圏において様々な形態をとるエンフォース主体を一覧表として示したものであるが，そのほとんどが，ピア・レビュウに協力したという。ただし，例えば，スウェーデンのエンフォース主体については，「ガイドライン」の指針3が掲げる「エンフォース主体は，政府，発行体企業，監査人，その他の市場参加者，規制市場運営者から十分な独立性を確保しなければならない」の要件に抵触している（規制市場運営者からの独立性）。しかし，ピア・レビュウ報告書では，その事実について触れてはいるが[17]，指針3が今回の比較分析の対象でないとの理由から，この違反について，立ち入って検討していない。

　ピア・レビュウの焦点は，事前に，収斂度が低いと予想する「ガイドライン」における17項目の指針のうち，つぎの3つの指針を選択し，それらを中心と

図表2　欧州のエンフォース主体

オーストリア	Financial Market Authority（FMA），Austrian Financial Reporting Enforcement Panel（AFREP）
ベルギー	Financial Services and Markets Authority（FSMA）
ブルガリア	Financial Supervision Commission（FSC）
クロアチア	Croatian Financial Services Supervisory Agency（HANFA），Croatian National Bank（HNB），Ministry of Finance -Tax Administration（RHMF）
キプロス	Cyprus Securities and Exchange Commission（CySEC）
チェコ	Czech National Bank（CNB）
デンマーク	Danish Financial Services Authority（Danish FSA），Danish Business Authority（DBA）
エストニア	Estonian Financial Supervision Authority（EFSA）
フィンランド	Finnish Financial Supervisory Authority（FIN-FSA）
フランス	Financial Markets Authority（AMF）
ドイツ	German Federal Financial Supervisory Authority（BaFin），Financial Reporting Enforcement Panel（FREP）
ギリシャ	Hellenic Capital Market Commission（HCMC）
ハンガリー	The Central Bank of Hungary（MNB）
アイルランド	Central Bank of Ireland34（CBI），Irish Auditing and Accounting Supervisory Authority（IAASA）
アイスランド	Financial Supervisory Authority（FME）
イタリア	Companies and Securities National Commission（Consob）
ラトビア	Financial and Capital Markets Commission（FCMC）
リトアニア	Bank of Lithuania（LB）
ルクセンブルグ	Financial Markets Supervisory Commission（CSSF）
マルタ	Malta Financial Services Authority（MFSA）
オランダ	Netherlands Authority for the Financial Markets（AFM）
ノルウェイ	Norway Financial Supervisory Authority（NFSA）
ポーランド	Polish Financial Supervision Authority（PFSA）
ポルトガル	Securities National Commission（CMVM）Bank of Portugal（BP）Insurance and Pension Funds Supervisory Authority（IPFSA）
ルーマニア	Financial Supervisory Authority（ASF）
スロバニア	Securities Market Agency（SMA）
スロバキア	National Bank of Slovakia（NBS）
スウェーデン	Swedish Financial Supervisory Authority（Swedish FSA），Nordic Growth Market NGM AB（NGM），Nasdaq Stockholm AB（Nasdaq Stockholm）
スペイン	Spanish Securities Market Commission（CMNV）
イギリス	Financial Conduct Authority（FCA），Financial Reporting Council（FRC）

出所）ESMA, ESMA Report　Enforcement and Regulatory Activities of Accounting Enforcers in 2017, 03.04.2018/ESMA32-63-424, p.36 から作成

した分析に向けられた。

　指針2：人的資源および財政的資源

　指針5：エンフォースメント審査に対する選択方法

　指針6：エンフォースメントの検査手続き

　ピア・レビュウ報告に依れば，つぎの点がとくに検査されたという。

　指針2との関係では，財務情報のエンフォースメントの対象となる発行体数とその特性を考慮して，NCAの人的資源と財務資源が十分なものか否か，また，適用可能な規則のもとで対処する必要がある問題の性質を考慮して，執行者の学歴と職業経験が十分であるか否かが評価対象となる[18]。

　指針5との関係では，NCA内で採用された選択方法が，リスクベース・アプローチとサンプリングおよび/またはローテーション・アプローチと組み合わされている混合アプローチに基づいているか否か，また，リスクベース・アプローチが，発行体（決算書作成者）による違反の可能性とその金融市場に対する潜在的な影響をともに考慮しているのかが評価の対象となる。その評価を行うにあたって，ピア・レビュウでは，リスクベース・アプローチにおいてガイドラインが定義するすべての関連基準を考慮に入れているのかが検討された。そこでは，サンプリングおよび/またはローテーション・アプローチが，リスク基準に含まれていない発行体がレビューのために選択されることを保証しているかどうか，また，エンフォース主体によって特定された選択モデルが共通のESMAエンフォースメント優先順位を考慮しているのかが評価されることになる[19]。

　最後に，指針6との関連では，エンフォース主体が採用した検査手続きが，無限定範囲検査，または無限定範囲検査と重点検査の組み合わせのいずれかによって実行され，それが財務情報のエンフォースメントの有効性を保証するかどうかが評価される。その場合，とくにエンフォース主体によって実施された検査が重大な誤りを高い確率で識別することを保証しているのかについての検討が行われた。また，エンフォースメント・プロセスの一環として選択された発行体財務情報のレビュウに使用する審査技法および結論が適切に文書化され

ているのか否かも評価の対象となった[20]。

　ピア・レビュウ報告は，附属の資料を含めて総頁数 133 頁に及び，内容も詳細かつ多岐にわたる。この報告については，その調査内容について簡潔に要約し検証した Meusburger/Pelger の論攷[21]がある。以下，その論攷も参照しながら，調査結果の内容について概略してみよう。

2. エンフォースメントに要する人的資源と財政的資源

　指針 2 に対するピア・レビュウの実施に際して，評価グループは質問票で求めた，財務情報のエンフォースメントに従事するスタッフ数から数量化したフルタイム換算人数（FTE）[22]を利用している。

　図表 3 は，EWR 加盟各国におけるフルタイム換算人数当たりの決算書作成者数（発行体数）を一覧表示したものである。6 ヶ国（ベルギー，デンマーク，エストニア，イタリア，オーストリア，スペイン）はフルタイム換算人数当たり決算書作成企業数が 20 もしくはそれ未満であり，調整平均値（IFRS 適用企業が 43，その他は 50)[23]を下回った。さらに，換算人数当たりの決算書作成者数 50 以下の 12 ヶ国も調整平均値を下回り，調整平均値を上回る結果を示しているのが残りの 11 カ国であった。注目すべきは，イギリス（203），スロバニア（167），スウェーデン（121），ギリシャ（112），マルタ（108），ハンガリー（105）ルーマニア（104）の 7 ヶ国であり，それらは換算人数当たりの決算書作成者数が 100 を上回る結果を示した[24]。

　フルタイム換算人数は毎年，実施されるエンフォースメント検査件数とも関

図表 3　フルタイム換算人数当たり決算書作成企業数

回数	国
≦ 20	ベルギー，デンマーク，エストニア，イタリア，オーストリア，スペイン
20-50	ブルガリア，ドイツ，フィンランド，フランス，アイスランド，リトアニア，ルクセンブルグ，ノルウェー，ポーランド，スロバキア，チェコ共和国
50-80	アイルランド，ポルトガル，キプロス
≧ 80	ギリシャ，イギリス，スロバニア，マルタ，ルーマニア，スウェーデン，ハンガリー

出所）Pia Meusburger/Christoph Pelger, Enforcement in Europa, in:KoR, März 2018, S.129 より作成

連づけられた。2014 年度および 2015 年度ともに，フルタイム換算人数当たり
検査数の調整平均値は 6 件となる。国別の結果は，12 ヶ国は 2014 および 2015
年度ともに，6 件もしくはそれ未満となり，したがって，残りの 17 加盟国が
調整平均値を上回った。この関連で，とくにスウェーデンについては，2014
年度，フルタイム換算人数当たり検査件数は 61 件であり，2015 年度には，70
件にも達するが，この結果は FTE の値によって大きく左右される。スウェー
デンの場合のフルタイム換算人数は 2.7 に過ぎず，同様に，ルーマニアについ
ても，フルタイム換算人数当たり検査数は，2014 年度が 46 件，2015 年度は
50 件で多いが，フルタイム換算人数は 0.875 と極めて少ない[25]。こうした結
果から，評価グループはフルタイム換算人数当たりの決算書数の高い数値は，
質の低い検査を引き出すことになると注釈した。にもかかわらず，エンフォー
スメントの機能は有効だと述べている。なお，ESMA は，フルタイム換算人
数と決算書作成者数との適正比率は規定していない。

　最終的には，つぎのような評価となった。ブルガリア，アイルランド，オー
ストリアが自己申告によって指針 2 の要件を満たしていない。また，ギリ
シャ，イギリス，スウェーデンについては従事者数が十分でない理由から指針
2 に合致していない。さらに，ルーマニア，ハンガリー，ラトビア，ポルトガ
ルについては，フルタイム換算人数より少ない人数がエンフォースメントに従
事するため，指針 2 に合致せず，マルタとポルトガルについても，財務情報の
検査に専念する時間数が不足しているとみなした。この 2 つの国では，エン
フォースメント従事者が取引所目論見書，アドホック開示，コーポレートガバ
ナンス - 報告の審査といった別の多くの仕事に従事しなければならず，そのた
め財務情報の検査を有効なものにするための時間が僅かとみなされた[26]。

　つぎに，24 ヶ国におけるエンフォースメント従事者に関しては，そのすべ
ての従事者は大学卒もしくはそれと同等の教育を受けており，残りの 5 ヶ国
（デンマーク，イギリス，オランダ，スペイン，チェコ共和国）の場合は，80-95％
の従業者が同様の教育を受けていた。欧州経済圏のエンフォースメント従事者
の専門的職業経験は平均 10 年であり，ドイツ，スロバキア，キプロスについ

ては，全体の平均を上回り 15 年の専門的職業経験を得ている[27]。

　従事者の継続的育成に関しては，各国間で大きな相違があると評価グループは述べている。それに対する適切な措置として，評価グループは，とくにEECS への参加を促している。EECS では毎年，約 8 回の会議が開催され，そこでは，国家監督機関にプラットホームが用意され批判的エンフォースメント決定を議論することが可能である。そこでの議論は，専門特有の知識と能力を身につける可能性があり，多くの NCA はその従事者を EECS の会議準備とそこで討議することに参加することを検討するように評価グループは強く推奨した[28]。

　指針 2 のもう一つの要件である財政的資源の充足について，分析の焦点となったのが，NCA が必要な従事者数とその給付を保証するうえで十分な財政的資源を有しているのかという点である。その場合にとくに問われたのが，NCA が競争能力ある報酬を支払う能力の有無であった。この質問に対して，ほとんどの NCA はより良いワークライフ・バランスと雇用の安定といったメリットを提供できるが，プライベートセクターと報酬格差があり比較可能な報酬を支払う状況にないとし，加えて，いくつかの NCA は大幅の予算削減によって，より専門教育を受けた従事者を募集することが明らかに困難な状況であると回答している[29]。

3. エンフォースメントに対する選択方法

　指針 5 によれば，エンフォースメント検査に際して，対象企業の選択にサンプリング・アプローチおよび／またはローテーション・アプローチならびにリスクベース・アプローチから構成される混合アプローチ（混合モデル）の活用が要求される。この場合，エンフォース主体が策定した選択モデルには，虚偽表示の可能性とそのような虚偽表示の金融市場への潜在的影響との組み合わせによってリスクを決定するリスクベース・アプローチが含まれるべきとされている。

　この点について，NCA は，選択モデルにリスク・アセスメントが含まれて

いるかどうか，また，どのような基準でこのアセスメントが実施されているかに関する情報を提供するよう求められたが，スウェーデンを除くすべてのNCAが，選択モデルにリスクに基づく評価が含まれていると回答している。なお，スウェーデンについては，リスク・アプローチを採用しているが，虚偽表示の危険のみを考慮するのみで，その金融市場における潜在的リスクが無視されている[(30)]。

　評価グループは，こうした回答はあるが，リスクベース・アプローチの採用内容に関して諸国間での相違が大きいとしている。欧州経済圏諸国において，検査に際して，リスク要因をベースとして選択している割合は約64%，サンプリング・アプローチもしくはローテーション・アプローチに基づく選択割合が約36%となっている。

　ドイツの場合は，サンプリング・アプローチおよび / またはローテーション・アプローチに基づく企業選択は80%を上回る。また，7ヶ国（リトアニア，チェコ共和国，アイルランド，オランダ，イタリア，ノルウェー，ハンガリー）については，リスク要因からの選択が80%を上回るという結果を示した一方で，評価グループは，5ヶ国（スウェーデン，ポルトガル，マルタ，ルーマニア，イギリス）について指針5に対する違反があるとした[(31)]。評価グループは，ポルトガルについては採用される選択が効果的でないとし，マルタとルーマニアについては，リスクベース・アプローチを採用しているものの，リスク要因の大部分が苦情，監督官庁の指摘，公式メディア等の外部情報に依存しており，決算書作成者のリスク・プロファイルを考慮していないとした。

　なお，イギリスの選択モデルは，評価グループの見解によれば，すべての決算書作成者を十分に対象としていない。イギリスの場合，小規模の年度決算作成者，規制市場における負債発行体，連合王国外部の上場発行体について，ステークホルダーの異議，他の監督当局からの指摘がある場合にのみしか検査に含められていない。その点について，評価グループは，規模に関わりなく，決算書作成者が現実にリスクが存在するときはすべてエンフォースメント検査に選択されうるべきと批判したが，イギリスのエンフォースメント当局は指針5

がどの程度のリスクを前提にするのか，またそれをどう測定するのか明示して
いないため，評価グループの判断に関わりなく指令を遵守していると反論し，
その批判を受け入れていない[32]。

　さらに，評価グループは，リスクベース・アプローチについて，エンフォー
ス主体それぞれが様々なリスク要因と関連づけており，その関連で，業種，事
業モデルの複合性もしくは信用リスクといった重要なリスク要因を，また，利
用可能の場合ならば第三者の指摘，結合企業との特別な取引もしくは経営者の
交代といった情報についてすべてのエンフォース主体が考慮すべきだとする[33]。

　また，エンフォースメント指針に基づけば，非リスクベースの部分は選択方
法に組み入れられなければならず，ローテーション・アプローチによって，す
べての企業が一定期間内に検査対象となるが，現在，8 加盟国（フィンランド，
フランス，イタリア，イギリス，リトアニア，ポーランド，ポルトガル，オランダ）
がそれを保証していない。しかし，ローテーション・アプローチしか採用され
ないのならば，すでに検査対象となった企業はローテーション・サイクルが終
了するまで選択されることはない。リスクベース・アプローチによって選択さ
れた決算書作成者に特別のリスク要因がみられなければ，その決算書作成者は
状況によって何年もエンフォースメントの検査に加えられることがなくなる。

　こうした理由から，評価グループは，非リスク要因を組み入れる際には，サ
ンプリング・アプローチ，ローテーション・アプローチと関連させるよう，選
択方法を変更するように勧告した。評価グループが望ましい方法として例示す
るのが，ドイツが採用する 3 段階選択の方法である。ドイツの場合，第一段階
でリスクベースのモデルが虚偽表示のリスクとその金融市場への潜在的帰結が
考慮され，第二段階において，ローテーション・アプローチが適用される。
DAX，MDAX，SDAX および TecDAX から構成される企業はすべて 4 年か
ら 5 年内，それ以外のすべての企業は 8 年から 10 年内に検査され，第 3 段階
では，サンプリング・アプローチによって第 1 および第 2 段階の検査で把握さ
れなかった部分が補完されている[34]。

4. エンフォースメント手続きへの対応

　指針6は，財務情報のエンフォースメントを実施する際にエンフォース主体が行うべき検査手続きについて詳細に規定していない。その代わりに，「ガイドライン」は，財務情報を検討する際にエンフォース主体が検討すべき手続きを列挙し，財務情報の効果的なエンフォースメントを保証する限りにおいて，エンフォース主体にそれらの使用につき選択権を与えている。ただし，指針は，エンフォース主体に対して，当該手続を実施したその結果に関して文書化することを要請している。

　ピア・レビュウでは，質問票に応じて，NCA が検査手続の概要を説明した。その回答と現地調査の結果から，評価グループは，エンフォースメント手続きの適用についても重要な多様化（a significant diversity）が存在していると指摘する。評価グループは，そうした多様性については，各国当局が透明性指令の転換を通じて付与された選択権限により，または実施された検査の種類により説明できるだろうが，回答を分析するだけでは，すべてのエンフォース主体による各種の検査に対してどのような手続きを実行すべきかを決定することはできないとしている。また，現行のガイドラインでは，審査の種類，問題，当局の処分権限，時間的制約および利用可能なリソースなどに関して多様性を減ずるという目的を達成させていないという見解も示している[35]点は特徴的であろう。

（1）検査方法について

　指針6は，エンフォースメント主体の検査方法に対して有効なエンフォースメントを保証するため，無限定検査もしくは無限定検査と重点事後検査との結合のどちらかを採用することを求めている。

　質問票への回答は，欧州経済圏において多様な検査方法の採用されていることを示している。例えば，多くのエンフォース主体は付属説明書へ記載のような様式への監査に限定しており，他方で，他のエンフォース主体は計上及び評価問題に関する重要な虚偽表示を追い求めている。検査実施の内容においても大きな相違がみられ，例えば，ブルガリア，イタリア，ハンガリー，リトアニ

ア，ポーランドは，決算書作成企業の周辺調査を実施する。ベルギー，デンマーク，フィンランド，フランス，ポーランド，スウェーデン，キプロスは，質問書の正式なコピーを決算書作成者と会計監査人（公認会計士）に送付し，イタリアは会計監査人に対し具体的な質問を行っている。また，デンマーク，ドイツ，イギリス，アイルランド，リトアニア，ノルウェー，スウェーデンの7ヶ国は，エンフォース主体以外の専門家からの意見聴取を定期的に行うという。

　また，回答によれば，それ自体が検査といえないフォローアップ・レビュウのためにのみ重点検査を使用するスウェーデンを除くすべてのNCAが無限定範囲の検査を利用しているが，その場合，ハンガリー，ラトビア，マルタの3ヶ国を除いたエンフォース主体はそれを法定監査と結びつけて重点検査も実施しているとした。しかし，その場合の重点検査の占める割合は国ごとに異なる。キプロスとアイルランドの場合，2014年度，2015年度の決算書監査に際して，50％以上の検査は重点検査であり，ドイツ，フランスの場合は1～25％の間であった。重点検査の選択に際して，ほとんどすべてのNCAは特殊リスク要因が決定的だと回答したが，評価グループは，それに反して様々な多くの要因が考慮されていると注記している[36]。

　なお，評価グループは，いくつかのNCAが検査手順の一部として，発行体とコンタクトをとらないデスクトップ・レビュウを使用していることにも触れている。評価グループはデスクトップ・レビュウが，強化する分野や追求すべき問題を特定するのに役立つことは認識しているが，それだけでは，徹底した検査として見なすことはできないため，その使用は制限されるべきとの考えを示している。評価グループは無限定範囲の検査がすべての関連分野（認識，測定，表示，開示）を網羅すべきであることを考慮するなら，エンフォース主体が虚偽表示の疑いがない発行体に対しても，直接的に関与することが重要としている[37]。

（2）実施措置について

　「ガイドライン」によれば，エンフォース主体が会計基準からの離脱を確認

するときは，指針6に従い，その離反が重要なものであるのか否か，および実施措置が必要か否かを決定しなければならない。また，指針7によれば，重要な虚偽表示ないし会計基準からの離反がある場合，つぎの3つの実施措置のうち1つを要求することがエンフォース主体に求められている。

－修正した財務諸表の要求

－修正注記の要求

－該当する比較数値の修正記載を伴う将来決算書の要求

　指針7は，投資家に対し最善の情報提供を行うことを上位目標としており，その関連で，評価グループは，財務諸表に重大な虚偽表示を発見した場合，市場ですでにそれに関する情報が十分，存在しているか，もしくは虚偽表示が決算書の開示以後近い時点で確認されたときを除いて開示が行われることを要請している。しかし，NCAは訪問調査から，現場での訪問では，評価グループは重大な虚偽表示の発見に基づいてNCAから発せられた修正注記をほとんど見ることはできず，開示に関してかなり消極的であることを確認した。特徴的な相違は，ドイツとイギリスのケースが例示されている。ドイツの場合，確認された虚偽表示は即座に電子連邦官報で公開されるのに対して，イギリスのエンフォース主体の場合，開示を促進するようなコンポーネントは法律上，存在しないため，多くの虚偽表示が公開されないままとなっている[38]。

　参考に，Meusburger / Pelger のピア・レビュウ報告に基づく計算によって，2014年度および2015年度において行われた虚偽表示の情報開示件数を一覧し

図表4　2014/2015 年度における違反の開示数

回数	国
0	エストニア，ギリシャ，アイルランド，リトアニア，ラトヴィア，ルクセンブルグ，マルタ，ポーランド，ポルトガル，ルーマニア，スロベニア，ハンガリー，キプロス
1	フィンランド，イギリス，アイスランド，ノルウェー，チェコ共和国
2	フランス，スウェーデン
3	ベルギー
4	オランダ
5	ブルガリア，ドイツ，デンマーク，イタリア，オーストリア，スロバキア，スペイン

出所）Pia Meusburger/Christoph Pelger, Enforcement in Europa,a.a.O.,S.132 より作成

たものが図表4である。29ヶ国のうち22ヶ国の開示件数が5未満で，13ヶ国において行われた開示は存在していない[39]。

5．エンフォースメント調査の結果

　2017年にESMAが公表したピア・レビュウ報告が明らかにした点は，欧州経済圏において，各国の会計エンフォースメントに多様性がみられたことである。

　ESMAの限られた（3つの指針）重点調査からみても，31加盟国のうちの8ヶ国が「ガイドライン」の要件を十分に組み入れていないことを自己申告したが，評価グループは，それに加えて，7ヶ国が指針に違反していると結論づけた（図表5を参照）。したがって，対象の29カ国の内，約5割（15ヶ国）が「ガイドライン」が求めるエンフォースメント要件を満たしていないことになる。

　Meusburger／Pelgerは，欧州経済圏におけるエンフォースメントの多様性が決算書情報の比較可能性を制約するという問題としてだけでなく，さらに，そのことによって，各国の巧みな基準選択を通じて企業に対する厳格なエンフォースメントが断たれる結果をもたらすことになることを指摘する。厳格なエンフォースメントは資本市場の規模にたしかにマイナスの影響をあたえている。例えば，ドイツの場合，エンフォースメント・システムが導入されて以降，エンフォースメントの強化が多大なコストをもたらすことが原因で，資本市場指向的企業（規制市場で上場認可する企業）の数が明らかに減少している。しかし，諸加盟国における資本市場における利用の拡大がエンフォースメントの有効性の低下とどの程度，結びつくのか，その点についてこれまで議論されてこなかった[40]，と問題を提起している。

　こうした批判を待つまでもなく，今回のピア・レビュウの結果は投資家の意思決定に資する比較可能な情報を提供するというIFRS導入以降に掲げた欧州の目標に対して問題を投げかけているのは事実であろう。決算書情報の比較可能性は，統一的な会計基準が策定・適用されるだけでなく，実質的に，その統

図表5　指針に対する違反

	自己申告		ピア・レビュウの結果	
	違反	理由	違反	理由
ブルガリア	指針2, 10, 11	資源の不足		
	指針5	指針との不一致		
ドイツ	指針7	虚偽表示報告がBafinにより強制されていない		
	指針17	EECSデータベースからの抜粋の枠内でエンフォースメント決定が非開示		
アイルランド	指針2	資源の不足		
クロアチア	指針すべて	権限が不足		
オーストリア	指針1, 2	2つのエンフォースメント機関の権限が不分離		
ポーランド	指針17	法規定の不備		
スロバニア	指針4, 10-17	資源の不足		
スウェーデン	指針3	規制市場運営者からのエンフォースメント機関の独立性が不備	指針2	決算書作成者数との比率で人的資源の不足
			指針5	すべての決算書作成者が考慮されていない
ギリシャ			指針2	決算書作成者数との比率で人的資源の不足
イギリス			指針2	決算書作成者数との比率で人的資源の不足
			指針5	すべての決算書作成者が考慮されていない
ラトビア			指針2	エンフォースメントに対するフルタイム換算が不足
マルタ			指針2	検査に要する時間的資源不足
			指針5	選択に際してリスクプロファイルが未考慮
ポルトガル			指針2	検査に要する時間的資源不足
			指針5	審査方法が適切でない
ルーマニア			指針2	エンフォースメントに対するフルタイム換算が不足
			指針5	選択に際してリスクプロファイルが未考慮
ハンガリー			指針2	エンフォースメントに対するフルタイム換算が不足

出所）Pia Meusburger/Christoph Pelger, Enforcement in Europa,a.a.O.,S.134 の表4および表5より
　　　作成

一的基準の適用に対するエンフォースメントの実効性に依存する。しかし，ESMA のピア・レビュウの分析結果からは，欧州においてそうしたエンフォースメントの統一した実効性を読み取ることはできない。

むすびとして

　欧州におけるエンフォースメント体制は，資本市場への信頼と投資家保護を上位目標におき，当初，CESR の諸基準をベースに構築され[41]，その後，CESR を引き継いだ ESMA の主導のもとに構築されてきた。しかし，そこで想定されていたのは欧州の強固に統一したエンフォースメントの機関とその実施方法ではなく，欧州各国の経済事情や法文化，取引慣行等の制度の各特性に合わせた緩やかなエンフォースメント・システムの構築とその各国システムの緩やかな調和化（harmonization）であったといってよい。そして今，そのガバナンスのあり方が問われている。

　ESMA 調査の結果は，EU という地域経済圏とそれを構成する国家との間の調和と分岐の構図が会計エンフォースメントの側面において反映されたとみることができる。先に述べたように，欧州における会計制度の調和化は，今世紀に入って以降，規制市場における上場企業の連結決算書に対する IFRS の統一的受容（Adoption）と並行して，EU 会計指令を介した域内諸国の自国会計基準の IFRS への接近（Convergence），そしてそうした会計基準へのコンプライアンス（遵法性）の強化という構図のなかで進められてきた。

　ただし，そこにおける会計基準の統合化は，本書の第１章でも考察したように，欧州型ともいうべき TFV の包括的な情報規範を導入し IFRS の開放に働くと同時に，その TFV と資本維持規範としての慎重性原則との相互補完性を通じて IFRS 流の資本市場指向への過度の傾斜を抑制することによって EU 諸国内の妥協的解決を図っている。そうした現実と照らし合わせて，ピア・レビュウ報告で示された会計エンフォースメントに対する多様化の現状をみるなら，IFRS というグローバルな基準に対して，いうところの「比較可能性を保証する単一で高品質な基準」という命題を一度，解き放して，IFRS に内在す

る役割が欧州の会計制度改革において（資本市場との関係で）どう機能しているのか，また，そこでのガバナンスに何が求められているのか，それらの相互の関係について，各国の実態に即してあらためて位置づけてみることが必要であろう。

注

(1)　Regulation (EC) No. 1606/2002 of the European Parliament and of the Council of 19 July 2002 on the application of international accounting standards，OGL243, 2002, p.2.

(2)　Directive 2004/109/EC of the European Parliament and of the Council of 15 December 2004 on the harmonisation of transparency requirements in relation to information about issuers whose securities are admitted to trading on a regulated market and amending Directive 2001/34/EC3.

(3)　Directive 2004/109/EC of the European Parliament and of the Council of 15, December 2004, op.cit., Art.24.

(4)　CESR, Standard No.1 on Financial Information, Enforcement of Standard on Financial Information in Europe, Ref:CESR/03-073, 12.03.2002.

(5)　CESR,Standard No.2 on Financial Information, Coordination of Enforcement Activities, Ref: CESR/03-317c, 22.04.2004.

(6)　CESR, Standard No.1 on Financial Information, op.cit., p.4.

(7)　CESR, CESR`s review of the implementation and enforcement of IFRS in the EU, Ref:07-352, November 2007.

(8)　この調査について取り上げたものとして佐藤誠二「EUにおけるIFRS会計実務の状況と課題―『IAS適用命令』の履行とエンフォースメント」『會計』第174巻5号がある。

(9)　ESMA, ESMA Guidelines on enforcement of financial information/2014/1293, 28 October, 2014, pp.1-21.

(10)　ESMA (2014), Ibid., p.10.

(11)　Vgl. ESMA (2014), Ibid., pp. 10-21.

(12)　エンフォース主体（Enforcers）とは，透明性指令に基づき適用される規則に従って，欧州経済圏の利益のため行動する権限のある管轄官庁または機関を指す。ESMA(2014), Ibid., p.5.

(13)　ESMA(2014), Ibid., p.8.

(14)　ピア・レビュウ報告書では，「財務情報のエンフォースメントに関するガイドラインは原則主義（principles-based）に基づいている。つまり，「ガイドラインに含まれている

原則に準拠するために NCA が何をしなければならないかを正確に記述するのでない」
としている。ESMA, Peer Review on Guideline on Enforcement of Financial Information
（Peer Review Report), Date: 18 July 2017 ESMA42-111-4138EU, p.9.

（15）　Regulation (EU) No. 1095/2010 of the European Parliament and of the Council of 24
November 2010 establishing an European Supervisory Authority (European Securities
and Markets Authority), amending Decision No 716/2009/EC and repealing Commission
Decision 2009/77/EC/.

（16）　ESMA (2017), op.cit., pp.1-133.

（17）　Ibid., p.29.

（18）　Ibid., p.5.

（19）　Ibid., p.5

（20）　Ibid., p.5,6.

（21）　Pia Meusburger / Christoph Pelger, Enforcement in Europa, in: KOR,18Jrg, März 2018.

（22）　フルタイム換算人数（FTE）の 1 は，NCA の契約上の義務に従って週にフルタイム
で働く 1 人の従業員に相当する（例：週 35 ～ 40 時間）。例えば，40 時間の労働時間を
基準にして，それぞれ 50 時間，40 時間および 10 時間働いている 3 人の従業員がいた場
合，FTE は 2.5 FTE（100/40）である。

（23）　ESMA (2017), op.cit.,p.35.　調整平均値は，上位と下位のそれぞれ 3 つの数値を除いた
算定した総平均値である。なお，IFRS 適用企業とその他の企業を区分したのは，IFRS
適用の決算書のほうがよりやっかいな（more burdensome）ためだとしている。

（24）　ESMA (2017), ibid., p.36 ; Meusburger / Pelger, a.a.O., S.129.

（25）　ESMA (2017), ibid., p.36 ; Meusburger / Pelger, ebenda,S.129.

（26）　ESMA (2017), ibid., p.40 ; Meusburger / Pelger, ebenda,, S.130.

（27）　ESMA (2017), ibid., p.36 ; Meusburger / Pelger, ebenda,S.129.

（28）　ESMA (2017), ibid., p.42 ; Meusburger / Pelger, ebenda, S.130.

（29）　ESMA (2017), ibid., p.40 ; Meusburger / Pelger, ebenda,S.129-130.

（30）　ESMA (2017), ibid., p.47 , 51.

（31）　ESMA (2017), ibid., p.61

（32）　ESMA (2017), ibid., p.61, 133 ; Meusburger / Pelger,a.a.O., S.130.

（33）　ESMA (2017), ibid., p.65 ; Meusburger / Pelger, ebenda,S.131.

（34）　ESMA (2017), ibid., p.61 , 69 ; Meusburger / Pelger,ebenda, S.131

（35）　ESMA (2017), Ibid., p.78.

（36）　ESMA (2017), ibid., p.16-22 ; Meusburger / Pelger, a.a.O., S.131,132.

（37）　ESMA (2017), ibid., p.80,81. ; Meusburger / Pelger, ebenda, S.133.

（38）　ESMA (2017), ibid., p.89,90 ; Meusburger / Pelger,ebenda,S.132.

(39)　Vgl. Meusburger／Pelger,ebenda, S.132. なお，図表4の数値はMeusburger／Pelger
　　の計算によるもので，ピア・レビュウ報告で，明確には示されていない。

(40)　Ebenda., S.134.

(41)　この経緯については，つぎにおいて詳しい。佐藤博明「EUとドイツにおける会計エ
　　ンフォースメント」佐藤誠二編著『EU・ドイツの会計制度改革 − IAS/IFRS の承認と監
　　視のメカニズム』第4章に所収，森山書店，2007年。

第4章
ドイツ会計制度における IFRS の内法化
―資本市場指向改革の含意―

は じ め に

　IASB によると，現在（2019 年 12 月），IFRS の国際的受容（global adoption of IFRS standards）は，166 の法域（jurisdiction）に広がり，世界の主要な 88 の証券取引所で IFRS を適用する上場企業数は 25,000 社に及ぶという [1]。そして，そうした IFRS の最大の利用者が EU 加盟国と EU 在籍の欧州企業である。EU においては，「IAS 適用命令」に基づき 2005 年以降，規制市場に上場する（資本市場指向的な）欧州企業に対して，連結決算書へ IFRS の適用を統一的に義務づけ，その他の欧州企業についても IFRS の任意適用を加盟国が与えている。しかし，すでに論じたように，加盟各国における IFRS の受容（Adoption）と執行・監視（Enforcement）の状況は多様化している [2]。そして，その背景として，IFRS の適用規定（義務化・任意適用）に関して，加盟各国の経済的環境や財政ルールなどに応じて国内法への法制化の内容が一様でないこと，IFRS 履行に対して各国の会計慣行が影響を及ぼしていること，IFRS の持つ複雑性に対する経験と会計ドクトリンが不足していること，等が総論的に挙げられている。ただし，各国の制度と実務の実態に即した各論的な分析が行われているかというと，現状では充分といえないだろう。

　本章では，EU の主要国ドイツを取り上げ，会計法制の基盤である商法会計法において IFRS 受容のしくみが，どのように内法化されたのか，そのことを，IFRS 導入を主導する EU の会計戦略と関連づけて概観した上で，資本市場指向と非資本市場指向の企業を区分しながらドイツにおける IFRS の法制度の内容と適用状況を考察し，あわせて資本市場指向の会計改革に内在している課題

についても展望してみたい[3]。

第1節　ドイツの会計国際化改革と IFRS

1. EU の会計国際化戦略

　ドイツの会計改革は，1990 年代初頭からの国際化実務の進展，1998 年の IAS 適用に対する商法免責条項（開放条項）の時限措置，2005 年の IFRS の実質的導入に特徴づけられる 3 つの転換局面を経過し現在に至っている。そして，そうしたドイツにおける会計改革の歴史の背景に絶えず存在するのが EU における統一資本市場の形成とそのインフラ整備としての域内諸国の会計統合戦略であった。この点はすでに第 2 章でふれたところであるが，ドイツの会計改革を考察する前に，少し詳細にして整理，確認しておこう。

　欧州委員会が 1995 年に公表した「会計領域の調和化－国際的調和化の観点からの新戦略[4]」（公式意見書）は，国際的に活動する欧州企業の国際的資本市場への参入を容易にするため，とくに連結決算書に関して EU 会計指令と抵触せずに「国 際 的 に 認 め ら れ た 会 計 原 則（international anerkannte Rechnungslegungsgrundsätze）」（IAS/US-GAAP）を導入するために，その「国際的に認められた会計諸原則」と EU 会計指令との等価性について比較可能性の観点から検証することを要請した。また，それに伴い，「国際的に認められた会計原則」の導入と公正価値評価の導入，既存の EU 会計指令の現代化，会計監査制度の強化という具体的優先課題を明示した「金融サービス行動計画」（action plan）[5]を 1998 年に策定したのである。

　さらにその後，欧州委員会は，IASC の IASB への組織変更を通じて資本市場において IFRS の適用により努力する目標が掲げられたことを受けて，「国際的に認められた会計原則」を IFRS に絞って 1995 年の新戦略を発展させ，2000 年には「EU の会計戦略：将来の進路[6]」を公表し，第 1 段階の将来措置として，2000 年末までに，「規制市場（geregelter Markt）」に上場するすべての EU 企業に対して，「国際的会計基準（internationale Rechnungslegungsstandards）」

つまり IFRS に基づく連結決算書の作成を要求すること，加えて，非上場の企業に対しても，IFRS を適用した連結決算書を作成する選択権を加盟国に付与すること，また，第 2 段階としては，2001 年末までに有限責任会社の会計にとって将来基礎となる「EU 会計指令の現代化（Modernisierung der EU-Rechnungslegungsrichtlinien)」に関する措置を講じることを提示した。

そして，この 2000 年の「EU の会計戦略：将来の進路」を前提にして，欧州議会および欧州理事会が公布したのが，2002 年の「国際的会計基準に関する欧州議会および欧州理事会の命令」いわゆる「IAS 適用命令（IAS-Verordnung)」ならびに，2003 年の「特定の法形態の会社，銀行およびその他の金融機関ならびに保険企業の年度決算書および連結決算書に関する指令 78/66 の修正に対する EU 議会および EU 理事会の指令」いわゆる「現代化指令（Modernisierungsrichtlinie)」[7] であった。

一方で，特徴的なのは，こうした会社会計法制の改革が，2005 年の IFRS の導入期限を前提にして，「金融サービス行動計画」に沿い，証券市場法制の改革と緊密な連携をもちながら同時進行で実施されたことである。発行開示規制を修正する 2003 年の「有価証券の公募もしくは取引認可に際し開示される目論見書についての透明化要請の調和化及び 2001/34 EU 指令の修正に関する指令」いわゆる「目論見書指令（Prospektrichtlinie)」[8]，継続開示については，2004 年「規制市場に有価証券を取引認可される発行者に関する情報に関する情報についての透明性命令調和化および 2001/34EU 指令の修正に関する指令」いわゆる「透明性指令（Transparenzrichtlinie)」[9] を公布することによって，欧州の規制市場に上場する企業に対して，国際的会計基準（IFRS）に対応した開示要件を構築することを域内諸国に求めたのである。

以上のように，ほぼ四半世紀にわたる EU の会計統合戦略は，欧州における金融拠点として，効果的かつ効率的な競争能力ある統合資本市場を形成する上で，欧州内で適用される会計規範を国境横断的取引もしくは世界のすべての証券取引所での認可に際して利用される国際的会計基準（IFRS）と結合することにあり，そうした国際的会計基準を EU とその加盟国の会社会計法制のなかに

摩擦なく組み入れることにその中心的課題があったといえよう。

2. ドイツの資本市場指向改革

　上述のような EU の会計国際化戦略に応じて，ドイツが着手した会計制度改革は，商法の改正を中心に，会社法制と証券市場法制との両者の緊密な連携のもとに実施された。

　ただし，有価証券取引法（WpHG），取引所法（BörsG），取引所規則（BörsO），等の証券市場法制は，資本市場において開示される決算書作成のための処理・表示原則等について実質的会計規制を含んでいない。ドイツでは，資本市場における決算書作成のための実質的法基盤は商法会計法規に委ねられており，商法会計法の債権者保護にたった，いわゆる保守主義的な会計規制に加えて投資家サイドの情報要求にも適合しうる法体系を組み直す，つまり，実質的な法規定を持つ商法の改正を通じて，それに合わせて資本市場における開示規制をIFRS 導入に対応させることが求められた。

　1998 年の資本調達容易化法（KapAEG），企業領域統制透明化法（KonTraG）を皮切りに，2005 年の会計法改革法（BilReG），会計統制法（BilKoG），2009 年の会計法現代化法（BilMoG）に至る商法会計法を中心とする改革は，証券市場法制との連携を保ちつつ，IFRS 導入を踏まえ，資本市場における情報開示の拡充を目指した「資本市場指向（kapitalmarktorientiert）」の法改革であったといってよい。

　しかし，そうした「資本市場指向」の法改革が，ドイツにおいて成文法主義にたった伝統的な商法会計法の基本的骨格を修正するものではなかったといわれる点は留意すべきだろう。会計法の改革のたび毎に，立法当局が示した言及からも，それを読み取ることができる。

　1998 年 KapAEG に付された法案理由書では，「改正はあくまで証券市場における情報開示を目的としたものであり，それは，課税にも配当にも関係せず，慎重性と税務上の利益確定に対する商事貸借対照表の基準性原則も保持される [10]」という。また，IFRS 適応と会計現代化の改革の最終局面で公布された 2009 年

BilMoG においても，立法理由書は，「会計法の現代化によって，企業に対して，IFRS との関連において等価値であるが簡便でコストパフォーマンスの良い選択肢を提供するという目標が追求される。その場合，商法上の年度決算書は利益配当の基礎でありつづけるし，税務上の利益算定に対する商法上の年度決算書の基準性の優位性は保持され，したがって，商法会計の要諦（Eckpunkte）は存在し続ける (11)」と述べている。

　かつて，EC 時代に EC 会計指令による域内加盟国間における会計法制の調和化に際して，ドイツが 1985 年の商法改革に取り組む際に，補完性（Subsidiarity）の原則を適用して示した基本方針が，会計報告の法形態及び規模依存性とそれに伴う税務上の利益算定に対する基準性原則の保持，中規模経済への不当な負担の回避，EU 指令の税務中立的履行，会計報告の弾力性の維持であった (12)。EC から EU に移行し，国際化の進展を背景に域内資本市場の国際的競争力強化に資することに目的が移行したが，EU 域内の会計法制改革に対するドイツの基本方針に変わるところはない。

　要するところ，ドイツにおける資本市場指向の商法会計法改革は，域内資本市場改革の一環として，商法会計法を受け皿にして証券市場法制における情報開示の国際化に向けて行われた改革だったが，そこでは，一貫して債権者保護と資本維持目的に立脚した既存の商法会計法の骨格を保持することを前提に，資本市場を指向する一部の上場企業に対して開放政策を取り込み，法的安定性を担保しながら既存の法制度（Rechtsinstitut）の補強を講じたものであったといえる。

第2節　ドイツ会計制度の法体系と IFRS

1．資本市場指向企業の定義

　「IAS 適用命令」が加盟国に対して要求した IFRS の適用義務化が開始する 2005 年から，ドイツでは，規制市場を利用する資本会社を中心に，事前適用を含め，「資本市場への IFRS の受容（Rezeption der IFRS am Kapitalmarkt）(13)」

図表 1　ドイツ規制市場における IFRS 適用状況

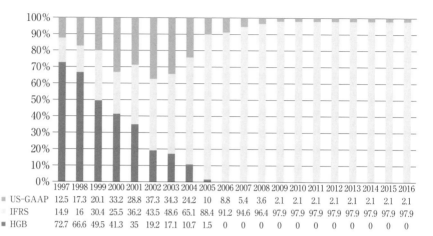

	1997	1998	1999	2000	2001	2002	2003	2004	2005	2006	2007	2008	2009	2010	2011	2012	2013	2014	2015	2016
US-GAAP	12.5	17.3	20.1	33.2	28.8	37.3	34.3	24.2	10	8.8	5.4	3.6	2.1	2.1	2.1	2.1	2.1	2.1	2.1	2.1
IFRS	14.9	16	30.4	25.5	36.2	43.5	48.6	65.1	88.4	91.2	94.6	96.4	97.9	97.9	97.9	97.9	97.9	97.9	97.9	97.9
HGB	72.7	66.6	49.5	41.3	35	19.2	17.1	10.7	1.5	0	0	0	0	0	0	0	0	0	0	0

出所：Christian Zwirner, 20Jahre Kapitalmarktorientierung und IFRS：Rückblick und Ausblick, IRZ, Heft 6, Juni 2017, S.241. 下段の数字は、全体に占める％。

が着実に実施されてきた（図表 1 参照）[14]。その場合，ドイツが採った方策は，2004 年 BilReG を通じて，IFRS の義務的適用と選択的適用を商法（HGB）に内法化したうえで，2009 年 BilMoG によって「資本市場指向」企業の属性を証券市場法制と一体化させながら，IFRS 適用に向けての法整備を商法会計法を中心に確立したことであった。

　HGB 第 264d 条は，「資本市場指向」の資本会社について，つぎのように規定している。

　「資本会社は，有価証券取引法第 2 条第 1 項 1 文の意味での有価証券を有価証券取引法第 2 条第 5 項の意味での組織市場（organisierter Markt）で取引するもしくは組織市場における有価証券の取引認可を申請したときには，資本市場指向（kapitalmarktorientiert）である。」

　この「資本市場指向」の概念それ自体は，2009 年 BilMoG を通じてドイツ商法においてはじめて法文化されたが，それ以前にも，「取引所上場

(börsennotierte)」という類似の概念は 1998 年 KapAEG に基づく商法改正に際
して導入されていた。1998 年 KapAEG は，取引所上場のコンツェルン親会社
に対して，連結決算書（コンツェルン決算書）に限定し商法規定に基づく作成
を免責し，「国際的に認められた会計原則」（IAS ないし US-GAAP）に準拠する
ことを可能とする「開放条項（Öffnungsklausel）」を HGB 第 292a 条に新設し
た。この第 292a 条の 1 項は，「コンツェルンの親企業である取引所上場の企業
は，2 項の要件に合致する連結決算書および連結状況報告書を作成しかつそれ
を第 325 条，第 328 条に従い，ドイツ語およびドイツマルクで公示していると
きには，本節の規定に基づく連結決算書および連結状況報告書の作成を要しな
い」とし，2 項において，「国際的に認められた会計原則に基づき作成された
とき，HGB に準拠した連結決算書および連結状況報告書が免責される」とい
うものである。なお，HGB 第 292a 条（開放条項）は，EU が 2005 年を目途に
IFRS の導入を実質化するという行動計画を前提とした 2004 年 12 月 31 日ま
での期限を付した時限立法であった。

　ただし，この HGB 第 292a 条の法文に挿入された「取引所上場」という用
語は，それまで商法では使用されておらず，株式法（AktG）第 3 条 2 項にあっ
た。株式法第 3 条 2 項では，「国が容認した機関により規制され，監督され，
正規に存在し，公衆に対して直接的かつ間接的に開放されている市場」（組織
市場）において株式の取引をおこなう資本会社が「取引所上場」の会社である
とし，当時の証券市場セグメントのうち自由市場を除いて，公式市場，規制市
場，新規市場において株式が認可された資本会社が，その意味での取引所上場
の会社に該当するものと解釈されていた[15]。

　しかし，そうした第 292a 条の法文については，ドイツの現状からみて，「取
引所上場」の概念範囲が狭く適切でないとの疑義が草案当時から提起されてい
た。その背景には，当時，伸張著しい新規市場（Neuer Markt）の存在があっ
た。新規市場企業については，新規市場規則に従い，すでに IAS/US-GAAP
の適用が義務づけられていたが，ただし，取引認可申請は規制市場，株式の売
買は私法上の自由市場で行われるため，新規市場企業は，「取引所上場」の範

疇には属さないことになる。立法当局は，そうした問題に即座に対処し，株式法第3条2項における，「取引（handel）」の用語を「認可（Zulassung）」に置き換え，「本法律における取引上場とは，国が容認した機関により規制され，監督され，正規に存在し，公衆に対して直接的かつ間接的に開放されている市場において，自身の株式が認可される会社である」と法改正し，1999年8月から発効させたのである。

また，この免責条項第292a条は，1999年の「資本会社＆Co指令法（KapCoRiLiG）」の成立により，有価証券取引法（WpHG）の規定に合わせて，持分証券（株式）だけでなく負債証券を含めた発行会社に対して，現行のHGB第264d条にほぼ近い，「コンツェルンの親企業である取引所上場の企業」から「有価証券取引法第2条5項の意味での組織市場に自身もしくはその子企業が発行する有価証券取引法第2条1項の意味での有価証券が認可（zulassung）される親企業」に置き換え，また，第1文に続けて第2文を挿入し，「第1文は組織市場での取引については，認可が申請されるときも適用される」の規定内容となったのである⁽¹⁶⁾。

その後，「IAS適用命令」を転換した2004年BilReGが成立した。BilReGに基づき商法改正が行われ，そこでは，「国際的に認められた会計原則（international anerkannte Rechnungslegungsgrundsätze）」（IAS/US-GAAP）の用語も，「国際的会計基準（internationale Rechnungslegungsstandards）」（IFRS）へと変更して，対象会計基準IFRSを限定し，IFRSの適用義務ならびに加盟国選択権を行使した適用選択権が，HGB第三編第2章の第2節「連結決算書および連結状況報告書」のなかに新設された第10款「国際的会計基準による連結決算書」第315a条に規定されたことによって，第292a条自体は失効，削除されるに至っている。

いうまでもなく，IFRSの適用義務化・選択権を内法化したBilReGは，「IAS適用命令」を前提とする。「IAS適用命令」は，欧州の規制市場で上場する資本市場指向の欧州企業に対して，2005年1月1日以降に始まる事業年度から，IFRSの適用を加盟国に義務づけた。BilReG以後，BilMoGの成立を経

て現行の HGB 第 264d 条における「組織市場で上場ないし認可申請」を前提
とした「資本市場指向の資本会社」も「IAS 適用命令」がいう「規制市場」と
いう市場概念に対応しつつ，補完性原則を行使し，ドイツの実情と歴史的経過
を踏まえて内法化された法概念であったといえる。

2.　IFRS 適用の場としての規制市場

　ところで，「IAS 適用命令」は，欧州の規制市場（geregelter Markt）におけ
る資本市場指向の欧州企業に対して，IFRS の適用を加盟国に義務づけている
が，ドイツ商法において，KapAEG，KapCoRiLiG から BilReG，BilMoG へと
至る法改正にあたって，「規制市場」そのものの用語は採用されていない。

　IAS 適用命令は，その第 4 条において，EU の規制市場に上場する企業を
もって「資本市場指向」の企業と定義し，その資本市場指向企業に対する
IFRS の適用を加盟国に要請したが，そこでいう「規制市場」は，1993 年の
「有価証券サービス指令（Richtlinie über Wertpapierdienstleistungen：WpDIR）[17]」，
そ の 後 の 2004 年 の EU「 金 融 商 品 市 場 指 令（Richtlinie über Märkte für
Finanzinstrumente）[18]」の定義に基づいていた。「金融商品市場指令」第 4 条
1 項 14 号に従うと，規制市場とは，「市場の運営者によって運営および / また
は管理される多国間システムで，システム内およびそのシステムの非裁量的規
準に従う金融商品の販売と購買に対する第三者の利害と当該規準および / ない
し市場システムに従い取引認可ならびに認可の維持が，秩序的および機能的な
方法で結合または結合が促進されるもの」と定義される[19]。

　この規制市場に対応するのが，ドイツの場合，有価証券取引法第 2 条 5 項の
意味での「組織市場（organisierter Markt）」であった。しかし，ドイツでは，
証券市場において従来から同じ「規制市場」という市場セグメントが存在し，
それとの混同を避けるため，HGB 第 315a 条では，有価証券取引法第 2 条 5 項
の意味での「組織市場」を用いたのだという。また，この有価証券取引法にお
ける「組織市場」の定義は，「金融市場指令転換法（Finanzmarktrichtlinie-
Umsetzungsgesetz）」で少なくとも広範囲に対応しており，「金融商品指令」の

概念規定に内容的な相違はほとんど存在しないと解釈されている[20]。この解釈にたてば，ドイツの規制市場は組織市場と同義であり，また，その組織市場がEUにおける規制市場と同義とされる。ドイツの規制市場は，かつての公式市場と規制市場を統合して創設された市場であるが，それがEUが定義する規制市場に相当するのか必ずしも明確でない。また，HGB 第 264d 条の資本市場指向企業の概念には，組織市場で取引認可が申請された企業も含まれており，ドイツにおける概念は「IAS 適用命令」における資本市場指向企業よりも実質上，広い範囲で定義され，組織市場についても EU 規制市場とドイツ規制市場との同義性の枠組みでのなかで位置づけられている。つまり，「資本市場指向」の概念だけでなく「組織市場」もまた，ドイツ商法における固有の法概念となっているといえる。

　なお，EU および欧州経済圏における組織市場は等価性を前提にして，みな同等に位置づけられている。各加盟国側が，EU の定義に応じて指定した組織市場のリストをもとに EU が認証し，それが EU 公報において，毎年一度，規制市場として公表される。Wiedmann/Böcking/ Gros のコンメンタール 2019 年版では，2018 年時点で，Berlin, Düsseldorf, Furankfurt, Hamburg, Hannover, München, Stuttgart の各取引所のほか，Eurex terminbörse, Europäische Energiebörse in Leipzig, Tradegate Exchange in Berlin が，EU規制市場の要件をみたすドイツにおける取引所である。同コンメンタールの 2014 年版では，Börze Berlin, Düsseldorfer Börse, Furankufurter Wertpapierbörse, Niedersächsische Börse zu Hannover, Börse München, Baden-Würtembergische Wertpapierbörse, Hanseatischen Wertpapierbörse Hamburg ならびに Eurex Deutschland, Startup-Markt der Hanseatischen Wertpapierbörse Hamburg, Europäische Energiebörse in Leipzig ならびに Tradegate Exchange in Berlin となっている[21]。主要 7 都市における各取引所セグメントの組織変更もあるので不確かであるが，必ずしも固定的でもないようである[22]。

第 3 節　資本市場指向企業の会計報告

1. 商法上の会計報告規定

　ドイツの HGB 第 3 篇「商業帳簿」は，資本会社と人的会社の会社法形態の区分にたって，また資本会社に関しては大中小の規模区分に応じて貸借対照表項目と損益計算書項目の下位分類，附属説明書の報告義務の範囲，法定監査および開示義務等の規定を，資本会社については，大中小規模基準に応じて，個別および連結の貸借対照表，損益計算書，附属説明書（Anhang），状況報告書（Lagerbericht）の作成，監査，開示に関して，段階的な規制区分と各種の負担軽減措置を設けてきた。そうした企業区分を要約すると，以下の 5 つの集団に類型化することができる [23]。

　第 1 集団　作成，開示，監査の義務が免責されるかなり小さな個人商人

　第 2 集団　決算書作成義務だけ付与される企業（それほど大きくない個人商人，それほど大規模でない典型的な人的商事会社）：任意に作成の簡便化措置の付与される下位集団，開示についてではなく供託のみ義務づけられる資本会社およびに最小規模（ミクロ）資本会社

　第 3 集団　決算書の作成，開示について義務づけられている企業（小規模資本会社，特殊な小規模人的会社）

　第 4 集団　決算書の作成，監査および開示について義務づけられる企業（かなり大規模な人的商事会社，中規模資本会社及び大規模資本会社，中規模および特殊な大規模人的会社）

　第 5 集団　一般的には大規模資本会社とみなされ，追加的により厳しい会計報告規定が与えられる資本市場指向の資本会社

　これらのうち，第 5 集団に属する資本市場指向の資本会社は，商法上，第 4集団に加えられる。資本会社の規模基準を定めた HGB 第 267 条の 3 項は「第264d 条に該当する資本会社はつねに大規模であるとみなす」と規定する [24]。この規定に基づき，資本市場指向の企業はその規模に関わらず形式上，大規模

資本会社としてみなされ，その上で，HGB 第3編第2章10款「国際的会計基準による連結決算書」の開放条項第 315a 条が付与されている。第 315a 条の組織市場における上場企業，上場認可申請企業の資本市場指向企業は連結決算書の作成に対し，IFRS の適用が義務づけられ，HGB への準拠が免責されることになる。つまり，HGB は，第 315a 条を経路にして資本市場指向の定義を有価証券取引法と連結して内法化し，その資本市場指向企業に対して，既存の規模分類，段階的会計報告体系のなかで，非資本市場指向の資本会社とを差別化することになる。それによって，商法における資本会社の規模区分と証券法制上の上場・非上場の基本区分は連携し，年度決算書等の作成・商法上の開示に関わる実質的な会計規制を証券市場法制の発行・継続開示規制の基礎に据えるメカニズムが確立されている。そうした資本市場指向企業の区分を含めて，ドイツ商法における会計報告体系を，簡略して示せば，図表2のようになる。

ただし，商法はそこで IFRS を無条件に導入することを認めていない。HGB

図表2　ドイツ商法における会計報告の段階的構成

	貸借対照表	損益計算書	附属説明書	資本流動計算書	自己資本増減表	セグメント報告	状況報告書
すべての個人商人	年度決算書						
小規模資本会社	年度決算書						
中規模資本会社	年度決算書						
大規模資本会社	年度決算書						状況報告書
資本市場指向資本会社	年度決算書						状況報告書

出所：Rudolf Federmann/Stefan Müller, Bilanzierung nach Handelsrecht, Steuerrecht und IFRS, Gemeinsamkeiten, Unterschiede und Abhängigkeiten – mit über 195 Abbildungen, 13.Aufl.,2018, S.15. の表を一部、修正して作成。

第 315a 条では，1 項の IAS 適用命令により国際的会計基準（IFRS）の適用が義務づけられる企業（規制市場上場企業）および 2 項の上場認可申請段階にある資本市場指向企業に対して，IFRS を適用しないその他の非資本市場指向企業と同様，つぎのような HGB 規定を遵守することを義務づけており[25]，資本市場指向企業に対して商法上の大規模資本会社としての位置づけは必要最低限，確保されている。

・第 294 条 3 項　親企業に対する子企業の呈示および説明義務
・第 297 条 2 項 4 文　会計宣誓（Bilanzeid）[26]
・第 298 条 1 項（第 244 条および第 245 条を含む）ドイツ語，ユーロの通貨単位での連結決算書の作成および署名
・第 313 条 2 項および 3 項　附属説明書での説明
・第 314 条 1 項 4, 6, 8, 9 号　被用者数，組織構成員，株式法第 161 条に基づく公表事項
・決算書監査人の報酬
・第 314 条 2 項 2 文　取引所上場株式会社の場合の記載義務の免除
・第 315 条　連結状況報告書の作成
・その他，連結決算書もしくは連結状況報告書に該当する第 2 款以外のすべての規定

2.　証券市場法制における開示規制

　資本市場指向の企業については，上述の HGB における会計報告規定を基盤に，それを補完して，有価証券取引法（WpHG），有価証券目論見書法（WpPG）取引所法（BörsG），取引所認可命令（BörsZulV）における開示規制が存在する。その関係をここで示せば，図表 3 のようになる。図表 3 に示すように，商法（HGB 第 264d 条）における，「資本市場指向」の定義は，証券取引法制と直接，連繋する基軸的概念となっている。

　また，いうまでもなく，「資本市場指向」の概念と連繋する証券取引法制における開示規制もまた，EU の国際化戦略のもとで公布された「目論見書指

図表 3　商法会計法と証券市場法制との連繋

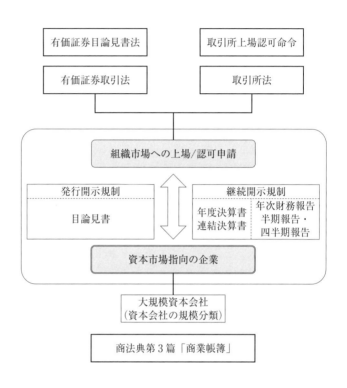

出所：筆者作成

令」，「透明性指令」を転換したものである。以下，Federmann/Müller の説明
を参照しながらその内容を概略してみよう⁽²⁷⁾。

　(1)　有価証券取引法における開示規制

　証券市場法制上，ドイツの組織市場（規制市場）への認可に際して，会計報
告に該当する法規範は，取引所認可命令（BörsZulV）と有価証券目論見書法
（WpPG）に含められている。

　取引所認可命令第 48 条 2 項 4 号，72 号は，取引所認可において，HGB/
IFRS に基づく連結決算書もしくは年度決算書，そのうちとくに，過去 3 期の

事業年度にわたる貸借対照表を要求している。有価証券目論見書法第 7 条は，EU 命令 809/2004 に基づき規定される取引所登録様式（Registrierungsformular）の枠内で年度決算書からの詳細な報告を求めている。この認可条件の他，透明性指令転換法（TUG）以降，有価証券取引法により，認可継続要件として，第 2 条 7 項に基づく内国発行体として有価証券を発行するすべての企業に対して以下のような財務報告の関連規定が義務づけられている。

年次財務報告（Jahresfinanzbericht）に関しては，

・有価証券取引法第 37v 条は，国内の有価証券発行体に対して，毎事業年度経過後，遅くとも 4 ヶ月以内に年次財務報告の作成，また，年度決算書，状況報告書，会計宣誓（Bilanzeid）につき開示が HGB により義務づけられていないとき，毎事業年度経過後，遅くとも 4 ヶ月以内に，それらの開示を義務づけている。財務報告は，少なくとも，企業の本国法に基づき作成され HGB または IFRS に準拠して作成され監査済の年度決算書，状況報告書および会計宣誓を含まなければならない。

・年次財務報告は，EU または欧州経済圏所在国の国内法に従うかあるいは第三国の場合は HGB に合致して作成された監査済の年度決算書，状況報告書，HGB 第 264 条 2 項 3 文の意味での会計宣誓，決算書監査人を介した経済監査士協会の証明／確認が含まれる。

・国内では，HGB 第 325 条に基づき開示された通常の商法上の決算書が年次報告にほとんど代替する。商法上の開示規定が基礎をなさない外国企業の場合，これらは，有価証券取引法第 37v 条に従い開示義務が設権的な効果を持つことになる。

半期財務報告（Halbjahresfinanzbericht）に関しては，

・有価証券取引法第 37w 条に従い，株式および負債証券の内国発行体は，毎事業年度のはじめの 6 ヶ月に対して半期財務報告を作成し，中間期間経過後の遅くとも 2 ヶ月以内にそれを公衆の用に供さなければならない。それ以外に，当該企業は半期財務報告をはじめて公衆の用に供する時点までに，それに対する公告をおこない，連邦金融サービス庁

（BaFin）に対して，企業登記簿の利用可能性も含めて，報告書がどの時
点，どのインターネット・アドレスのもとで公開されるかにつき通知し
なければならない。
・半期財務報告には，少なくとも，適用される会計報告原則に基づく，簡
略貸借対照表，簡略損益計算書・簡略附属説明書から構成される簡略決
算書，中間状況報告書，会計宣誓が含まれる。
・簡略決算書には，年度決算書に用いた会計原則が適用されなければなら
ない。
・HGB 年度（個別）決算書の代わりに IFRS 個別決算書が開示される場
合，簡略決算書にも IFRS が適用されなければならない。
・簡略決算書および中間状況報告書は，有価証券取引法第34w 条５項に
より，決算書監査人を通じて監査人の署名が付されなければならない。
・親企業に連結決算書の作成が義務づけられている場合，年次財務報告に
追加して，IFRS 連結決算書，IFRS 連結状況報告書および従来の適用
会計規範に従う会計宣誓を開示しなければならない。

(2) 取引所規則の開示規制

上の有価証券取引法による開示規制の基本的要件に加えて，取引所規則
（BörsO）においても，それぞれの開示要件が与えられる（図表４を参照）。ドイ
ツでは，フランクフルト・ハンブルク・ミュンヘン・デュッセルドルフ・ハ
ノーファー・シュトゥットガルト・ベルリンに各取引所が存在するが，そのう
ち最大の規模を有し代表的なフランクフルト証券取引所を運営するのが，ドイ
ツ取引所株式会社（Deutsche Börse Aktiengesellschaft：DBAG）である。ドイツ
取引所株式会社は，規制市場に対し，取引所新規参入（IPO）および認可継続
に際して，HGB/IFRS に基づく年度決算書の開示を義務づけている。なお，
有価証券取引法第２条５項の意味での組織市場でない「自由市場（Freiverkehr）」
については，一般的な法的要件以外に会計報告要件は存在しない。
また，フランクフルト証券取引所には，規制市場について①ゼネラル基準，

図表 4　取引所規則と開示規制

法規範	参入(IPO)義務 継続義務 (透明性水準)	取引所セグメント	
		規制市場	自由市場
法的最低 要件	認可 / 参入条件	取引所認可命令（BörsZulV） 第 72 条を含む第 48 条 2 項 前 3 事業年度の連結貸借対照表， 連結損益計算書，連結資本流動 計算書および前営業年度の連結 附属説明書，連結状況報告書 （HGB/IFRS, ドイツ語） EU 命令 809/2204 を含む 有価証券取引法第 7 条 登記様式の附属説明書	有価証券取引法上の 組織的市場ではない 特別の義務はなし
	継続義務	有価証券取引法第 37v 条 ,37y 条 すでに HGB 開示がない場合， 年次財務報告書（HGB/IFRS） 有価証券取引法第 37w 条 半期年次財務報告書(HGB/IFRS)	特別の義務はなし
各取引所規 則に基づく 追加的要件 （例示） フランクフルト 有価証券 取引所規則 ないし フランクフルト 有価証券 取引所 一般営業条 件	ゼネラル基準	法的要件に準ずる	なし
	プライム基準	フランクフルト有価証券取引所 - 取引所規則第 50 ないし第 51 条 有価証券取引法に基づく年次 財務報告および半期財務報告 （ドイツ語・英語） フランクフルト有価証券取引所 一般営業条件第 51a 条 四半期報告（ドイツ語・英語）	なし
	オープンマー ケット(ゼネラル)		特別の会計要件はなし 目論見書もしくは報告書
	オープンマー ケット（エント リー基準)		フランクフルト有価証券 取引所一般営業条件 IPO 義務：第 16 条 3e 項 連結決算書・連結状況報告書 （前年度；HGB/IFRS） 継続義務：第 17 条 2b 項 連結決算書・連結状況報告書 （HGB/IFRS：ドイツ語・英語） 第 17 条 2b 項 半期中間報告

出所）Rudolf Federmann／Stefan Müller, Bilanzierung nach Handelsrecht, Steuerrecht und IFRS, a.a.O., S.73.

②プライム基準の上場区分が存在し，フランクフルト取引所規則（BörsO-FWB）に基づいて以下のような追加的な開示要件（透明性水準）を定めている。

・国内向けのゼネラル基準では，規制市場に対する法的最低要件が準じて利用されるが，取引所認可および認可継続に際し，いずれの場合にも IFRS の適用が可能であり，公開言語はドイツ語もしくは英語である。

・DAX，MDAX，TecDAX，SDAX 指数の採用に際して最高度の透明性水準が求められる海外向けのプライム基準について，BörsO-FWB 第 51a 条における四半期報告の義務が廃止されて以後，四半期財務報告の代わりに，第一四半期および第三四半期において，いわゆる「四半期伝達（Quatralsmitteilung）」の作成と伝達が義務づけられている。その内容的要件は，BörsO-FWB 第 51a 条で規定され，とくに，伝達期間にわたって，重要な損益，事業および財務状態へのその影響を説明し，ならびに財務状態と事業損益についての記載がなされなければならない。なお，任意に四半期報告が作成される（BörsO-FWB 第 51a 条 6 項）ときには，四半期伝達の義務は生じない。公開用語はすべての場合，ドイツ語もしくは英語である。

　他方，オープンマーケットの場合，フランクフルト取引所の自由取引に対する一般的な営業条件（AGBFV-FWB）が，自由市場の一般的な要件より高い透明性基準としてエントリー基準を求めている。ここでは，新規参入にあたって，HGB もしくは IFRS に準拠した前年度の個別決算書および／もしくは連結決算書の提出が必要となり，継続認可の場合には，HGB もしくは IFRS に準拠した状況報告書を伴う連結決算書／個別決算書ならびに半期中間決算書が求められる（AGBFV-FWB 第 17 条）。なお，公開原語はドイツ語もしくは英語である。

第 4 節　資本市場指向と非資本市場指向との区分

1. ドイツ企業の IFRS への適用状況

　以上にみたように，ドイツの商法は「資本市場指向」に対する定義を内法化し，IFRS の適用範囲を限定づけそれを媒介にして資本市場指向企業に関する商法会計法と証券市場法制との連携した情報開示規制をより堅固なものとした。「IFRS 適用命令」に基づき IFRS を適用する資本市場指向の企業は，その規模と収益力からしても EU そしてドイツにおいて資本市場の成長と活性化を牽引する主要な担い手であり，ドイツをはじめ加盟各国が取り組んだ IFRS 導入を見据えた会計改革は，そうした資本市場指向企業の市場での競争を高める成長戦略のための施策であったといってよい。しかし，IFRS を適用する資本

図表 5　EU 規制市場における IFRS 適用企業数

国	2005	2015	増減数	国	2005	2015	増減数
オーストリア	83	113	30	イタリア	353	245	△ 108
ベルギー	146	121	△ 25	リトアニア	47	34	△ 13
ブルガリア	429	417	△ 12	リヒテンシュタイン	–	0	–
キプロス	141	93	△ 48	ルクセンブルグ	235	153	△ 82
チェコ	90	38	△ 52	ラトビア	17	24	7
ドイツ	940	535	△ 405	マルタ	34	43	9
デンマーク	148	139	△ 9	オランダ	190	178	△ 12
エストニア	22	16	△ 6	ノルウェイ	188	250	62
ギリシャ	356	229	△ 127	ポーランド	197	401	204
スペイン	310	147	△ 163	ポルトガル	78	58	△ 20
フィンランド	150	129	△ 21	ルーマニア	N/C	91	–
フランス	880	525	△ 355	スウェーデン	385	313	△ 72
クロアチア	–	147	–	スロバニア	66	27	△ 39
ハンガリー	35	42	7	スロバキア	N/C	27	–
アイルランド	83	11	△ 72	イギリス	1731	1281	△ 450
アイスランド	31	39	8	合　計	7365	5866	△ 1764

出所：CESR（2007），CESR's review of the implementation and endorsement of IFRS in the EU, Ref:07-352, November 2007 および ESMA[2017], Peer Review on Guideline on Enforcement of Financial Information（Peer Review Report），Date: 18 July 2017 ESMA42-111-4138 の付表を基に筆者作成。

市場指向の企業それ自体の数は漸次，減少しているようである。

　図表5は，EUが実施したエンフォースメント調査におけるIFRS適用企業数を単純比較したものである。2005年IFRSの初度適用時で，ESMA（欧州証券市場監督局）の前身のCESR（欧州証券規制当局委員会）が調査対象としたEU規制市場におけるIFRS適用企業数は7,365社であり[28]，「IAS適用命令」が当初，予測した約7,000社にほぼ相当する。10年後の2015年度末時点で，ESMAの同じ調査によれば，IFRS適用企業数は5,866社であり，約2割減少している。この減少傾向は，ドイツをはじめイギリス，フランスにおいて目立っている。ドイツの場合，ESMAのエンフォースメント調査では，IFRS適用企業は，2005年度が940社，2015年度に535社と約4割以上減少しており，他の加盟国と比較して，その減少度は相対的に大きい。

図表6　規制市場上場企業の推移

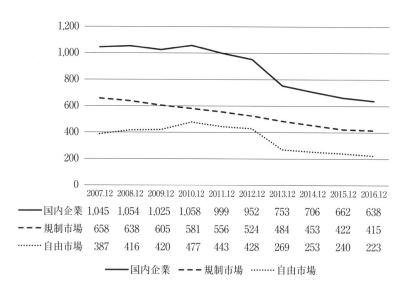

	2007.12	2008.12	2009.12	2010.12	2011.12	2012.12	2013.12	2014.12	2015.12	2016.12
——国内企業	1,045	1,054	1,025	1,058	999	952	753	706	662	638
- - - 規制市場	658	638	605	581	556	524	484	453	422	415
……自由市場	387	416	420	477	443	428	269	253	240	223

——国内企業　- - - 規制市場　……自由市場

出所：Christian Zwirner, 20Jahre Kapitalmarktorientierung und IFRS：Rückblick und Ausblick, IRZ, Heft 6, Juni 2017, S.242 の図表を基に筆者作成。

　Zwirner は，そうした動向を，ドイツ取引所株式会社（DBAG）が毎月，公表する市場統計（データバンク）を基礎にして，国内上場企業数と規制市場上場企業数（資本市場指向企業）の推移を調査している。その調査によると，2007 年に国内の取引所上場企業が 1,045 社，そのうち約 3 分の 2 の 658 社が資本市場指向企業に相当する規制市場上場企業であったが，その後の 10 年間でその数は減少しており 415 社となっている（図表 6 を参照）。ドイツでは，約 360 万社の企業が存在し，連邦登記所データに依れば，開示義務のある企業数は約 110 万社，そのうちコンツェルン数は約 20 万社であり，Zwirner によれば，この数値に規制市場に上場する資本市場指向企業 415 社の数字を照らせば，ドイツの会計報告実務で「IFRS のための市場（Markt fur die IFRS）」が極めて小さいことは明らかだという。Zwirner は，そうした減少の理由として，その多くが規制市場からの上場廃止，脱退，有価証券取引法の意味での組織市場でない自由市場へと指定変更が行われたためだとみている[29]。

　Küting/Pfitzer/Weber は，この調査結果等を引きながら，伝統的に，機関的他人資本提供者と少数の社員（株主）が所有者である企業が支配しているドイツにおいて，公的な資本市場は企業資本の調達にとって実質的に僅かの役割しか果たしていないという。組織市場に存在するドイツ企業数が 1,000 社未満ということを鑑みれば，現存で約 300 万の総企業数との関連では，HGB 第 264 条の意味での資本市場指向として，少数の企業のみが連結決算書の作成に際して IFRS を適用するにすぎないと述べている[30]。

　Küting 等は，IFRS 適用状況を，さらに非資本市場指向会社の IFRS 任意適用を対象に調査している。調査は，電子連邦官報（elektonischer Bundesanzeiger）における 2009 および 2010 事業年度における連結財務諸表の公開企業 1,885 社を対象に実施された。その結果は，2009 年度については，1,785 社が HGB 準拠であり，残りの 100 社（5.31％）が IFRS を任意適用する非資本市場指向の会社で，2010 年度には 10 社増加し，合計 110 社（5.84％）であったとしている。また，Küting 等は，その 110 社を抽出して，2006 年まで遡り調査した。その結果は，110 社のうち 66 社がすでに 2007 年度から 2009 年度までに「IAS

適用命令」に対する早期適用の企業であり，実質的な任意適用企業数は 44 社
（40％）にまで減少しており，その 44 社の IFRS への転換時期は，4 年間にお
いて，17 社（2007 年度），14 社（2008 年度），3 社（2009 年度），10 社（2010 年度）
であったとしている。Küting 等によれば，こうした調査結果を通じて，ドイ
ツにおける IFRS 任意適用の重要な傾向がみられるが，そのことを明確にする
後続の調査は目下，無く，さらに詳細にわたる検証が必要だとしている[31]。

　以上，取り上げた調査結果は，資本市場を利用する企業について，その
IFRS の適用状況を包括的に捉えた結果であり，個々の企業（コンツェルン）
の IFRS への導入理由や IFRS 適用の時期，適用内容等につき，その細目まで
踏み込んだものでないが，少なくても，IFRS 適用義務の資本市場指向企業，
適用選択の非資本市場指向企業が参加するドイツの「IFRS のための市場」
は，「金融拠点としての欧州」を目指した EU の国際化戦略の視点からすれば，
企業数からみてかなり規模が狭められていることがうかがえる。

2. 非資本市場指向企業に対する規制緩和

　連邦法務省のプレスリリースは，会計法現代化法（BilMoG）の立法経過のな
かで，つぎのように報じている。「会計報告義務のあるドイツ企業の大多数は
資本市場に要求を持たない。したがって，会計報告義務企業のすべてに費用負
担を強いて，非常に複雑な IFRS を義務づけることは正当ではない。最近，
IASB が公表した『中小企業に対する IFRS』基準案も情報能力のある年度決
算書の作成にとって実用的な選択肢でもない。基準案はその適用が商法会計法
と比較して一層複雑で費用負担を強いるためにドイツの実務において厳しく批
判されている。BilMoG は，したがって，別のアプローチを採る。商法会計法
を国際的会計基準と等価であり，実質的に費用節約的で実務がより簡便に対応
しうる法システムへと改正することである[32]。」

　ドイツは，この「費用節約的で簡便な法システム」の構築に向けて，ふたつ
の規制緩和（Deregulierung）の措置を利用した。ひとつは，会社の法形態に応
じた免責規定であり，もうひとつが資本会社の規模規準の引き上げの措置であ

る。この 2 つの規制緩和措置は，「IAS 適用命令」そして「現代化指令」の転
換に際して，とくに重要となった。BilMoG を通じて転換された「現代化指令」
は，資本市場に要求を持たない大多数の企業，つまり非資本市場指向企業に対
する会計規定に関わる指令であり，その及ぼす範囲が広いことが背景にある。

　現代化指令の目的は，既存の EU 第 4 号指令（年度決算書指令）および第 7
号指令（連結決算書指令）と IFRS との間のコンフリクトを解消し，現代実務
に適合した弾力性に富む会計フレームワークを生み出すことにあったが，現代
化指令は，中小規模の企業に対してはその特別な状態を考慮し，一定の規模基
準以下の企業に対し作成・開示負担を軽減するため一連の緩和措置を継続する
としていた。

　そうした枠組みのなかで，ドイツでは，BilMoG において，IFRS と等価値
の諸規定が配置されたことに合わせて，以下のように，免責規定を段階的に整
理した。

・個人商人に対する帳簿記入及び財産目録の作成義務の免責（第 241a 条）
・小規模資本会社に対する状況報告書の免責（第 264 条第 1 項 3 文）
・一定の人的商事会社に対する年度決算書，状況報告書の作成義務の免責
　（第 264b 条）
・小規模資本会社に対する貸借対照表についての軽減措置（第 274a 条）
・小規模，中規模資本会社に対する損益計算書についての軽減措置（第 276
　条）
・小規模，中規模資本会社に対する附属説明書についての軽減措置（第 288
　条）
・連結決算書及び連結状況報告書作成義務に対する小規模，中規模親会社の
　免責（第 293 条）
・小規模資本会社に対する年度決算書及び状況報告書の監査の免責（第 316
　条）
・小規模資本会社に対する公示義務の規模依存的軽減措置（第 326 条）

・中規模資本会社に対する公示義務の規模依存的軽減措置（第327条）

・一定の資本市場指向会社に対する公示義務の軽減措置（第327a条）

　一方，資本会社の大中小の規模規準については，もともとEU指令において定められており，EU域内の経済状況および為替動向を考慮して，第4号指令第53条2項に基づき5年ごとに見直すことが決定されていた。「現代化指令」が公布されたのと同年，2003年の5月に，EUの「規模基準修正指令」が公布され，ユーロ表示の規模基準値（貸借対照表総額，売上高）を約17％引き上げることを要請された。

　これに対して，2004年BilReGでは，EU基準値より約10％の高い引き上げを商法典第267条1項及び2項（中，小会社の規模基準）の修正をもって実現した。また，連結決算書作成に対する純額法による規模基準（HGB第293条1項）も大規模会社の規模基準と合わせて修正された。この会社規模基準と連結決算書基準の修正は，2009年BilMoGによっても実施されており，一層の引き上げ（貸借対照表総額及び売上高の基準値を約20％）が実施された（図表7を参照）。

　この改正により，大規模から中規模会社への移行が約1,600社，中規模から小規模会社への移行が約7,400社，合計約9,000社の資本会社が規制緩和の対

図表7　資本会社の規模基準値の変化

基準値		大規模	中規模	小規模
貸借対照表総額	従　来	＞ 13,750	≦ 13,750	≦ 3,438
	BilReG（2004）	＞ 16,060	≦ 16,060	≦ 4,015
	BilMoG（2009）	＞ 19,250	≦ 19,250	≦ 4,840
売上高	従　来	＞ 27,500	≦ 27,500	≦ 6,875
	BilReG（2004）	＞ 32,120	≦ 32,120	≦ 8,030
	BilMoG（2009）	＞ 38,500	≦ 38,500	≦ 9,680
被用者	従　来	＞ 250	≦ 250	≦ 50
	BilReG（2004）	＞ 250	≦ 250	≦ 50
	BilMoG（2009）	＞ 250	≦ 250	≦ 50

出所：筆者作成（単位は1,000ユーロ，人）

象となった。なお，連邦統計局の試算によれば，この改正によって，企業の会計経費面で約 13 億ユーロ，さらに，総額で毎年，25 億ユーロの潜在的なコスト削減が見込まれると報じられた[33]。こうした「開示義務の規制緩和（Deregulierung der Publizitätspflichten）[34]」は，資本市場指向の会計改革によって，とくに非資本市場指向の企業に対する費用負担の軽減効果，立法当局のいう「簡便でコストパフォーマンスの良い」IFRS に対する代替案を与えたことだけでなく，その改革が非資本市場指向企業に対して広く不利益をもたらす可能性を，ドイツの立法当局が強く意識した現れとみることもできる。そのことは，BilMoG の政府草案理由書が「年度決算書と連結決算書に対する商法規定の現代化を進める上で，期待できる現実的範囲（in zumutbarem und realistischen Umfang）で情報水準を高める費用便益関係（Kosten-Nutzen-Relation）を考慮することは避けられない[35]」と言及したところからもうかがえよう。

むすびとして

　以上みてきたように，ドイツの資本市場を指向した会計改革は，域内資本市場の国際的競争力強化を求める EU 戦略の一環として，とくに国際的取引を対象とする規制市場（ドイツの場合，組織市場）の上場 / 認可申請企業を対象に，証券市場法制の開示規制と一体化させながら IFRS を商法会計法に内法化することにその重点があった。

　KapAEG によって導入された「国際的に認められた会計原則（IAS/US-GAAP）」は，その後の KapCoRiLiG から BilReG，BilMoG 等の法改正を経て，開放対象が「IFRS」（国際的会計基準）へと集約され，また適用方法も「選択適用」から「義務適用」へと置き換えられ，さらには「資本市場指向企業」の定義が HGB に内法化されたことによって，IFRS の適用範囲はより明確化，限定化された。

　しかし，それらは，連結決算書を中心とした資本市場に対する情報会計規範を特別にとりいれた開放条項の部分的修正とそれによる関連諸規定の補正で

あって，資本維持，債権者保護を目的におく商法会計法の基本的骨格に変更を加えるものではないと，立法理由書は位置づけている。したがって，資本市場指向の企業も非資本市場指向の企業も，商法会計法上，個別決算書に対しては，IFRS の適用が義務づけられることはない。資本市場指向企業の個別決算書に対して別途，IFRS の適用選択の道が開かれてはいても，それは情報目的のためのみであり，すべての企業に対して，個別決算書は配当・税目的のため HGB に準拠することが義務づけられている。

しかし一方で，ドイツの資本市場指向改革は，EU が提示した「将来の進路」への行動計画（金融サービス行動計画）の第2段階に入っていることにも眼を向けなければならないだろう。IFRS と EU 会計指令との「等価性（Gleichwertigkeit）」を目指した「現代化指令」を転換したドイツの 2009 年 BilMoG は，「IFRS の受容」の次段階として，非資本市場指向企業が作成する年度決算書・連結決算書に対する「IFRS への接近（Convergence）」に向けての会計改革であった。

BilMoG の立法草案理由書は，年度決算書規定の現代化において，とくに中小規模の企業（Mittelstand）にとって，IAS/IFRS に基づく会計に対しての真の代替案となる，等価値で簡便なコストパフォーマンスの良い法システムを長期的に保持できるようすることが要請され，そのために商法上の会計報告規定の IAS/IFRS に対して「適度の接近（maßvolle Annäherung）[36]」が必要だとした。

また，商法上の連結決算書についても，とくに連結会計義務がある非資本市場指向の企業にとって，年度決算書と同様，IAS/IFRS に基づく連結決算書と比較して，「等価値で簡便なコストパフォーマンスの良い代替案」を長期的に保持し続けることが求められ，したがって，商法連結決算書規定の現代化にとっての目標は，IAS/IFRS に基づく連結決算書との比較可能性を「緩やかな現代化（moderate Modernisierung）[37]」の方向で改善させることが優先されるとしたのである。

Baetge は，こうした理由書を引いて，BilMoG が，ドイツの非資本市場指向

企業のための IFRS 会計システムと等価の会計モデルを目指そうとしたことは明らかであり，非資本市場指向企業に対し IFRS と比較可能な年度決算書の作成を可能としたという。そして「BilMoG は，いよいよ国際化するドイツ企業に，国際的に受け入れられる決算書を可能にする。非資本市場指向のための，会計の（IFRS に近づく）ドイツ的回路を意味している。その点で，国際会計ではすでに周知の，いくつかの要素がドイツ会計に入り込むことになったのはごく自然である[38]」と述べている。しかし，そうした「ドイツ的回路」は，他方において，新規定の適用上，その解釈をめぐって法的不安定さを生じせしめている。

Küting/Pfitzer/Weber は，著書『IFRS かそれとも HGB か（IFRS oder HGB ？）』（2013 年版）[39] において，IFRS との接近がはかられた状況のなかで商法会計法で検討されるべき会計実務上の課題として，HGB 第 252 条（一般評価原則）に掲げられる個別評価原則，実現原則，調達価値原則の適用，そして，個別会計項目として，財務投資とみなされる不動産・無形資産（とくに，のれん）への計画的償却年数の見積もり，債権の価値修正，引当金（とくに，年金引当金）の計上および評価，開発費の資産計上，潜在的租税（とくに，税務上の損失繰越額に対する借方潜在的租税）の計上，の実務を取り上げている[40]。

　これらは，BilMoG の立法過程においても議論された将来事象に関わる論点でもあり，総じて意思決定有用性，公正価値（fair value）評価を重視する IFRS と債権者保護，資本維持を目的に据えたドイツ商法会計法との間に存在する評価構想（Bewertungskonzeption）の違いに起因する。たしかに，現状では上述の会計事象（取引）について，BilMoG を通じて，HGB と IFRS の基準間で部分的な適度で緩やかな接近が図られ，また，関連する資産・負債項目に対して，計上・評価選択権と配当制限条項が付与されたことにより（すべてではないが），法制度の形式上は，資本維持・債権者保護の目的もそこで担保されてはいる。

　しかし，BilMoG によって策定・改正されたそれらの諸該当規定は，その適用に際して，現在，実務上の困難さと様々な批判も招いている。会計実務の有

り様は経済過程の進展とともに絶えず変化し，会計制度と会計規範はそうした会計実務の変化に対応して再編される。したがって，上述の諸会計事象も含めて，資本市場における投資家指向の新たな会計事象に対して IFRS の基準改定や新基準が策定されるとき，EU が主導する「会計指令の現代化」が今後，IFRS への等価値化・収斂を継続するとなれば，それにドイツも対応せざるを得ない。EU の法体系においては，EU 条約に基づき「指令」はすべての加盟国がその実現と国内法化が義務づけられているからである。その場合，商法会計法を中心とした会計法体系をどのように再編，維持し，法的安定性を求めていくのか，ドイツの法システム（Regelwerk）があらためて問われることになるだろう。

　かつて，1998 年 KapAEG の開放条項の新設（IAS/US-GAAP の導入）に際して，Busse von Colbe はその論攷において，「パラダイム転換（Paradigmawechsel）」をキーワードとして，こう述べている。「ドイツにおいて従来，慎重性原則と債権者保護に特徴づけられてきた配当測定と税測定という会計の機能が，意思決定関連性を指向する投資家保護の情報機能に押しのけられ，少なくとも強力に制限されるだろう。その際に，企業に対する商法上の個別決算書もまた，従来のままでありえない。それとともに，近年，ますます空洞化してきている基準性原則の現在の形態は時代遅れになるだろうし，あるいは租税立法者が，税測定基礎として国際的に認められた会計原則を指向した個別決算書を部分的に組み入れるかもしれない。ひょっとして，破産という観点からの債権者保護に対して外部会計によって影響を与えようとする限り，立法者は制度的保障から情報的保障へと移行することがあるかもしれない[41]。」

　こうした疑問は今もなお，現在進行形のまま当てはまる。そこに，ドイツの資本市場指向改革に内在する意味と将来に向けての制度課題が読み取れるといえよう。

注

(1)　IASB,https://www.ifrs.org/use-around-the-world/use-of-ifrs-standards-by-jurisdiction, 2019 年 12 月 20 日閲覧

(2)　本書第 3 章および佐藤誠二,「IFRS 適用後の会計エンフォースメント～欧州における統一会計基準履行へのガバナンス～」,『會計』第 195 巻 6 号, 2019 年を参照。

(3)　筆者は同様の趣旨で, ドイツの会計改革について立法経過を追いながら, そこでの課題をつぎで検討した。佐藤誠二『国際的会計規準の形成』森山書店, 2011 年。本章は, その後 10 年が経過したなかで, IFRS 適用の状況, 新たな資料も加え, とくにドイツ商法における「資本市場指向」概念の法典化と IFRS との関係に焦点づけて再考している。

(4)　Kommission der EU, Mitteilung der Kommission, Harmonisierung auf dem Gebiet der Rechnungslegung; eine neue Strategie im Hinblick auf die internationale Harmonisierung, COM95(508)DE,1995.

(5)　Kommission der EU: Mitteilung der Kommission, Finanzdienstleistungen: Abstecken eines Aktionsrahmens, KOM (1998/ 625) , 1998. この内容については, 佐藤誠二,「ドイツの会計国際化と EU 金融・資本市場統合～欧州委員会のアクションプランに関連して～」『會計』第 158 巻第 6 号, 2000 年を参照。

(6)　Kommission der EU, Mitteilung der Kommission, "Rechnungslegungsstrategie der EU : Künftiges Vorgehen", KOM (2000) 359, 13. 06. 2000.

(7)　EU, Richtlinie 2003/51/EG des Europäischen Parlaments und des Rates vom 18.Juni 2003 zur Änderung der Richtlinien 78/660/EWG, 83/349/EWG, 86/675/EWG und 91/674/EWG über den Jahresabschluss und den konsolidierten Abschluss von Gesellschaften bestimmter Rechtsformenund, von Banken und anderen Finanzinstituten sowie Versicherungsunternehmen, Amsblatt der EU, L178/16-22.

(8)　EU,Richtlinie 2003/71/EG des Europäischen Parlaments und des Rates vom 4.11.2003 betreffend den Prospekt, der beim öffentlichen Angebot von Wertpapieren oder bei deren Zulassung zum Handel zu veröffentlichen ist, und zur Änderung der Richtlinie 2001/34/EG, Amtsblatt der EU, 2003, L345/64-82.

(9)　EU, Richtlinie 2004/109/EG des Europäischen Parlament und der Rat vom 15.12.2004, Zur Harmonisierung der Transparenzanforderung in Bezug auf Informationen über Ermittenten, deren Wertpapier zum Handel auf einen geregelten Markt zugelassen sind, und zur Änderung der Richtlinie 2001/34/EG, Amtsblatt der EU, 2004, L390/38-57.

(10)　Deutsches Bundesrat, Gesetzentwurf der Bundesregierung, Drucksach 967/96 vom 20.12.1996 Entwurf eines Gesetzes zur Verbesserung der Wettbewerbsfähigkeit deutscher Konzern an internationalen Kapitalmarkten und zur Erleichtung der

Aufnahme von Gesellschafterdarlehen (Kapitalaufnahmeerleicherungsgesetz-KapAEG), 1996, S.11.

(11) BMJ, Referentenentwurf eines Gesetzes zur Modernisierung des Bilanzrecht（Bilanz-rechtsmodernisierungsgesetz - BilMoG）vom 8.11.2007, S.57.

(12) Bundestages-Drucksach10/317,in: Herbert Biener /Wilhelm Beneck, Bilanzrichtlinien-Gesetz vom19.12.1985 mit Bericht des Rechtausschusses des Deutsches Bundeatages,Regierungsentwurfe mit Begründung,Entstehung, und Erläuterung des Gesetzes, 1986, S.20-22.

(13) Christian Zwirner, 20Jahre Kapitalmarktorientierung und IFRS: Rückblick und Ausblick, IRZ, Heft 6, Juni 2017, S.240.

(14) 図表は，Zwirner がドイツ取引所株式会社のプライム・スタンダードを対象に，開示された 2,929 の連結決算書を用いて分析した結果を示している。

(15) Vgl. Hans-Joachim Böcking, Auswirkungen der neuen Rechnungslegungs- und Prüfungs- vorschriften auf die Erwartungslücke, in : Reform des Aktienrechts, der Rechnungslegung und Prüfung, KonTraG-KapAEG-EuroEG-StückAG-, hrsg.von Dietrich Dörner, Dieter Menold, Noebert Pfitzer, 1999 ,S.726.

(16) Vgl. Deutscher Bundestag,BT-Drucksach 14/2353 vom 14.12.1999, Gesetz zur Durchführung der Richtlinie des Rates der Europäischen Union zur Änderung der Bilanz- und Konzernbilanzrichtlinie hinsichtlich ihres Änderungsbereich (90/605/EGW), zur Verbesserung der Offenlegung von Jahresabschlussen zur Änderung anderer handelsrechtlicher Bestimmungen (Kapitalgesellschaften- und Co-Richtlinie-Gesetz-KapCoRiLiG), S.11(Zusammenstellung).

(17) Die Richtlinie 93/22/EWG des Rates vom 10. Mai 1993 über Wertpapier-dienstleistungen.

(18) EU, Richtlinie 2004/39/EG des Europäischen Parlaments und des Rates vom 21.2.2004 über Markt für Finanzinstrument.

(19) Harald Wiedmann/Hans-Joahim Böcking/Marius Gros, Bilanzrecht Kommentar zu den § 238 bis 342a HGB, 3.Aufl., 2014, S.588.

(20) Ebenda, S.589.

(21) Harald Wiedmann/Hans-Joachim Böcking/Marius Gros,Bilanzrecht Kommentar zu den § 238 bis 342a HGB, a.a.O., S.589-590, および Bilanzrecht, Kommentar zu den § 238 bis 342a HGB, §§ 158-164 KAGB, 4.Aufl., 2019, § 249d.

(22) なお，IASB のデータの場合，2016 年時点でのドイツ規制市場として，Börse Berlin, Börse Berlin Second Regulated Market, Düsseldorfer Börse, Düsseldorfer Börse Quotrix, Börse Berlin Equiduct Trading, Börse Berlin Equiduct Trading Second

Regulated Market, Frankfurter Wertpapierbörse, Hanseatische Wertpapierbörse Hamburg, Niedersächsische Börse zu Hannover, Börse München, Börse München - Market Maker Münich, Baden-Würtembergische Wertpapierbörse, European Energy Exchange, Frankfurter Wertpapierbörse Xetra, Eurex Deutschland, Tradegate の各取引所があげられている (IASB,https://cdn.ifrs.org/-/media/feature/around-the-world/jurisdiction-profiles/germany-ifrs-profile.pdf：Profile last updated 18 July 2016)。

(23)　Rudolf Federmann/Stefan Müller, Bilanzierung nach Handelsrecht, Steuerrecht und IFRS, 13.Aufl., 2018, S.66.

(24)　なお，こうした資本市場指向企業に対するみなし規定も，やはり新しいものではない。1998 年 KapAEG によって IAS/US-GAAP に対する選択適用が商法に導入されて以降，IAS/US-GAAP 適用企業（当時の公式市場，規制市場における上場ないし認可申請会社）についても，KapAEG に基づく旧第 267 条 3 項はつぎのように規定している。「資本会社は，資本会社によって発行された株式またはその他の有価証券が欧州経済共同体加盟国の取引所において公式市場もしくは規制市場で認可されるか，規制自由市場に含まれるかまたは公式市場もしくは規制市場での認可申請が行われているときには，つねに大規模資本会社とみなされる。」

(25)　Harald Wiedmann/Hans-Joahim Böcking/Marius Gros, Bilanzrecht Kommentar zu den §238 bis 342a HGB, 3.Aufl., a.a.O., S.590.

(26)　会計宣誓とは，内国発行体である資本会社の法定代理人が知りうる限り，年度決算書が財産財務および収益状態の実質的諸関係に合致した写像を伝達していること，または附属説明書において追加的記載がなされていることを署名入りの文書をもって確認することをいう。

(27)　Vgl. Rudolf Federmann/Stefan Müller, Bilanzierung nach Handelsrecht, Steuerrecht und IFRS, Gemeinsamkeiten, Unterschiede und Abhängigkeiten – mit uber 195 Abbildungen, 13.Aufl., 2018,S.69-72.

(28)　CESR（2007）, CESR's review of the implementation and enforcement of IFRS in the EU, Ref:07-352, November 2007, p.19.

(29)　Christian Zwirner, 20Jahre Kapitalmarktorientierung und IFRS: Rückblick und Ausblick, IRZ, Heft 6, Juni 2017, S.242.

(30)　Karlheinz Küting/Norbert Pfitzer/ Claus-Peter Weber, IFRS oder HGB, 2.Aufl., 2013, S.54.

(31)　Ebenda,S.57-59.

(32)　BMJ, Wesentliche Änderungen des Bilanzrechtsmodernisierungsgesetzes im Überblick, Stand, März 2009, S.2.

(33)　Vgl. BMJ,Pressemitteilungen, Neues Bilanzrecht：Milliardenentlastung für den deutschen Mittelstand beschlossen, 26,März 2009.

（34） Karl Petersen, Christian Zwirner, Rechnungslegung und Prüfung im Umbruch: Überblick über neue deutsche Bilanzrecht, KoR Beihefter1 zu Heft5, 2009, S.1-3

（35） Bundesregierung, Regierungsentwurf eines Gesetzes zur Modernisierung des Bilanzrecht Bilanzrechtsmodernisierungsgesetz-BilMoG vom 21.05.2008, BT-Drucksache, 16/10067, 2007, S.71.

（36） Ebenda. S.71.

（37） Ebenda, S.73.

（38） Jörg Baetge ,「ドイツ会計の国際化」（邦訳），佐藤博明，ヨルク・ベェトゲ編著，『ドイツ会計現代化論』，森山書店，2014 年 , 2 頁。

（39） Karlheinz Küting/Norbert Pfitzer/ Claus-Peter Weber, IFRS oder HGB, a.a.O.

（40） Vgl., Ebenda, S.73-122 und S.205-224.

（41） Walter Busse von Colbe, Der befreiden Konzernabschluß nach international anerkannten Rechnungslegungsgrundsätzen, in: Dieter Dörner, Dieter Menold, Norbert Pfitzer （hrsg.), Reform des Aktienrecht, der Rechnungslegung-Prüfung, KonTraG-KapAEG-StückAG, 1999, S.40. なお，ドイツでは，制度的保障（制度的債権者保護）と情報的保障（情報的債権者保護）という用語は対比的によく用いられる。債権者に対して適時的な情報 (時価情報等) を開示することによりその保護を図ることを意味する情報的保障に対して，配当利益計算に対する規制を通じて債権者の保護を図ろうとするのが制度的保障である。情報による資本維持の位置づけについては，Marcus C. Funke, Gläubigerschutz durch Information im Recht der Aktiengesellschaft, 2010 のとくに，S.37-38, S.52-54 を参照。

第5章
IFRS が商法会計目的に及ぼす影響
―会計現代化をめぐる議論―

は じ め に

　ドイツは2004年12月に成立した会計法改革法（BilReG）⁽¹⁾により，連結決算書に対してIFRSの受容（Adoption）の法整備を行ったが，IFRSへの接近（Convergence）をはかる個別決算書に対する取扱いや懸案の公正価値（Fair Value）評価の導入，計上及び評価選択権に関する会計諸規定の法整備は，その後，立法化が予定されていた会計法現代化法（BilMoG）⁽²⁾に委ねられていた。そして，そのBilMoGは，2007年11月の法務省案，2008年5月の政府草案の公表を経て，幾つかの修正をみながら2009年5月に成立した。BilMoGの立法目的は，IFRSと競合し得る持続的で有用な商法会計法を生み出すことにあり，そこで課題となったのが，商法会計法が配当測定の基礎となる慎重性原則と債権者保護の基礎思考を保持し，IFRSとの比較において費用節約的で簡便な選択肢を生み出すことであった。そしてまた，税務上の課税所得計算についても，ドイツ商法会計法の機軸たる正規の簿記の諸原則（Grundsätze ordnungsmäßiger Buchführung : GoB ）の基準性原則（Maßgeblichkeitsprinzip : 確定決算主義）のもとで，従来の税実務慣習たる統一貸借対照表（Einheitsbilanz）の作成基盤を保持することも前提としたものであった。

　ドイツの立法者はこのBilMoGによって，IFRSの欠点（複雑性の高さ，高い期間経費，高い原価負担）を持ち込むことなく，規制緩和を行い費用節減し，国内会計の国際化を求めたのである。立法理由書によれば，国際的に活動する企業は，それが資本市場指向か否かに関わらず，国際的会計規範に益々，制約を受けざるを得ない。一方で，IFRSの適用は確かに複雑さと経費，情報提供

義務の増大に結びつき，情報指向の IFRS 会計が中小規模の企業（Mittelstand）にとってその追加的効用がみてとれないため，立法者は中小規模企業に対する IFRS の受容を見合わせたという。したがって，BilMoG を通じて商法会計法は個々の計上・評価規定の変更により国際的傾向と IFRS への接近を見せた反面，「商法会計目的と企業開示（Unternehmenspublizität）の差別化・分岐化[(3)]も認識できるとされる。

本章では，BilMoG の施行後，情報指向の IFRS 対応の会計改革によって，既存のドイツ商法会計法の目的に対してどのような影響が及ぼされ，それに対してどのような議論がなされているのか，Karlheinz Küting/ Peter Lauer の論攷[(4)]に依拠しながら考察する。商法会計法の目的は，次章で取り上げる会計規範構造の前提をなし，ドイツにおける今後の制度構築に対しておおきな意味を持つ重要な論点であろう。

第 1 節　商法上の年度決算書に対する会計目的

年度決算書に対する会計目的として，ドイツ商法はどのように規定しているだろうか。その点，商法典（HGB）は第三篇「商業帳簿」において年度決算書目的とその受け手に関してなんら明文化していない。商法典第 242 条及び第 238 条 1 項において，つぎのような一般的な規定がおかれるにすぎない。

第 242 条（作成義務）

「商人は，自己の事業の開始にあたり且つ各事業年度末に，自己の財産と負債との関係を表示する決算書（開始貸借対照表，貸借対照表）を作成しなければならない。」（1 項）

「商人は，各事業年度末にあたり，その営業年度の費用と収益の対照表を表示しなければならない。」（2 項）

第 238 条 1 項（帳簿記入義務）

「すべての商人は，帳簿を記入し，その帳簿において自己の商取引及び財産の状況につき正規の簿記の諸原則に従い明瞭にする義務を負う。帳簿記入は，

その記入が専門的知識を有する第三者に対して，相当の期間内に，営業経過と企業状況に関して概観を与えるものでなければならない。」

したがって，商法上の年度決算書の目的は法律（Gesetze）とそこでの立法者が集約した目的への指示から導出され，一般原則たる正規の簿記の諸原則（GoB）もそうした年度決算書目的から演繹されることになる。

Küting/ Lauer の場合，商法上の年度決算書目的を説明する上で，文書記録機能（Dokumentationfunktion）からまず取り上げる。この文書記録機能は，広い意味では簿記思考及び年度決算書目的の基礎として用いられるという。商人の記録に基づいて，財貨と支払の流列の実質的経過が解析される。狭義には，年度決算書の文書記録機能はとくに，証明に用いられ，保全的課題にも配慮する。この関係で重要なのは，商人に対して営業経過に関する洞察を提供することが義務づけられただけでなく，営業経過の生成と発展について理解可能でなければならないということであるという [5]。

また，Küting/ Lauer は情報提供機能（Informationsfunktion）に関しては，純粋な投資家指向，将来指向の意思決定有用性（Entscheidungsnützlichkeit）の意味で理解されるべきでないことを確認しなければならないという。むしろ，商法上の決算書は，情報権利者に対してその財産に対する自身の決定とそこから獲得される成果を形成するところの営業活動に関して完全，明瞭かつ適切な洞察を与えると言う意味での"受託資本の利用の開示（Offenlegung der Verwendung anvertrauten Kapitals）"のための用具であり，その場合の会計報告は"強く回顧的性格"を有することになる。外部関係者への情報と会計報告との間の相違は商法上の観点からはそれほど重要ではないとしている。

また，説明責任義務（Verpflichtung zur Rechenschaft）は商人に対して第一に義務づけられるものであり，それはまた商人独自の利害における刑法上の帰結を回避するためにも存在する。こうした機能の重要性は決して過小評価されるものでない。他方で，商人については，商法典第 238 条 1 項及び第 242 条に従い，文書記録目的に広範囲に利用される簿記だけでなく，年度決算書の作成も義務づけられている。このことは，売上高規模，年度余剰規模に応じて帳簿作

成義務の免責を可能にした BilMoG にあっても原則的に妥当するとしている[6]。

ただし，Küting/ Lauer によれば，様々な集団の異種性に基づいて異なる情報要求を充足することは，解消可能な課題すべてに対してかなり複合的で不十分な充足度をあらわしている。一定の（内部）受け手（集団）がとくに年度決算書に加えて，それ以外の啓発的な情報源泉を利用することも，外部の受け手ができるだけ僅かの情報一般を入手することに関心を持つこともそれに属するのであり，これらは小規模企業及び個人商人に当てはまるものだという。

さらに，Küting/ Lauer は，年度決算書の情報提供目的は，説明責任目的の基礎にある年度決算書の作成過程で算出される期間成果に関して，とくに支払測定（Zahlungsbemessung）の出発基盤を形成するという。個々の年度決算書目的のウェイト付けをめぐる議論を別にすれば，慎重に算定され，それぞれの企業に引き出し可能な金額の算定が大きな意義を持つことを確認できる。したがって，商法上の貸借対照表作成の枠内では，債権者保護（Gläubigerschutz）とそれに結びつく慎重性原則（Vorsichtsprinzip）は疑いなく優位性が認められる。過去において貸借対照表補助項目の際に考慮されるように，表示される収益の一定金額を配当に対して禁止する規定を通して計上規準と評価規準が補完される。こうした配当抑制は BilMoG のなかでも，従来，計上能力の無かった財産対象物の会計において意義を有しているのだとする[7]。

このように，Küting/ Lauer にあっては，年度決算書の目的はその受け手の種類により異なるが，そうした点を除けば，商法が指示する情報提供機能は純粋な投資家指向，将来指向の意思決定有用性の意味でのそれではなく，受託責任機能，債権者保護・支払測定の機能が確認されるとするのである。

第2節　会計法現代化法と IFRS における会計目的

1. 年度決算書受け手の情報要求

さて，Küting/ Lauer は BilMoG の会計目的を IFRS 会計における会計目的と比較しながら検討する上で，まず，年度決算書の受け手がどのような情報要

求を持つものなのかについて考察している。

　Küting/ Lauer によれば，国際的会計は第一義的に意思決定有用な情報を通じて投資家の保護に焦点をあてており，BilMoG もまた IFRS に対する潜在的選択肢として「商法上の年度決算書の情報水準の引き上げ」という観点を構想している。しかし，その場合，そもそも商法上の年度決算書の受け手がどの程度，意思決定有用な情報に対して関心を持っているのかについては疑問が生ずるという。この問いに応えるための議論は個別決算書に向けられる。投資家にとって情報用具は第一義的には各企業の開示する営業報告書（Geschäftsbericht）であり，そこに含められる連結決算書である。大規模企業ないし資本市場指向の（親）企業の場合はとくに，そのことは当てはまる。資本市場指向企業については，商法典第 315a 条に従い，IFRS の適用が義務づけられておりそこでの意思決定の問題は生じないからである[8]。

　Küting/ Lauer は，商法典に基づき個別決算書を作成する多くのドイツ企業（したがって，中小規模の企業）の目標設定は，明らかに資本市場指向企業のそれとは異なっており，所有主経営ないし同族的経営を行う企業タイプがドイツの意思を強く反映しているとする。資本市場指向企業は自身の営業報告書ないし連結決算書を第一義的に個人株主と機関投資家に向けているのに対して，中小規模企業の決算書は社員に対する配当測定基礎，マネジメントの管理用具，租税上の利益算定に資するように作成される。このことは多くの調査から明らかであり，例えば，Regensburg 大学の調査によれば，非資本市場指向企業の約 81% は年度決算書を作成する場合，潜在的投資家への情報に対して僅かの意義しか有していない。経済監査士会社 MAZARS の調査もまた，多数のドイツ中小規模企業は潜在的投資家とは別の受け手，例えば銀行，租税当局もしくはマネジメントに焦点を当てているという。

　したがって，Küting/ Lauer は，中小規模の企業にとっての年度決算書の受け手と目的とが資本市場企業と相違することは明らかであり，できるだけ多くの情報を潜在的投資家に対して伝達するという利害はほとんど存在しなく，むしろ，感覚的な情報を大集団たる外部利害関係者に提供しないように努めるこ

とが目指されるべきだとしている⁽⁹⁾。

2. IFRS 決算書の会計目的

それに対して，IFRS に基づく決算書の目的はどうなのか。

Küting/ Lauer によれば，IFRS 準拠で作成される決算書は，従来のフレームワーク（1989 年）に基づけば多数の受け手に向けられており，その点では商法（HGB）決算書とも一致する。

その場合，IASB の見解によると投資家集団が要求する情報が他の受け手集団のニーズをたいてい満たしているために，投資家に上位の役割が付与されている。したがって，（潜在的）投資家がその投資意思決定に効用をもつ，つまり意思決定有用な情報をできるだけ伝達する目標が追求されている。また，その結果，市場接近的で強く将来指向的な評価が実施されることになるという。決算書作成者，決算書監査人，決算書の読者はこうした事実を常に認識しており，IFRS の適用に際して，その適切な理解や損益の範囲が不可欠と考えている。情報有用性への明確な方向づけからは，市場指向，将来関連，より早い利益実現，等々の IFRS の周知の属性が生じているという⁽¹⁰⁾。

年度決算書目的の確定を求めるこうしたフレームワークは，IASB と FASB とのジョイント・プロジェクトが実施した作業の結果，修正された。修正された新フレームワークは決算書受け手を，（明文化されていないが）一方では現実の，かつ潜在的投資家，信用供与者及びその他の債権者が拡張してあげられ，他方において，マネジメント，規制当局等のそれ以外の受け手に制限が加えられた。

それは，IFRS 決算書を用いて企業価値を算定するという（暗黙の）前提に対する批判に反応したものである（一般目的の財務報告は報告主体の価値を表示するようデザインされていない）。さらに，新フレームワークの策定経過とそこでの議論のなかでは，副次的目標とされている IFRS 決算書の説明責任機能とその意義が主題にあがっている。

ただし，Küting/ Lauer によれば，そこで注意しなければならないのは，説

明責任と意思決定有用性とはたしかに重なり合うけれども，同一の情報を生み
出すものでなく，説明責任は過去指向的な統制に資するのに対して，意思決定
有用な情報の伝達は予測的方法を必要とするものだとしている。Küting/
Lauer は結果として，広範な批判に備えたこと—例えばフレームワークとそれ
に基づく諸基準を同時に加工することに対する修正—によっても，IFRS の意
思決定有用性に対する単一機能の指向性は変更されずにいることが確認される
としている(11)。

3.　会計法現代化法の会計改革目的

　ドイツの立法者は過去 20 年における改革の最終局面で BilMoG を成立させ，
商法上の決算書が利益配当と税務上の利益算定の基礎となることを同時に保持
しながら，ドイツ会計法の国際化を実施した。さらに規制緩和と欧州の調和化
もまたその商法改革の目的であった。その過程のなかで商法上の決算書の情報
提供機能の強化が多くの改正をもって達成されたが，そうした BilMoG におけ
る改正の要点としてつぎのものが挙げられるという(12)。
- 計上選択権と評価選択権の廃止（例えば商法典第 253 条 4 項の理性的な商人
  の判断に基づく減額記入選択権）
- とくに逆基準性の廃止を通じた税法からの影響の除去，（商法典第 254 条第
  5 項，所得税法第 5 条 2 項 2 文）
- 国際的会計への接近，とくに固定資産たる無形財産対象物に対する計上選
  択権（商法典第 248 条 2 項ないし引当金評価の場合の価格変動，原価変動の考
  慮）
- 資本市場指向の会社と非資本市場指向の会社に対する規定の接近（商法典
  第 279 条 - 283 条）

　ただし，Küting/ Lauer は，ドイツ会計法の信頼のある基盤を確保すること
によって年度決算書目的は名目的には変更されておらず，この目的の枠組みの
なかで法の推移も認識されなければならないという。こうした理解は，例え
ば，商法典第 253 条 4 項による理性的な商人の判断に基づく減額記入の廃止に

関わる立法者の理由書からも推論される。そこでは、従来の債権者保護機能に対して強く重視することをもって、むしろそうした減額記入が正当化されている。

しかし、商法上の年度決算書の情報水準の引き上げ努力をもってして、それで立法者の立場を擁護することはできないという。情報提供機能の強化が少なくとも債権者保護機能への負担を伴って行われなければならないことは明らかであり、債権者保護と IFRS への調整へ向けての努力は同様に行われなければならないとする。その場合、（秘密）積立金の任意ないし強制的形成が明らかに制限されるため、情報提供機能の強化を含意する。また、所得税法第 6 条 3 項 3 文に規定される 6% 利子率と価格変動及び原価変動の考慮を通じた税務上の評価からの離反は、傾向として引当金計上額の増大を導く限りにおいて、引当金形成の観点からみて具体的な（損益）効果が生ずることにもなる。

ただし、Küting/ Lauer によれば、そうした傾向はあるにしても、配当測定目的を確保するために一定の財産状態に対して配当抑制の形態での補助的解決が行われなければならないという。かつて"ガラス製でしかし閉鎖的なカバン"（Krontein/Claussen:1960）と呼ばれた配当制限を活用することによって、年度決算書目的の内部での移行を通じて生ずる伝統的目的設定と―外形的には現代的である―新しい指向との間を"結節する紐の準備"を可能としなければならないとしている(13)。

さて、BilMoG によって、立法者は改革課題を転換した。Küting/ Lauer によると、現代化と過去における租税立法を考慮するなら、この BilMoG からはつぎの 2 つの課題が導出されるのだという。

（ⅰ）商法上の貸借対照表におけるウェイトづけが情報提供機能に重点移行していること、

（ⅱ）統一貸借対照表（Einheitsbilanz）の構想がこれまでの税務動向からすると転換が極めて困難であること、がそれである。

Küting/ Lauer は（ⅰ）の課題に関しては、配当抑制の手段を通じて解決が導きだされるべきであるという。営業経営の創立及び開業に対する費用や潜在

的租税に対する費用に対して，従来の配当抑制を利用する意味が明らかに薄れたとしても，我々はすでにこの配当抑制という手段の効果とその活用方法を知っている。したがって，そのウェイトづけの課題から切りはなして，別の問題として適用されなければならない。配当抑制の導入はそれなしでは貸借対照表が債権者保護と配当抑制の観点からしてその任務に適応できない告白として評価するしかない。例えば，Baetge/Schmidt は固定資産たる自己創設の無形財産対象物の積極計上に関して，"貸借対照表価値に対する立法者の不信"としているが，それは理にかなっているとしている。

　しかし，Küting/ Lauer は配当抑制の限界も意識しなければならないことも言及する。また，心理学的観点からすると，より高く表示される利益により欲望が引き起こされ，取締役会もしくは業務執行機関がそれを拒絶すれば誤った不満を導くということも無視されてはならないという。そこでは，配当政策に対する連結損益の現実の影響の枠内で見られるのと類似の状況を予想しなければならない。貸借対照表と損益計算書において近似的に記載される獲得可能利益から引き出し可能な利益を抽出して一定金額に配当抑制することは，立法者の一定の目標設定のもとでは一つの適切な手段である。しかし，それを万能薬として理解（誤解）してはならないとしている[14]。

　（ⅱ）の課題については，Küting/ Lauer は BilMoG の転換以後は，そこには立法者が目的カタログから税測定（暗黙の）が消去されるまでの時間の問題のみが存在するのであり，とくに費用便益関係の観点からすると，そうした展開も保証されるべきであるとしている。とはいえ，Küting/ Lauer は商法会計法の IFRS への接近については良としていない。ドイツ会計法の発展は，多くの時点において，理性的な商人の判断に従う恣意的な減額記入の廃止に関して歓迎された。それに対して，立法者の方向づけは，その多くが中小規模の企業に属する商法上の年度決算書の作成者及びその受け手のニーズに適合していない。例えば，年度決算書の受け手が"情報指向的会計に対する資本市場の要請"について選好するのかどうかは疑わしい。その場合，"資本市場における費用節約的な他人資本と自己資本の調達をめぐる競争"を軽減することが，ド

イツの会計規範に基づく決算書を適切に判断させることにはならず，IFRS決算書を要請する外国の資本提供者に対しては，ほとんどと言って良いほど実現していないことを考慮する必要がある。このことは，IFRSに基づく会計が各企業にとって他人資本調達する場合に有利に働くという文献における議論も肯定することができないという事実と同様に認識しなければならない。したがって，一方で非資本市場指向の企業がIFRSとの接近を必要としておらず，他方において，資本市場指向の企業についても接近することで足りずにIFRSに準拠し決算書作成しなければならないために，IFRSに対する択一的な展開を批判的に判断することが必要であるとするのである[15]。

第3節　IFRS会計の商法会計への不適合性

さて，以上の考察に続いて，Küting/ Lauer は，ドイツにおけるIFRSの導入が商法上の会計目的に対してどのような影響を及ぼしているのかを論じている。

Küting/ Lauer によれば，既存のシステムから可能な選択肢は，年度決算書目的の説明と判断の枠内で不可避的に意識されるのであり，そこでは，会計の基礎にあるつぎの目的をまず確認しなければならないという。

- ・文書記録
- ・自己情報
- ・支払測定
- ・自己資本拠出者への責任
- ・業務執行でない社員，銀行及び支払先からの情報
- ・資本市場の情報

Küting/ Lauer は，ここで，文書記録情報は会計システムのみに依存するのでなく，それ以前に簿記思考に遡及するという。したがって，そこには意思決定関連性は存在しない。自己情報は，内部会計報告を通じても充足されるが，その原則的な意義にも拘わらず，とくに大規模な企業については，外部会計報

告によって決定されることはほとんどないため，可能な選択肢を求める上で多くの目標がありすぎる。IFRS貸借対照表は会計目的を限定することによって，それに資する貸借対照表を指向している。たしかに，複数の目的を追求することによってその属性が提供されているが，とくに，意思決定に有用な情報伝達への優位的指向に基礎をおいている。その場合，すでに決算書の説明責任機能の遂行は明らかに悪化させられ，そのことは租税測定と配当抑制の観点ではなおさら妥当する。投資家指向の意思決定有用性と債権者への支払測定は機能としては両立しない。"多機能的貸借対照表"の内部で両機能を結合することは目標達成的でなく，むしろ資本市場指向的企業に対して2つの"単一機能貸借対照表"による転換を提案する研究もそれを前提する。従って，その結論は現状と合致するものであるという(16)。

　上述の諸目的を考慮するためには，IFRSの適用を連結決算書だけでなく，個別決算書レベルの場合のその義務的作成についても考慮しなければならないとKüting/ Lauerはいう。その場合，経営財産の算定に対して独立した税法が提案されるのか否か，そこで同時に配当測定についても基礎が形成されるのか，もしくは，後者の配当測定については，支払能力テスト（Solvenztest）が要求されるのか否かは重要でない。IFRS個別決算書が配当測定にも租税測定にも有効でない限りにおいて，上述の方向付けを期待することはなく，大抵のドイツ企業にとってその実施は何ら簡便化をもたらさないだろう。ほんの僅かの資本市場指向企業がもっぱらそうした措置を選好するにすぎない。しかし，さらに加えて，非資本市場指向の企業がより高い情報内容とそのニーズとを合致させる決算書を作成しなければならないということも確認しておく必要がある。また，このことはSME-IFRS決算書にも妥当するとしている(17)。

　Küting/ Lauerは，年度決算書目的は立法者により付与される，ないし立法過程において考慮されるのであり，このことはBilMoGの枠組みにおいて情報提供機能の強化という観点で明らかだとする。しかし，立法者の意図とその計画が変更されたとしても，一定の現実は容認しなければならないし，債権者保護指向の配当測定機能の達成が前提として結びついていること，投資家指向の

意思決定有用性の計算用具とは結合しないことは考慮しなければならないとしている[18]。

　さて，以上から Küting/ Lauer はつぎのような結論を導き出している。すなわち，「商法の債権者保護指向的な支払測定機能と IFRS 法システムの投資家指向の意思決定有用性とは完全に対立する，2つの方向を同時に満たす貸借対照表は存在し得ない」[19] という結論である。

　Küting/ Lauer によれば，商法上の会計規範と IFRS は様々な受け手のニーズ充足のための異なる目的を追求しており，融和することはない。たとえ IFRS 決算書が商法上基礎におかれる目的を色々と達成しうるとしても，別の追加的計算書が実施されなければ，HGB 個別決算書を置き換えることは不可能である。そうした IFRS 個別決算書が提供するだろう情報はしかし，多くの企業にとって価値を付加することはほとんどない。その場合，IFRS 個別決算書の作成は傾向として HGB 決算書と比較してより多くの費用と代償をもたらすことは明らかである。

　したがって，何故，ノウハウと相応のインフラを所有し，HGB と IFRS に基づく並立的帳簿作成を少ない費用で実施することのできる僅かの大規模な資本市場指向企業と任意に IFRS 会計を実施する企業にとって可能な改革の代償をその他のすべての企業が支払わなければならないのかという疑問が生ずる。BilMoG の枠内での現実的展開という観点では，IFRS への更なる接近が目標達成的でないという結論に向けての変更が，大方の賛同を得るということが結局は確認される。一方で，非資本市場指向の企業については，付加的な情報を選好しないにもかかわらず多くの費用負担が課せられる。他方では，資本市場指向の企業もコンツェルン会計の枠内では IFRS 決算書の作成を断念することもできない。

　すでに，それが今日的状況となっている。"HGB の現代化（Modernisierung der HGB）" に対する代償は大多数のドイツにおける中小規模企業が被ることになる。それゆえ，IFRS 会計による商法上の貸借対照表作成と評価の増大する感染は断固として拒否しなければならないとするのである[20]。

むすびとして

　会計の国際化（Internationalisierung der Rechnungslegung）の問題は 1990 年代初頭から，ドイツがかかえる中心的テーマである。この問題は，ドイツでは長期にわたって，グローバル化に伴い国際的な販売・調達市場を利用し国際的資本市場で資金調達する資本市場指向の大規模企業に限定され議論されてきた。

　ドイツの商法会計法もその範囲に限って IFRS 対応の改革が行われたが，一方で非資本市場指向の企業，多くの中小規模企業（Mittelstand）については IFRS とは無関係であったし，また，IFRS との関係も情報提供機能に限定され，その対象も連結決算書に対して限定的であったが，しかし，BilMoG の成立により 2009 年から事態は変化した。BilMoG の立法改革によって IFRS の諸要因が直接的にドイツ商法（HGB）に組み込まれ，資本市場指向の企業だけでなく，商法上の正規の簿記の諸原則に従って決算書を作成しなければならないすべての商人に適用されることになったのである [21]。

　たしかに，ドイツ会計制度は 21 世紀を迎えて IFRS を中心に大きく転回した。その会計法改革の共通した目標は，会計の規制緩和によって，商法会計法が国際化した資本市場における投資家の情報要求と統制要求に応じることにあった。しかし，立法者の「野心的（ambitioniert）な立法計画」[22] は，他方において商法会計法の法的安定性に揺らぎを生じせしめていることも事実である。

　本章でみてきた Küting/ Lauer の論攷は，そうしたドイツの現状のなかで，伝統的商法会計制度を擁護する立場から IFRS への接近に対して厳しい批判の眼を向けている。こうした BilMoG に対する立論は，程度の差はあるにしても Küting/ Lauer にとどまらない。学界サイドで様々な論者の批判が展開されている。例えば，R.U.Fülbier /J. Gassen は，BilMoG によって，商法会計法は新指向の正規の簿記の諸原則を生み出さなければならず，その結果，ドイツ商法（HGB）は IFRS からの自らの独立性と原則指向性を失うことになるとする [23]。また，J.Hennrichs は，BilMoG 以降，年度決算書の情報提供機能は改善したが，商法会計目的は変わることはなく，完全性原則，取得価値原則，実現原則，慎

重性原則等の基軸的な商法上の正規の簿記の原則は依然として機能し，資本維持による債権者保護は損なわれるべきでないとする⁽²⁴⁾，などである⁽²⁵⁾。

ただし，こうした立論は資本維持，債権者保護を中核とした既存の商法会計目的を前提にして，その目的と相容れない情報提供重視のコンセプトを組み入れることの良否（程度論）への解釈論を提示したものであって，立法当局が法案理由書で示した「ドイツの伝統的商法会計法の骨格は揺るがさない」という方向性については同一である。資本維持，債権者保護を前提にした商法会計制度の伝統的機能を保持し，IFRS への接近に対し，防御の姿勢をとる立場は軌を一にしている点は注目しておかねばならないだろう。

立法理由書によれば，BilMoG は，現行の商法会計原則を考慮して商法上の年度決算書の情報水準を「期待できる現実的な範囲（in zumutbarem und realistischem Umfang）」で高めようとした。しかし，連邦政府の見解がいうところの商法会計規定の「IFRS への適度な接近（maßvolle Annäherung）⁽²⁶⁾」は，他方で，商法会計法に対してその情報提供機能の強化と資本維持機能（債権者保護）との目的の二元性を求めることによって，解釈を要する多くの不確定法概念と解釈の裁量余地をもたらしている。こうした状況のもとで，ドイツが商法会計法の法目的とその会計法目的から演繹される基軸的概念である商法上の正規の簿記の諸原則をどう体系的に組み立てるのかが現在，問われている。本章で取り上げた Küting/ Lauer の論攷もそうした問題提起を試みた厳しい立論のひとつであるけれども，今後，法的安定性に向けての解釈理論の展開がどう集約されていくのか，BilMoG によって投げかけられたドイツの課題であることは間違いないだろう。

注

(1) Gesetz zur Einführung internationaler Rechnungslegungsstandards und zur Sicherung der Qualität der Abschlussprüfung (Bilanzrechtreformgesetzes - BilReG) vom 04.12.2004, BGB Teil I Nr.65.
(2) Gesetz zur Modernisierung des Bilanzrechts –Bilanzrechtsmodernisierungsgesetz-

BilMoG) vom 25.05.2009, BGBl Teil I Nr.27.

(3) Karl Petersen, Christian Zwirner, Rechnungslegung und Prüfung im Umbruch: Überblick über das neue deutsche Bilanzrecht, Zeitschrift für internationale und kapitalorientierte Rechnung(KoR), Beihefter1 zu Heft 5, 2009, S.1,2.

(4) Karlheinz Küting, Peter Lauer, Die Jahresabschlusszwecke nach HGB und IFRS Polarität oder Konvergenz?, in: Der Betrieb, Nr.36, 2011, S.1985-1991.

(5) Karlheinz Küting, Peter Lauer, a.a.O., S.1985.

(6) Ebenda, S.1985.

(7) Ebenda, S.1986.

(8) Ebenda, S.1988,1989.

(9) Ebenda, S.1989.

(10) Ebenda, S.1987.

(11) Ebenda, S.1987,1988.

(12) Ebenda, S.1986,1987.

(13) Ebenda, S.1988.

(14) Ebenda ,S.1989,1990.

(15)(16)(17)(18) Ebenda, S.1990.

(19)(20) Ebenda, S.1991.

(21) Rolf Uwe Fülbier/ Kuschel Patrick/ Friedrike Maier, BilMoG, Internationalisierung des HGB und Auswirkungen auf das Kontrolling, 2010, S.9. なお，1990 年代初頭から会計法現代化法（BilMoG）に至るドイツの会計法改革について，IFRS 導入経過に関連して時系列的に検討したものとして，佐藤誠二『国際的会計規準の形成—ドイツの資本市場指向会計改革—』森山書店，2011 年を参照。

(22) Rolf Uwe Fülbier/ Gassen Joachim, Das Bilanzrechtsmodernisierungsgesetz (BilMoG), Handelsrechtliche GoB vor der Neuinterpretation, in: Der Betrieb, 60.Jg.,2007, S.260

(23) Ebenda, S.2612.

(24) Joachim Hennrichs, GoB im Spannungsfeld von BilMoG und IFRS, in: Die Wirtschaftsprüfung, 2011, S.870.

(25) Jörg Baetge/Hans-Jürgen Kirsch/ Henrik Solmecke, Auswirkungen des BilMoG auf die Zwecke des handelsrechtlichen Jahresabschlusses, In: Wirtschaftsprüfung, 24Jg. 2009 も参照，この論攷を取り上げたものとして，佐藤博明「新ドイツ会計法のパラダイムと GoB 論の位相」，『會計』第 179 巻第 4 号，2011 年がある。

(26) Bundesregierung, Regierungsentwurf eines Gesetzes zur Modernisierung des Bilanzrecht Bilanzrechtsmodernisierungsgesetz-BilMoG vom 21.05.2008, BT-Drucksache,16/10067, 2007, S.71.

第6章
商法会計法の規範構造と IFRS
―IFRS への調和と対抗―

は じ め に

　ドイツ会計制度の中核をなす商法典（HGB）第三篇は，EU の年度決算書，連結決算書，会計監査に関わる各会計指令の転換を前提に，1985 年会計指令法（BiRiLiG）以来，1998 年の資本調達容易化法（KapAEG），企業領域統制透明化法（KonTraG），また IAS 適用命令に従う 2004 年の会計法改革法（BilReG），会計統制法（BilKoG），さらには，2009 年の会計法現代化法（BilMoG）による改正をもって，ドイツの立法計画 [1] に掲げた改革をひとまず成し終えた [2]。

　すでに述べてきたように，立法計画の最終段階において成立した会計法現代化法（BilMoG）の目的は，国際財務報告基準（IFRS）との関係において，年度決算書（個別決算書）に対する商法会計法の「等価でしかも効率的かつ簡素な規準メカニズム」を構築し，「IFRS へ適度な接近（maßvolle Annäherung）」を図ることにあったが，そうした対応の前提には，ドイツでは 2005 年以降，資本市場指向企業の連結決算書に対して IFRS が義務適用され，それと同時に，非資本市場指向企業または非親企業など多くの企業において HGB 準拠の連結・年度決算書が作成されているという二様の対応がなされている状況がある [3]。しかもその一方で，BilMoG によって連結決算書の基礎である年度決算書規定にも IFRS の接近が図られ，それ以降，ドイツの会計制度は，EU 域内の会計法調和化と IFRS の導入という制約のなかで，商法会計法規範の適用に際して，解釈上の問題に直面しているといえよう。

　本章では，ドイツの商法会計法において，年度決算書の作成目的と会計規準

の基本的関係等の枠組み，つまりコンセプト（Konzept）に対して IFRS 導入
がもたらしている法的課題について，法解釈論を展開する学説がどのように位
置づけているのか，R.Federmann [4] と S.Plaumann [5] の 2 人の所説を主とし
て取り上げながら考察してみたい。

第 1 節　年度決算書の作成目的と規範構造

1．商法会計法における年度決算書作成目的

　ドイツ商法会計法のコンセプトを考察する場合，会計法規範の前提に据えら
れる年度決算書の作成目的から取り上げなければならないだろう。商法会計法
における法規範はそこに指示される会計目的に照らして解釈され運用されるか
らである。前章において，Küting/Lauer の会計目的の解釈について考察した
が，ここでは，他の論者の解釈も取り上げて確認しておこう。

　J.Baetge 等によれば，文書記録（Dokumentation）は，年度決算書目的たる
会計報告責任（Rechenschaft）および資本維持（Kapitalerhaltung）・債権者保護
（Gläubigerschutz）にとっての基礎であり，その前提でもある。報告責任の目
的とは，年度決算書に向けられた情報要求に応えること，すなわち財産，財務
および収益状態の実質的諸関係に合致した写像を伝達し，とりわけ，期間に限
定された成果の伝達によって，受託資本の利用状態を開示することにあるとさ
れる。また，資本維持目的（債権者保護目的）は，年度決算書の読み手が，名
目自己資本が維持されているかどうかを見極められるよう配慮することであ
り，こうした会計報告責任（情報伝達）と資本維持（債権者保護）とが考慮され
ることで，（投資家や債権者など）さまざまな受手集団の利害調整が果たされる
のだという [6]。

　R.Federmann の場合は，「法的意味での貸借対照表（Bilanz im Rechtssinne）」
という観点から，貸借対照表（年度決算書）の作成目的をつぎのように述べて
いる。法的意味での貸借対照表の対象となるのは，会計目的に即した過去の企
業現象，過去の企業状態および諸関係を記録し模写することであり，それが会

計報告の部分を形成する。その場合，基本的に，情報利害と財務利害に対する規制のなかで目的が形成されるという。まず情報利害に関して，貸借対照表が伝達する情報は，情報の受け手がその利害の意思決定に資する（a）財産状態（とくに，資産および負債の在高・拘束期間・展開の状況），（b）収益状態（とくに，損益計算書の表明能力の支援を伴う），（c）財務状態（とくに，資本構成，支払手段，債務の発生）に関わっている。こうした貸借対照表が生み出す情報は，企業ないし所有者，外部の第三者に報告責任に向けられ，立法者はそこでの利害規制について，情報手段の様式規定への公布を通じ，また，受け手が自身の利害を選択する上で必要な一定の情報を準備させることを義務づけることによって，二重に実施することができる。そうした意味で，文書記録，会計報告責任，意思決定補助（Dispositionshilfe）は法律上の貸借対照表目的であるとされる[7]。また，ドイツ商法典の立法者は，情報利害に加えて，財務利害に対する直接的規制の強力な手段も講じているが，そのことは，資本会社の場合の資本維持（とくに，配当制限）の規定を通じて，また，人的会社の場合は成果および資産の人的帰属によって現れる。国家的干渉は法形態依存的には二重に必要となる。すべて企業債権者にとって，債務弁済に必要な資産もしくは最低責任資本は所有者に対する支払いによって減少するため，債権者保護が必要になるが，その場合，債権者利害を毀損する危険は有限責任の法形態（資本会社）の場合に大きい。そのため，法的意味での貸借対照表は有限責任形態の企業の場合に，最低責任資産を確保し最大配当可能利益の算定する規制がおかれるため，利害規制の観点からは，資本維持，制度的債権者保護，配当制限の目的があげられることになる[8]としている。

　前章で取り上げたKüting/Lauerの所説を含めて，ドイツでは，商法会計制度の会計目的に関しては，BilMoG以降も変わらず，文書記録を基礎にして，会計報告責任があり，さらに，とくに資本会社の場合，資本維持・債権者保護の目標が加わり，それらが全体で目的体系を形成していると考えられているといえる。

　この点，S.Plaumannは，BilMoGとの関連で，HGB第三篇の目的は法内在

的目的としてまずは決定され，それに基づき HGB が構築され，その結果として，年度決算書目的が既存の規範から導出されるが，ただし，法に内在する目的は立法者によって明示的に文書化されないため，HGB に基づいて法解釈学的に決定されなければならない，とした上でつぎのようにいう。BilMoG 成立後において，自己資本提供者に対し情報機能（Informationsfunktion）が認証され債権者保護が弱まっているとはいえ，資本維持は依然として HGB の優位の目的であるとし，以下のように述べている。支配的見解によれば，BilMoG 以前，会計法は債権者保護により特徴づけられていた。経営経済学の文献では，若干の著者が情報機能に対しより大きな意味を与えているか，ないしは資本維持と情報伝達の任務を同列にしているが，それは少数に過ぎない。BilMoG の目的は情報機能の強化にあった。そのことから，文献の一部が，資本維持機能を情報任務と並べて同格に位置付けることを結論している。その点は，連邦議会の法案理由書により以下のように強調される。「商法上の年度決算書の債権者保護と情報機能は，BilMoG 以後，同一の局面にある」。それにもかかわらず，BilMoG の理由書は「慎重性原則（Vorsichtsprinzip）は商法上の会計報告を支配する原則であり続ける」と述べているため，BilMoG 以後もまた，債権者保護は HGB の中心的任務である (9)。

　Küting/Lauer も同様に，年度決算書目的は立法者が付与する，ないしは立法過程において考慮されるのであり，立法過程において BilMoG の枠組みでは情報提供機能の強化という観点は明らかであったが，しかし，立法者の意思とその計画が変更されたとしても，その前提として債権者保護指向にたつ配当測定機能の実現が結びついていること，投資家指向の意思決定有用性の計算用具とは結合していないとしている (10)。

2. 商法会計法における規範構造

　制度的債権者保護（institutioneller Gläubigerschutz）というのは，ドイツにおいて情報による債権者保護と対比的に用いられる用語で，債権者に対して適時的な情報（時価情報等）を開示することによりその保護を図ることを意味する

情報による債権者保護に対して，制度的債権者保護は配当利益計算に対する規制を通じて債権者の保護を図ること意味している。

　Federmann によれば，制度的債権者保護がドイツの商法および会社法にとっての特徴をなし，以下に例示する多様な規制手法を通じて達成されるのだという[11]。

（ⅰ）利益の創出制限

　・不確定な資産の貸借対照表計上禁止（商法典第 246 条 1 項）

　・すべてのリスクの考慮（商法典第 252 条 1 項 4 号，第 249 条）

　・資産および負債の慎重な評価を通じた秘密積立金の形成（商法典第 252 条 1 項 4 号）

　・（継続した）取得／調達原価の最大計上限度（商法典第 253 条 1 項）

　・収益に対する実現原則と費用に対する不均等な処理（商法典第 252 条 1 項 4 号）

（ⅱ）自己資本に対する処分制約

　・資本金ないし株式資本（株式法第 152 条 1 項 1 文，有限会社法第 30 条 1 項）

　・資本準備金（商法典第 27 条 2 項 1 〜 3 号），③引受済資本（株式法第 15 条 3 および 5 項）

（ⅲ）特別な配当制限（商法典第 268 条 8 項）

　・借方自己創設固定資産（商法典第 246 条 1 項 1 文，第 248 条 2 項，第 255 条 2a 項）

　・繰延税金資産（商法典第 274 条）

　・老齢年金資産の時価評価（商法典第 246 条 2 項 2 文および 3 文，第 253 条 1 項 4 文）

　これらの内容を，株式会社を例として貸借対照表の計算構造と併せて示したのが図表 1 である。Federmann は，こうした債権者保護の目的は，株主保護，企業維持ともつながるものとして位置づけている。とくに公開資本会社の場合，所得利害は，会社の自己利害もしくは多数者社員（株主）の利害のもとで執行される企業経営を通じて，良好な損益状態にも関わらず不当な利益縮減が

図表 1　HGB- 会計における制度的債権者保護

貸借対照表	制度的債権者保護
資　産	慎重な貸借対照表計上（非貸借対照表計上） 慎重な評価（低価主義） 取得原価主義
－　負債	リスクの考慮 最高価値原則
自己資本	
■引受済資本	絶対的な利用制限
■資本準備金 　■制約的（法定） 　■利用可能（任意）	形成義務　および　利用制限
■利益準備金 　■制約的（法定） 　■処分可能	形成義務　および　利用制限
■価値回復準備金	任意の形成

損益計算書	
期間収益	実現原則
－期間費用	不均等原則
＝年度損益（年度利益／損失）	

損益分配計算	
年度損益（年度利益／損失） （損益計算書に基づく）	
－義務的な準備金繰入額	
＋任意に処分可能な利益準備金／資本準備金	
＋／－前期損益繰越額 －商法典第 268 条 8 項に基づく抑制額 ■借方自己創設無形資産 ■繰延税金資産 ■老齢年金資産の時価評価額	
	配当制限
＝貸借対照表利益	配当上限額

出所：Rudolf Federmann, Bilanzierung nach Handelsrecht, Steuerrecht und IAS/IFRS, 12, Auflage, 2010,S.73 の図を一部，省略。

行われる危険があるし，人的会社の場合にも，非業務担当社員の利益持分が業務担当社員によって故意に搾取されることもありうる。そのため持分所有者については，一定の場合，最低分配額（ないし，一定の引出権利）を保護する役割，いわゆる，株主保護が存在する。また，貸借対照表利益の操作に対する上限と

下限の規制は，債権者と株主だけでなく，他の方法で利益依存的な利害関係者
に対しても強制的規制ともなる。そのことは，通常，企業内組織，また場合に
よって，従業員，匿名社員，消費貸借貸主，享受証券資本提供者にもあてはま
る。

　かくして，Federmann にあっては，立法者は貸借対照表作成者に対して，
事態の状況に応じた企業利害の確保のための一連の形成可能性を明示的に講じ
ることにより，結局，“企業それ自体”も保護対象となる。そのことは，情報利
害だけでなく，財務利害の規制にもあてはまる。作成，表示，計上，評価，開
示に対する選択権という余地をもって，立法者は貸借対照表作成者に対し，境
界をすえて，彼らの目標，とくに企業維持目的に合致した弾力的な会計政策を
許容している (12)，とされるのである。

　こうした年度決算書目的に関する理解は，IFRS の場合と大きく異なる。
IFRS 決算書の目的は，一定の利用者，とくに投資家の経済的意思決定に有用
な情報を提供することにあり，決算書は経営者に委ねられた経営管理の結果を
示すことが要求される。したがって，決算書情報の利用価値は，利用者に対し
て望ましい企業関連的意思決定を行わせることにある。Federmann は，意思
決定有用性（decision usefullness）の観点から一般情報目的を基礎とする IFRS
の場合，債権者保護は，特別な意味を持たず，資本市場における負債証券の発
行者として企業維持が求められるにすぎないとしている (13)。

　このような理解はドイツでは多く見られる。たとえば，J.Baetge/ H-J
Kirsch/S. Thiele では，IFRS（概念フレームワーク）では，決算書の目的を企
業の経済状態に関する投資家の意思決定にとって有用な情報の提供にあり，投
資家に対する情報提供目的が優先され，資本維持と会計報告責任との調整をは
かるドイツの商法会計とは異なり，名目資本維持や決算書に対して利用者間の
利害調整は考慮されていない。そのため，ドイツの商法会計においては，IAS
適用命令の転換に際して，加盟国選択権を行使し，個別決算書に対して IFRS
の適用を情報開示目的に限定することによって，名目資本維持の目的設定を堅
持したとされる (14)。

3. 一般規範としての正規の簿記の諸原則

　ドイツの商法会計法のコンセプトにおいて，基軸となるのが，「正規の簿記の諸原則（GoB）」の法概念である。GoB という用語は，商法典（HGB）において，数多くの箇所にでてくる。そのうち中軸に位置するのが，すべての商人の年度決算書作成に対して GoB への準拠を要求する商法典第 243 条 1 項である。所得税法においても，第 5 条 1 項のいわゆる基準性原則（Maßgeblichkeitsprinzip）の指示があり，それを通じて，商法上の GoB は税法会計にも密接に関わる法概念となっている。また，商法が指示することにより，GoB は一般規範，一般条項などの法的性格が付与されるが，しかし，そうした GoB のなかにどのような原則が挙げられるのか，それが個々になにを要請するのかも明確でない包括的で不確定な法概念である。

　この点は，1985 年のいわゆる会計指令法（BiRiLiG）による商法改正において，慎重性原則，実現原則，不均等原則，継続性原則などの多くの個別の GoB が法典化されて以降も変わるところはない。そうして，個別の GoB が法典化されたとしても，GoB の意味するところが包括的ないし充分に確定されていないからである。ただし，GoB が，企業の法形態に関わりなく，すべての商人に適用される法規範であることには意見の一致が存在している [15]，と Federmann はいう。

　この GoB の確定方法（Ermittelungsweise）については，過去，帰納法（Induktion），演繹法（Deduktion），結合的獲得法（kombinatorische Methode），民主 - 多元的な処理解決法（demokratisch-pluralistische Verhandlungslösung）が展開されてきた。今日，第 5 の獲得方法として，一般に認められた法学的規準に基づく獲得方法である法解釈学的方法（hermeneutische Mothode）が展開されている。経営経済学的観点からの法解釈学的方法を展開する J.Baetge 等は，「法解釈学的方法は商法会計規準を総合的に解釈する，法解釈の総合的方法（ganzheitliche Methode）である [16]」とされる。

　Federmann は，そうした法解釈学的方法に基づく GoB の獲得経路を図表 2 のように示している。みられるように，法解釈学的方法は，法技術的要素（文

図表 2　解釈に基づく正規の簿記の諸原則（GoB）の確定

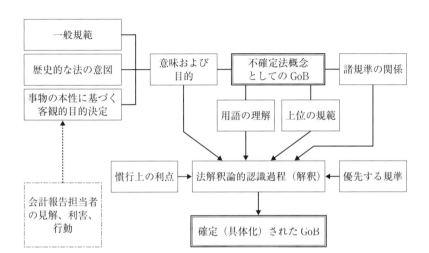

出所：Rudolf Federmann, Bilanzierung nach Handelsrecht, Steuerrecht und IAS/IFRS, a.a.O., S.194.

言，規定関係，優位法，一般規範，立法者の意図）のほか，演繹的方法の要素も帰納的方法の要素も含んだすべての認識のプロセスである。そこでは一方で，会計の目的構成が上位の目的からの理論的演繹により具体化され，他方で，帰納的に獲得された会計関与者の見解，利害および行為様式が関係づけられている。この方法は帰納法も演繹法も包摂し，商人の見解も経営経済的に根拠づけられた年度決算書目的も考慮する，現在において最も有力な GoB の獲得方法といわれる(17)。

　かつて，H.Beisse は，GoB を諸原則と個別規範との包括的システムと捉えて，それは，「閉ざされた構造を意味するのではなく，新たな要請に対して開かれた，もしくは可動的なシステムを意味する(18)」と述べたが，法解釈学的方法を主導する Baetge もまた，GoB システムは，「新しい要件と認識に"開かれた（offen）"なものでなければならない(19)」としている。その点で，法解釈学的方法は，GoB を開かれたシステムとして，IFRS 会計の要素を商法会計

に組み入れる弾力性な解釈を与える獲得方法とも考えられる。しかし，この方法は商法上の年度決算書目的（資本維持，債権者保護）から GoB を演繹的に誘導するという側面を有しているため，IFRS 会計の要素を組み入れることができるとしても，その解釈内容は補完的ないし妥協的なものにならざるを得ないといえる[20]。

第2節　商法会計法における貸借対照表関連的諸原則

　会計報告にとって原則（Grundsatz oder Prinzip）とは，会計報告形成のための一般的規準であり，そこで対象となるのは，必ずしも本源的な上位命題ではなく，比較的抽象的な当為命題に対する規範であり，しばしばそれ自体は上位の価値観念もしくは目的設定から誘導される。ただし，年度決算書の作成目的，立法者の情報利害・財務利害への規制や貸借対照表論（会計学説）の解釈は，多様な価値観念に基づいているため，GoB も含めて商法会計法における会計原則全体を体系的に論ずることは困難性を伴う。その点，Federmann は，GoB の完結したシステムを展開し，あるいはすくなくとも現存する GoB を分類する多様な試みが過去行われてきたが，しかし，実務において長く歴史的に展開されてきた商人の慣行から，また他方で会計報告の多様な目的の複雑性と部分的な競合関係のため，そこからある論理的システムを導出することは極めて難しいと述べている[21]。

　Federmann が挙げるドイツにおける年度決算書作成に関連する主要な諸原則（GoB）は，図表3のように示される。また，それとの比較において整理された IFRS の原則構成は，図表4のようになる。

　みられるように，ドイツの商法会計法と IFRS とを比較すると，IFRS の会計原則のほうがより資本市場指向的であり，基準性原則が存在しないため税務会計上は重要でない。Federmann に従えば，商法会計法と IFRS とでほぼ等しい会計原則として，①企業継続性の原則，②期間区分原則，③決算日原則および価値解明原則（後発事象），④理解可能性／明瞭性／要覧性，⑤信頼にた

図表3　貸借対照表作成に関連する HGB 諸原則

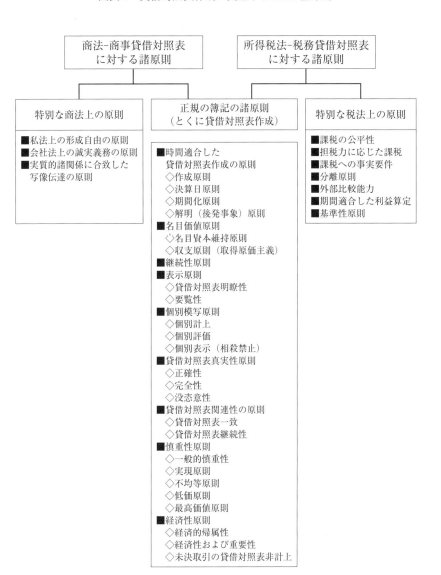

出所：Rudolf Federmann, Bilanzierung nach Handelsrecht、Steuerrecht und IAS/IFRS、a.a.O.、S.188 の図を一部、省略。

144

図表 4　IFRS に基づく会計原則の構成

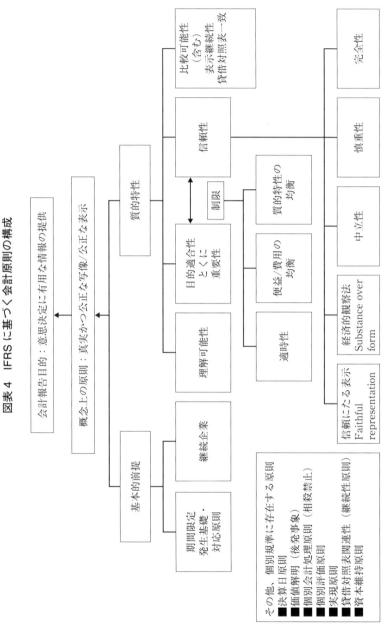

出所：Rudolf Federmann, Bilanzierung nach Handelsrecht, Steuerrecht und IAS/IFRS, a.a.O., S.255 の図を一部，省略。

る表示（忠実な表示）／中立性／会計真実性，⑥経済的観察法，⑦完全性が挙げられるが，ただし，次の点で相違点があるとしている(22)。

・真実かつ公正な写像（意思決定有用性の原則，実質的諸関係に合致した写像の伝達）は，ドイツの HGB では適用されないか，あるいは限定的にのみ適用される。IFRS の場合，忠実な表示（faithfull representation）に従い，それに加えて，離脱原則の義務も付される。

・ドイツにおける個別法上の原則（私法上の形成可能性，会社法上の信託義務）は，国際会計上，意味をなさない。

・IFRS でいう信頼性は商法上の GoB とは異なる（一部は，貸借対照表真実性に含まれるが）。

・期間化原則（期間帰属の規準に該当する場合）については，厳格な実現原則と不均等原則が適用される HGB と IFRS は異なり，また，IFRS ではこの原則は，一部，異なった解釈となっている。

・不均等原則は HGB では原則として適用される（IFRS の個別基準のなかに損失見越の基準は存在するけれども）。

・HGB は名目資本維持を要求するが，IFRS は名目的購買力／給付経済的な資本維持が許容される。

さらに，以下の原則に関して，HGB と IFRS の間に重要な相違があることが強調される。

・HGB において，貸借対照表作成原則は個別基準を指向する IFRS 会計報告と比較してより重要な意味を持つ。

・HGB において，一部の GoB が法典化され，その他は拘束的規範であるが，IFRS においてフレームワークに定着させた諸原則は個別規準への拘束性を持たない。

・ドイツの慎重性原則および名目価値原則（名目資本維持，取得／製造原価主義）は，国際会計において基本的にわずかの意味しか持たされていない。

・貸借対照表継続性は HGB の場合は IFRS に比して破棄されやすい。

・個別評価原則および実現原則は IFRS に比較してより厳格に適用される。

　・相殺禁止は IFRS に従うと HGB に依る場合よりも多くの例外が存在する。

　・貸借対照表一致は，IFRS の場合，過去の誤謬表示があるとき，例外が認められる。

　このように，Federmann はドイツ商法会計と IFRS の原則構成の相違をみたうえで，IFRS の会計原則について，それらは原則ベースの法体系（prinzipienbasierte Regelwerk）を構成するものでないという[23]。大陸ヨーロッパの立法者は，事態の多様な発現に際して，しばしば，不確定法概念（umbestimmte Rechtsbegriffe）あるいは一般条項（Generalklausel）を法文化して，一般的に承認された解釈方法を介して個別事態に対処してきたという。

　成文法主義をとるドイツの場合も，商法会計法の中軸に不確定法概念，一般条項たる「正規の簿記の諸原則（GoB）」を据え，それと貸借対照表（年度決算書）目的に適合的な会計諸原則との相互の依存関係を通じて，個別の事態に従来から対応してきた。現代化改革以降において，一部，商法上の個別規定においてIFRS会計の要素がみられるとしても，少なくとも，現状では貸借対照表関連的諸原則の体系を崩すような，商法会計法のコンセプトに対する変化をもたらすものではなかったといえよう。

第３節　商法会計法の解釈源泉とその相互関係

　すでに述べたように，商法会計法における法規範はそこに指示される会計目的に照らして解釈され，体系的に運用される。では，商法会計法における法規範に対して解釈源泉はどう位置づけられるのだろうか。以下，ドイツで取り上げられる主要な解釈源泉の BilMoG 以降の状況について，Plaumann の見解を参照しながら考察してみよう。Plaumann は，8つの解釈源泉を取り上げ，つぎのように比較検討している[24]。

　(1)「正規の簿記の諸原則（GoB）」は，帳簿記入については HGB 第238条1項，個別決算書については HGB 第243条1項，連結決算書については HGB 第264条2項において，指示されている一般規範（不文の GoB）である。一般

規範としての GoB は商法の基本原則を介して解釈問題を考慮するため，優越的な解釈源泉の性格を有しており，HGB 規範はこの GoB に照らして解釈され具体化される。一方で，GoB は，とくに HGB 第 252 条 1 項における慎重性原則，実現原則，不均等原則，継続性原則など，法律のなかで明文化され，それらの法典化された GoB は一般的な法規範に高められている。共通しているのは，GoB が状況に応じて慣習法的に発生したこと，法典化がその存在の明確化に役立っているということである。しかし，慣習法は法源泉ではなく，不文の GoB は法源泉を示すものではないことから，不文の GoB をどう識別するかという問題も生ずる。GoB は一般的な商法の価値づけとして帳簿超越的に適用され，2 つの方向で慣習法的性格が付与されている。すなわち，GoB は会計法の一般的な適用を通じてか，もしくは，慣習法に対する一般的承認を通じて根拠づけられることになる。

　(2)「商人の慣行（Kaufmännische Übung)」は，慣習法と商慣習を含んでいる。商慣習はその不統一な普及を通じて影響を及ぼすため，会計法において適用されることはなく，商人間の私法上（営業上）の関係を規制するにすぎない。ただし，諸処の解釈源泉を通じて特徴づけられている商人の慣行は，会計実務における行動様式が確立されると，その規則は慣習法に格上げされる。解釈源泉としては，制度が商人の慣行を受容すれば，その慣行はそのことにより確定され公式的なものとなる。

　(3)「文献（Literatur)」は，すべての解釈源泉を利用して学問的議論に対する多大な貢献を提供し，その他の解釈源泉の意思決定の発見基礎として用いられる解釈源泉間の中心的な結合要素である。会計報告に携わる人的集団は，学問の現実的状況に反応し，自身が受け入れ可能な結果を得るために文献を参照する。立法者もまた立法化の際，学問の支配的意見を指向する。判決は判断準備の際，裁判所決定の根拠として文献を参照し，裁判所は決定を下すべき多くの事案に対して支配的意見に従う。裁判所の判決に対する文献の資源性は，状況によって判例となる効果も持つ。文献はそれ以外に，文献が必要な場所で賛否に対する詳細な指摘を提供するため，立法者の活動及びその他の源泉への批

判的反応にも用いられる。したがって，文献は解釈の修正要因ともみなすことができ，解釈源泉のシステムにおいて重要な地位を引き受けている。

(4)「私的機関（private Institutionen）」は今日，国際会計報告に対する同一方向の活動を通じてその影響を与えている。ドイツ会計基準委員会（DRSC）は，連結会計のために常設された重要な私的機関である。連結決算書に対して策定されるドイツ会計基準（DRS）は事実関係に関わる限り，年度決算書（個別決算書）に対しても影響する。DRSC は，基準設定協定に従い行政の公的な要請を考慮しなければならないとしても，その尺度は税務上の行政規定に対して適用されるものでない。DRS と経済監査士協会（IDW）の公表物とのコンフリクトが生じた場合，第一に DRSC が HGB によって法制化されていること，第二に DRS が連邦法務省（BMJ）による授権を通じてより高度の拘束力があること，第三には IDW の公表物は内部関係においてのみ適用されるため，DRSC の意見が優先される。

(5)「行政規定（Verwaltungsvorschriften）」については，商法上の会計報告に関して，決算書受け手も経済監査士会社も自然人もしくは私法上の法人であるため，原則的に適用されない。経済監査士が帰属する経済監査士協会は公法上の法人であり，行政規定を発することが可能であるが，管轄領域は会計報告でなく，会員に対する職業的事項である。また，連邦経済技術省（BMWi）も商法に対する行政規定を発することができるが，その選択肢はめったに行使されることはない。さらに，年度決算書監査および銀行，金融サービス機関，保険業者，有価証券取引業者の監視のため常設されている連邦金融サービス監督庁（BaFin）は，その活動の枠内で，HGB の附帯法として信用制度法（KWG）を介して会計報告に間接的に影響を及ぼす行政規定を公布することが可能である。

(6)「税法（Steuerrecht）」と商法の間には基準性原則（Maßgeblichkeitsprinzip）が存在する。商法解釈の枠内で，税法が商法の「特別の解釈源泉」に引き上げられるため，連邦財政裁判所（BFH）の判決並びに税務上の行政規定，法律が関連づけられている。基準性原則はまた，税務上の利益算定に対しても深刻な

結果を含意している。ひとつには，所得税法（EStG）第 5 条 1 項の基準性原則の指示により国際化の影響のもとで HGB 規範の変化が次第に編入され，国内税法の統治領域に影響を及ぼすという望ましくない効果を導いている。また，BilMoG を通じて，税法上，逆基準性（umgekehrte Maßgeblichkeit）が廃止されたにもかかわらず，税法は別の方法で，商法に影響を及ぼしている。EStG は形式上，商法の解釈源泉として容認されているために，会計担当者が税政策を考慮して商事貸借対照表を作成することによって事実上の逆基準性も生み出されている。この事実上の逆基準性は，商事貸借対照表と税務貸借対照表にそれぞれ存在する選択権を BilMoG の改革以降，独自に行使することが可能となった結果，その意義は減少したが，他方で，基準性原則の破棄（Durchbrechung）が増大した。この動向は，税務貸借対照表の商事貸借対照表からの解放プロセスの実現の進行を含意する。とくに重要なのは，二つの法領域間で完全な解放が生じた場合，商法の特別の解釈源泉として税法が存在し続けるのかという問題である。

　（7）「判決（Rechtsprechung）」については，連邦財政裁判所（BFH）は基準性原則を通じて，HGB 会計の問題を所得税算定の先行問題とみなしている。その場合，BFH の判決にとって，その先行問題権限の枠組みのなかで，連邦通常裁判所（BGH）の意見が基準となる。ただし，連邦最高裁判所の判決の統一化を保証する法律（RsprEinhG）第 2 条 1 項が，統一的な司法を確保するために，すべての最高裁判所の帰結判決に対する現行判決の結合を規範化しているが，実務上，BFH はそれにかならずしも従っていない。BFH の判断決定の場合，一方で，税務上の目的論と税務上の原則を基礎にして判断し，他方で，商事貸借対照表に対する一般的妥当性の要求に応ずるため，目標衝突が生じている。さらに，判決では，原告と被告が自己の視点からの弁護に利用される以外の解釈源泉も参照することになる。また，判決の解釈プロセスに対する私的会計機関の意義は GoB の導出方法が変化したために失っている。私的会計機関の任務は，諸原則の帰納的導出のための基礎となるように，裁判所の要請のなかで商人の慣行を確認することにあったが，帰納法の意義の低下に基づい

て，私的会計機関による商人実務の確定はもはや必要でない。私的会計機関の専門意見が持つ意義は，かつて経営経済学的研究の不十分な展開のなかで見られたが，現在の多様な文献が判決に対して適切な意思決定補助を提供しており，影響は薄れている。

(8)「国際財務報告基準（IFRS）」は，それが HGB とは異なる目的設定に根拠づけられた独自の会計報告体系を形成しているために，特殊な解釈源泉である。したがって，ドイツ商法におけるこの解釈源泉の受け入れは，特別に考慮しなければならない。GoB の具体化は IFRS が異なる演繹基盤に従うため，IFRS へ遡及することは許されない。文献においては，HGB における IFRS 適用可能性について論争されているが，判決は会計問題を解決する際に，IFRS を関連付けることを認めていない。ただし，欧州裁判所の見解によれば，ＥＵ

図表 5　解釈源泉の相互関係

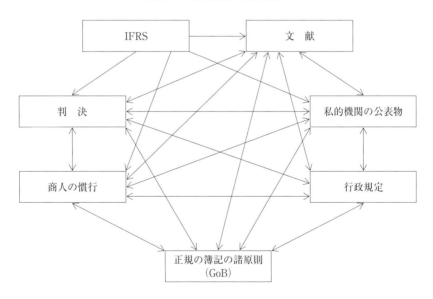

出所：Sabine Plaumann；Auslegungshierarchie des HGB, Ein Analyse der Auslesgngsquellen und bestehender Wechselwirkungen,2012, S.192.　なお，原文で説明用に付された矢印番号は省略した。

で調和化された会計法を解釈する際，IFRS が利用されなければならない。ま
た，商人が HGB 準拠の決算書を作成する場合，IFRS を解釈の範囲で利用す
る限りには，そうした会計方法は慣習法にも発展することができる。

　以上のような解釈源泉の相互関係は，図表5のように示される。ここで，注
目すべきは IFRS の位置関係である。ドイツの会計法規範の解釈に際して，国
内解釈源泉が相互の関係のなかで影響を及ぼしあっているのに対して，IFRS
は，優越的解釈源泉であり法規範でもある GoB との関連性を持っていない。
関連を持つのは商人の慣行，文献，判決，DRSC 等の私的機関の公表物の解釈
源泉のみであり，しかも，それらとの相互関係は存在しない，つまり，IFRS
は商人の慣行，文献，判決等に「情報源」として参照されるとしても，ドイツ
の会計法規範の解釈に際して，直接，影響を及ぼさない，「限られた特殊な解
釈源泉」として捉えられている点であろう[25]。

第4節　会計法規範の階層構造

　さて，あらゆる法体系において，すべての規範の序列を生み出すことは，規
範間に矛盾が生じた場合，どの規範が他の規範よりも法効力を持つのか確認す
るために重要である。そうした会計規範の階層化については，アングロサクソ
ン系の会計基準では，「IFRS-Haus」や「U.S. GAAP-Haus」（FASB 会計基準
のコード化）と呼ばれる基準階層がすでに構築されている[26]。ドイツにおい
て，それに類する一般的に承認された HGB 規範階層というものは存在してい
ない。ただし，IFRS 導入後，「IFRS-Haus」に模して，法規範と解釈源泉につ
いての階層構造がいくつか提起されている。

　以下，IFRS 導入の直前に示された M.Lutz-Ingold の「Haus of German
GAAP」（2005年）[27] と BilMoG 成立以降に示された Plaumann の「HGB 規範
の階層」（2013年）との二つの構想を取り上げてみよう。

　まず，Lutz-Ingold の「Haus of German GAAP」は，法典化規範を中心にし
た理論，義務，指針の3つの局面からなるドイツ会計規準の階層化構想を図表

6のように示している。Lutz-Ingold によれば，ドイツの会計システムの基盤は会計理論（Bilanztheorien）であり，それは上位の会計原則と会計目的を内包する。義務局面の三つの段階は商法会計の中核を形成し，第4段階の DRS は，国際化の進展とそれに結合する会計開示の強化を上乗せする[28]。ただし，DRS を開発する場合，DRSC は国内的，国際的側面で制約を受けており，国内の側面では，DRS は国内規範を侵害することは認められず，国際的側面でも，2005 年の IFRS 導入以降は，ドイツにおける DRS の適用可能性は限定的であるとしている。

Lutz-Ingold の構想は，BilMoG 成立以前の状況のもとで，将来展望として，DRSC の役割に関して，会計基準の開発に求めるのではなく，むしろ IFRS という国際会計システムでは明確に規定されていない会計問題に対して，ドイツ

図表6　German-GAAP Haus（M. Lutz-Ingold）

階層	指針局面	第4段階	ドイツ会計基準（DRS）	DRSC の公表物（下の3つにより限定）		
				GoB の推定	国内立法	適用領域 コンツェルン決算書
	義務局面	第3段階	一般規範	実質的諸関係に合致した写像（GoB の遵守のもとで）		
				財産状態	財務状態	収益状態
		第2段階	法典化しない規範	正規の簿記の諸原則（GoB）		
				商人の慣行	学問的議論	判　決
		第1段階	法典化した規範	会計関連法制		

（下段の第1段階：その他 / 開示法 PublG / 有限会社法 GmbHG / 株式法 AktG / EU 指令 / 商法典（HGB））

理論局面　基礎　会計理論
上位の会計原則　　　上位の会計原則
慎重性原則　　主目的としての成果算定
継続性原則　期間区分原則　副次的条件としての情報伝達　文書記録

HGB 第292a 条の出口

出所：Martin Lutz-Ingold；Immaterielle Güter in der externen Rechnungslegung, Grundsätze und Vorschriften zur Bilanzierung nach HGB, DRS und IAS/IFRS, 2005, S.34.

の国内的環境要因の特殊性に基づき解釈するという解釈源泉としての役割にみ
ている点が特徴であろう[29]。

　一方，Plaumann は，法学的観察法（juristische Betrachtungsweise）によって，
法的効力に重点を置いた会計法規範の階層化構想を示している。Plaumann は，
法解釈の立場から，解釈結果の拘束性（法国家ドイツの権能分配システムのなか
で源泉の地位に応じて規定される）[30]を序列基準とした「HGB の規範階層」を
図表7のように示している。ただし S.Plaumann によれば，法学的観察法その
ものは解釈源泉の品質に対して影響を持つその他の諸要因を度外視しており，
結果の拘束性だけでなくて，その他の序列基準も考慮した経営経済学的観察法
（betriebswirtschaftliche Betrachtungsweise）が，解釈源泉を総体的に評価するた

図表7　HGB の規範構造（S.plaumann）

8 段階		IFRS	税務上の財政規則/EStG	
7 段階		文　献	その他私的機関公表物	
6 段階		IDW（経済監査士協会）の公表物		
5 段階	解釈源泉	商人の慣行	DRSC の公開物	
4 段階		商法上の行政基底		
3 段階		判　例	BFH／BGH	
2 段階		GoB（正規の簿記の諸原則）		
1 段階	法源泉	法規定と法規命令		
基礎	理論	商法典第3編「商業帳簿」の目的		
		資本維持 ⇒ 慎重な損益算定 配当抑制の確保	情報伝達 ⇒ 実質的諸関係に合致した 写像（TfV）	

拘束性の減少

HGB 第 315a 条への出口

出所：Sabine Plaumann, Auslegungshierarchie des HGB, 2012, S.214.

めに意義を持つという。すなわち，経営経済学的観察法の場合，その都度の研究課題に応じて，解釈源泉の拘束性とともに，会計法目的への適合性，適用可能性，無矛盾性，具体化能力，費用集約性といった基準の重要度に応じて総合的に判断し解釈源泉を序列化することが，解釈源泉の品質に適合したすべての意思決定要因を考慮する解釈源泉の階層を作成し得るという。しかし，この方法は観察者の視点に応じて序列基準のウエイト付けが異なるために，統一した結論を得るのは難しいとしている[31]。

　ここで，2つの構想で特徴的なのはやはり IFRS の位置づけである。図表6の場合，法典化された法規範において HGB 第292a 条が，また，図表7の場合は，法源泉において，HGB 第315a 条が出口（Ausgang）として示されている。HGB 第292a 条は1998年 KapAEG により成立した時限立法（5年期限）として資本市場指向企業の連結決算書に対し IAS/US-GAAP の適用を認める開放条項（Öffnungsklausel）であり，その後，EU の IAS 適用命令を転換した2004年 BilReG により，第292a 条を引き継ぎ，US-GAAP を除いた IFRS 適用義務（非資本市場指向企業については選択権）の開放条項を新設したのが HGB 第315a 条である。ちなみに，HGB 第315a 条2項では年度決算書（個別決算書）についても情報提供目的に限定し IFRS の選択適用が認められている。この規定から IFRS は法源泉の性格を持っており，EuGH（欧州裁判所）の判決（2003年1月7日付）も，IFRS に対する開放条項を解釈源泉として容認している（義務的ではない）。しかし，Lutz-Ingold, Plaumann ともに IFRS が法解釈に援用される地位は低い。Plaumann は，解釈源泉として IFRS を容認する多くの議論があるにもかかわらず，国内解釈源泉に比してその存在価値が低いのは，国内源泉がドイツ会計の特性に適合しているからだとし，また，BilMoG の立法経過のなかで，その根拠が示されないまま，法解釈に対する IFRS との関連性がただ高められたからだとしている[32]。

　BilMoG の成立過程で，立法者が示した IFRS への接近（情報機能）と既存の債権者保護（資本維持）の保持の両立という矛盾・両義性は，ドイツ会計法規範の解釈に対する困難性をもたらしているのかもしれない。いずれにせよ，ド

イツの HGB 規範構成における IFRS の地位が不確定であることに変わりはない。

むすびとして

　ドイツでは，2004 年会計法改革法（BilReG）による商法改正以後，開示目的のみに限定して個別決算書への IFRS 任意適用を可能にした。しかし，配当および課税所得算定の基礎となる個別決算書に対しては，商法会計法規範の適用をその後も変わることなく義務づけている。

　2009 年の会計法現代化法（BilMoG）によって行われた年度決算書会計規準の IFRS 対応を前提とした商法会計法の改革は，従前の名目資本維持，債権者保護，そして GoB を基軸とした会計原則構造についてのドイツの商法会計制度の骨格，コンセプトを保持しながら，IFRS に対していわば迂回的対応にとどまったといってよいだろう。したがって，本章で取り上げたドイツの各論者の主張からみても，IAS 適用命令の対象となった資本市場的企業は別として，それ以外の企業に対し IFRS の適用が義務づけられることはドイツでは当面，考え難い。

　しかし，他方において，2009 年の BilMoG 以降，HGB に，費用性引当金計上の原則的禁止（第 245 条 4 項），自己創設の無形固定資産（開発費）の借方計上選択権（第 248 条 2 項 1 文），派生的営業価値またはのれんの借方計上義務（第 246 条 1 項 4 文），金融商品や老齢年金債務（年金引当金）と相殺される制度資産に対して付すべき時価（公正価値）による評価（第 253 条 1 項 3 および 4 文），等の諸規定が改正または新設され，IFRS との接近が図られたこともまた事実である[33]。

　この点，政府法案理由書は，BilMoG が，現行の商法会計法を考慮して商法上の年度決算書の情報水準を「期待できる現実的な範囲」で高めようとしたとしている。しかし，BilMoG を通じて商法会計法は上述のような，個々の計上・評価規定の変更により国際的傾向と IFRS への接近を見せた反面，「商法会計目的と企業開示（Unternehmenspublizität）の差別化・分岐化[34]」が認識

できるとも指摘されている。BilMoG 法案理由書がいう商法会計規定の「IFRS
への適度の接近」は，他方で，商法会計法に対してその資本維持機能と IFRS
流の情報提供機能の目的の両立性から法解釈の適合性をいかに保持すべきか，
適用問題を生じせしめている。

　Plaumann は，商法会計法に対する展望として，つぎのように述べている。
商事貸借対照表と税務貸借対照表とがますます乖離するとともに，税務上の解
釈源泉は，HGB の解釈にとっての意義を失ってくる。欧州，とくにドイツに
おいて IFRS の関連性が増大しているのにもかかわらず，HGB は債権者保護
の必要性に基づき，配当算定貸借対照表の作成基礎にとどまっているが，その
ことは，法の展開が情報を通じた自己資本提供者の保護に傾くことを排除する
ものではない。資本維持と情報伝達の間隙は配当抑制の確立を通じて保証され
ているが，IFRS のドイツ会計報告への影響が増大するなら，その解釈源泉の
地位と価値もまた高まることも可能である⁽³⁵⁾，と。

　BilMoG による IFRS への接近により商法会計法と税法会計法との乖離（基
準性原則の破棄）はますます強まり，資本維持（債権者保護）目的にたつ配当可
能利益算定と情報提供目的上の会計処理の相違について，ドイツでは，税効果
会計から生じた擬制的貸借対照表項目である繰延税金資産も加えて，借方計上
選択権の付される資産に対しては資本維持，債権者保護の観点から配当制限を
付与するという解決の糸口を見いだしている。

　しかし，今後，IFRS 流の情報提供指向の会計実務がさらに進行するならば，
基準性原則の役割を含めて，ドイツ商法会計法における IFRS の位置関係が変
わる可能性も考えられなくもない。問題は，ドイツ商法会計制度のなかで
IFRS という国際的な会計規範の効力が今後どのように変化していくのかであ
ろうし，ドイツの会計改革の将来における道のりも，対 IFRS にとっての商法
会計法の法的安定性という視点でみれば万全の状況にあるとはいえないだろ
う。

注

(1) 2003 年 2 月に連邦政府が公布した「連邦政府措置一覧（10 項目プログラム）」を指す。内容については，以下を参照。Vgl., BMJ, Pressemitteilungen am 25.02.2003, Bundesregierung stärkt Anlegerschutz und Unternehmensintegrität, Maßnahmenkatalog der Bundesregierung zur Stärkung der Unternehmensintegrität und des Anlegerschutzes. / Maßnahmenkatalog der Bundesregierung zur Stärkung der Unternehmensintegrität und des Anlegerschutzes, in: IDW e.V.(Hrsg.), Bilanzrechtsreformgesetz Bilanzkontrollgesetz, mit Begründungen Regierungsentwürfe, Stellungsnahmen der Bundesrates mit Gegenäußerungen der Bundesregierung, Berichten des Rechtausschusses des Deutschen Bundestages Stichwortverzeichnis, 2005.

(2) この間の会計改革の経緯と内容の全体像については，佐藤誠二『国際的会計規準の形成』森山書店，2011 年を参照。なお，ドイツの会計制度改革は，2009 年会計法現代化法以後も EU 会計指令の改正に応じた 2015 年会計指令転換法（BilRUG）による商法改正など，進展をみせている。

(3) K. Küting/Lauer の調査によれば，2010 事業年度に公開された連結決算書 1,885 のうち，IFRS 準拠の連結決算書は 110 事例（5.84％）であり，1,775（94.16％）が HGB 準拠の連結決算書であった。Karlheinz Küting/Norbert Pfitzer/ Claus-Peter Weber, IFRS oder HGB, Systemvergleich und Beurteilung, 2.Aufl., 2013, S.57-58. なお，この点の詳細については，本書第 4 章を参照。

(4) Sabine Plaumann, Auslegungshierarchie des HGB, Ein Analyse der Auslegungsquellen und bestehender Wechselwirkungen, 2012.

(5) Rudolf Federmann, Bilanzierung nach Handelsrecht, Steuerrecht und IAS/IFRS, 12 Auflage, 2010.

(6) Jörg Baetge /Aydin Celik / Markus May；「第 1 章　ドイツ会計の国際化」（邦訳），佐藤博明 / ヨルク・ベェトゲ編著『ドイツ会計現代論』森山書店，2014 年，1-2 頁。

(7) Rudolf Federmann, a.a.O., S.53 u.70.

(8) Ebenda, S.71-72.

(9) Sabine Plaumann, a.a.O., S.23-24.

(10) Rudolf Federmann, a.a.O., S.71,72.

(11) Ebenda, S.72.

(12) Ebenda, S.74.

(13) Ebenda, S.76.

(14) Jörg Baetge/ Hans-Jürgen Kirsch/Stefan Thiele, Bilanzen, 14.überarbeitete Auflage, 2017, S.154.

(15) GoB の法性格と獲得方法については，佐藤誠二『ドイツ会計規準の探究』森山書店，1998 年の第 2 章「ドイツ会計制度と正規の簿記の諸原則―法性格と獲得方法をめぐる論点―」を参照。

(16) Jörg Baetge, Grundsätze ordnungsmaßiger Buchführung, in: Der Betrieb, Beilage Nr.26/86, 1986, S.2.

(17) Rudolf Federmann, a.a.O. S.192,193.

(18) Heinrich Beisse, Rechtfragen der Gewinnung von GoB, in: BFuP, 1990, S.50

(19) Jörg Baetge, a.a.O., S.2,3.

(20) Federmann は，法解釈学的方法の長所は，多様な局面を考慮するという普遍性があるが，優先基準（憲法の優位性，語彙の限定的解釈，歴史的な目的設定の優位性），国の基準策定者の確定，また，法の適用者の価値慣行等を通じて限定づけられるにしても，各獲得局面の結果が分散する場合，結果として解釈が不確定となるという短所を持つと述べている。Rudolf Federmann, a.a.O., S.193.

(21) Ebenda, S.187.

(22) Ebenda, S.266.

(23) Ebenda, S.254.

(24) Vgl. Sabine Plaumann,a.a.O., S.183-222.

(25) Baetge 等も同様に，IFRS を個別の問題について「情報源」として利用することには役立つが，商法上の規範に対して第一次の解釈源泉として援用することはできないとしている。Jörg Baetge/Hans-Jürgen Kirsch/Henrik Solmecke, Auswirkungen des BilMoG auf die Zwecke des handelsrechtlichen Jahresabschlusses, in: Wirtschaftsprüfung, 2009, S.1221-1222.

(26) Vgl. Bernhard Pellens/ Rolf Uwe Fülbier/Joachim Gassen/ Thorsten Sellhorn, Internationale Rechnungslegung, 8.Aufl., 2011,S.103-104. , Henning Zülch / Paul Pronobis ; Die neuen US-GAAP, Auswirkungen des FASB Accounting Standards CodificationTM -Projekt（FASB ASC）, in: Der Betrieb, 62, Jg, 2009, S.2669-2771.

(27) Martin Lutz-Ingold , Immaterielle Güter in der externen Rechnungslegung, Grundsätze und Vorschriften zur Bilanzierung nach HGB, DRS und IAS/IFRS, 2005.

(28) Ebenda, S.32-35.

(29) Ebenda, S.60.

(30) Sabine Plaumann, a.a.O., S.74.

(31) Ebenda, S.216,224.

(32) Ebenda, S.115,116.

(33) 会計法現代化法の成立によって，改正された商法会計基準の内容と特徴については，前掲の Jörg Baetge /Aydin Celik / Markus May「ドイツ会計の国際化」（邦訳）を参照。

なお，改正内容については，本書第8章第1節において論じている。

(34) Karl　Petersen, Christian Zwirner, Rechnungslegung und Prüfung im Umbruch: Überblick über das neue deutsche Bilanzrecht, Zeitschrift für　internationale und kapitalorientierte Rechnung(KoR), Beihefter 1 zu Heft 5, 2009, S.1,2.

(35)　Sabine Plaumann, a.a.O., S.224.

第7章
IFRS が基準性原則に与える影響
―商法会計と税法会計との離反―

は じ め に

　ドイツにおいて，わが国でいう確定決算基準に相当するのが，所得税法第5条1項に規定される基準性原則（Maßgeblichkeitsprinzip）であり，この基準性原則が商法会計と税法会計を連携させる不可欠の法基盤となっている。ドイツにおいて，基準性原則が1870年代に所得税法に創設されて以降，この法基盤をめぐって，多くの租税判決や法改正との関連で，度重ね議論が行われてきた。しかし，2009年のIFRSとの等値化を目指して成立した会計法現代化法（BilMoG）[1] を契機に，基準性原則をめぐる議論は，より深刻な問題を提起しているように思われる。それは，一世紀以上にもわたり堅持されてきた基準性原則の伝統を放棄して，あらたに独立した税務上の利益算定制度を構築すべきか？とする，かつての議論の再燃でもあった[2]。

　本章の目的は，そうしたBilMoGの影響のもとでの基準性をめぐる議論の内容をあきらかにすることにある。以下においては，まずドイツにおける基準性原則の内容を概略し，BilMoGがその基準性原則との関係でどのような課題を担っているのか，商事貸借対照表と税務貸借対照表との離反の観点から検討する。そのうえで，立法者がBilMoGの改革の際に，目標のひとつに掲げた「統一貸借対照表（Einheitsbilanz）」実務の保持について，その存在と将来の可能性について「商法決算書の分析研究」を素材にして考察する。そして最後に，BilMoGによって生じた基準性原則をめぐる現在の議論内容について取りまとめを行ってみたい。

第1節　ドイツにおける商法会計と税法会計

　ドイツにおいて，商法会計は税法会計と緊密に連携している。この連携を根拠づけているのが，所得税法第5条1項に規定される，いわゆる基準性原則（Maßgeblichkeitsprinzip）である。旧所得税法第5条1項1文は実質的基準性の原則，第5条1項2文は形式的基準性（逆基準性）の原則と呼ばれる。前者の実質的基準性の原則とは，商法上の正規の簿記の諸原則（Grundsätze ordnungsmäßiger Buchführung：GoB）に従う会計処理が税務上の会計処理の基準となることを意味する。ただし，この実質的基準性の原則も，わが国と同様に税法上，別段の定めが在る場合には，それが優先する。具体的には，商法上の計上義務，計上禁止は実質的基準性により税務上も適用されるが，税法に別段，計上義務および禁止が定められる場合，それが優先する，商法上の借方計上選択権は，税務上の計上義務となり，商法上の貸方計上選択権は，税務上の計上禁止となる，と解されている。

　これに対して，後者の形式的基準性（逆基準性）の原則は，税法上の特別償却や免税積立金等の租税優遇措置などに関連して規定される税法上の計上選択権が，その行使にあたって商法決算書に同様に行使されることを前提とするもので，わが国の損金経理の要件に類する[3]。

　実質的基準性の原則の制度化は1874年以降，ザクセンとブレーメンの諸邦の所得課税法（Gesetz zur Einkommensbesteuerung）にまで遡るが[4]，形式的基準性（逆基準性）原則の歴史はそう古いものでない。形式的基準性原則（逆基準性原則）は1990年の租税改革法（Steuerreformgesetz）を通じて所得税法に導入された。この形式的基準性原則（逆基準性原則）については，これまで，商法上の正規の簿記の諸原則の実質的基準性の適用除外とみる狭義の見方とそれは基準性原則の形式的なあらわれであり，基準性原則の一部であるとする広義の見解がある[5]。

　しかし，形式的基準性（逆基準性原則）の導入以後，税法の商事貸借対照表

に対する実質的支配による商法会計法の空洞化が生じているという批判もあり，また資本市場に対する情報提供機能を重視する会計の国際化が進展するなかで，商法会計に対して税法が基準性原則（形式的基準性も含めて）を保持すべきか，あるいは放棄すべきかの議論が提起されてきた。とくに，会計国際化に伴う基準性原則の廃止ないし見直し論は，欧州委員会が提示した 1995 年の「会計領域における調和化：国際的調和化の観点からの新しい戦略[(6)]」に対するドイツ会計基準委員会（DRSC）の公式意見書などを中心に 1990 年代後半頃から活発に議論されてきた。とくに 1998 年の資本調達容易化法（KapAEG）により，商法に IAS/US-GAAP 適用の解放条項が導入されたとき，基準性原則の維持をめぐって，税法研究者のあいだで，その将来に対する懸念も表明されていた。

　2009 年 BilMoG の成立により，結果として，所得税法第 5 条 1 項の修正が施された。所得税法第 5 条 1 項 2 文は，税法上の租税優遇措置などに関連して規定される税法上の計上選択権が，その行使にあたって商法決算書において同様に行使されることを前提とする形式的基準性（逆基準性）の原則を定めてきたが，BilMoG の成立により，所得税法第 5 条 1 項を以下のように改正し，第 5 条 1 項 1 文の実質的基準性を堅持しながら，2 文の「利益算定に際して税法上の選択権は商法上の年度決算書と一致して行使されなければならない」とする形式的基準性（逆基準性）の規定を廃止した。

　所得税法第 5 条 1 項
　（旧規定）
　法規定に基づき帳簿を記帳し，正規の決算を義務づけられる，もしくはかかる義務を伴わずに帳簿を記帳し正規の決算をおこなう事業者は，営業年度末に商法上の正規の簿記の諸原則に従い表示されるべき経営財産を計上しなければならない。利益算定に際して税法上の選択権は商法上の年度決算書と一致して行使されなければならない。
　（新規定）

　法規定に基づき帳簿記入し正規の決算を行うことが義務づけられる，もしくはかかる義務を伴わず帳簿記入し正規の決算を行う事業者は，税務上の選択権を行使して異なる計上が選択される場合を除いて，営業年度末に商法上の正規の簿記の諸原則に従い表示される経営財産を計上しなければならない。税法上の選択権を行使する上での前提は，商法上の基準となる価値をもって税務上の利益算定に表示されない経済財が，特別に，継続した記録簿に収容されていることである。記録簿において，調達もしくは製作の日付，調達原価もしくは製作原価，行使される税務上の選択権の規定，実施される減額記入が証明されなければならない。

　上のような所得税法第5条1項2文の廃止に伴い，HGB において，これまで形式的基準性（逆基準性）の原則に基づき税法上の非課税準備金を商事貸借対照表に設定する開放条項（Öffnungsklauseln），たとえば，HGB 第247条3項「準備金的性格を伴う特別項目」，第254条「税法上の減額記入」が廃止された。また，実質的基準性（所得税法第5条1項1文）を補強するために，税務中立性を保持しつつ，これまで税法上は，認められなかった費用性引当金および自己目的引当金に対する計上選択権（商法典第249条1項3文および2項），理性的な商人の判断による減額記入に対する評価選択権（商法典第253条4項）等が削除され，商法と税法との調整がなされた。他方で，IFRS と同等性を担保するために新規に導入された付すべき時価（beizulegender Zeitwert: 公正価値 fair value）の導入（商法典第255条4項），自己創設の固定資産たる無形資産に対する計上選択権（商法典第268条8項）などについては，税務中立性を保持するだけでなく，商法上の配当制限措置が設けられることとなったのである。

第2節　会計法現代化法と基準性原則

1．会計法現代化法の税務中立的転換

　2009 年 5 月，ドイツにおいて，BilMoG が成立した。この立法は，1985 年商法改正以降，ほぼ四半世紀にわたって展開されてきた資本市場指向（kapitalmarktorientiert）の会計改革のいわば最終局面を示したものである。とくに，1995 年に欧州委員会が公表した新会計戦略により，EU が域内共通の会計基準の開発とそれによる加盟各国会計基準の調和化を断念し，アングロサクソン型の IFRS を導入・適用する開放政策を採ることを公表して以来，ドイツの会計改革も他の加盟国と同様に，IFRS への対応を中心課題としてきた。BilMoG のはか，1998 年資本調達容易化法（KapAEG）[7]，企業領域統制・透明化法（KonTraG）[8]，2004 年の会計法改革法（BilReG）[9]，会計統制法（BilKoG）[10] など，この 10 年間の度重なる会計法改革で絶えず議論されてきたのは，IFRS と既存の EU 会計規準に対する国内会計法との適合性，整合性をどう担保するのかという課題であった。

　ただし，2004 年までの会計法改革は，主として資本市場において有価証券が取引認可される資本市場指向企業の連結決算書に対して IFRS を開放するという限定的範囲での制度改革であった。非資本市場指向の中小規模企業，そして配当規制，課税所得の算定と密接な関わりをもつ個別決算書を対象とする制度改革は部分的なものにとどまり，本格的改革はそれ以降の改革に委ねられていた。2009 年に成立した BilMoG は，そうした課題を担い，具体的には 2003 年 3 月に提示された「企業健全性と投資者保護の強化に関する連邦政府の措置一覧[11]」いわゆる「10 項目プログラム（10-Punkte-Programm）」の最終局面の立法措置であった[12]。

　2007 年の BilMoG 参事官草案における理由書は，この BilMoG の立法について，以下のように述べている。「本草案は会計法と決算書監査法における改正を規定する。会計法の現代化により，企業に対して，国際財務報告基準（IFRS）

166

との関連において等価値であるが簡便でコストパフォーマンスの良い選択肢を提供するという目標が追求される。その場合，商法上の年度決算書は利益配当の基礎でありつづけるし，税務上の利益算定に対する商法上の年度決算書の基準性の優位性は保持され，したがって，商法会計の要諦（Eckpunkte）は存在し続ける[13]。」と。

同様の位置づけは，連邦政府法案の理由書にもみられるが，BilMoGの成立に際して，改革は税務中立的転換を前提としたものであって，商法上の利益算定とともに税務上の利益算定の基礎としての商事貸借対照表の機能を確認したものであった。しかし，こうした税務上の利益算定の目標は，商法上の年度決算書の情報水準を高めるという主要目標とは競合状態にある[14]。

N.Herzigによれば，BilMoGの目標競合は，商事貸借対照表と税務貸借対照表との同期化の負担へと広く落とし込む妥協を求める。資本市場の情報要求をますます指向することは，とりわけ形式的基準性の課題のなかで，商事貸借対照表の税務的変形を取り除くことが不可欠であったこれまでの統一貸借対照表（Einheitsbilanz）思考に反することになる。従来，形式的基準性を通じて保護されてきた租税優遇措置の強制的計上がなくなり，税利益への配当の危険は貸方潜在的租税（繰延税金負債）の形成を通じて取りのけられている。立法者は形式的基準性の放棄をもって，税法の所有者／均衡命題を広範に基礎づけた。税務貸借対照表の商事貸借対照表からの解き放しは，BilMoGを通じてもたらされた税所得の確保に必要な実質的基準性の破棄（Durchbrechungen）を通じてますます強められるだろうという[15]。

N.Herzigに限らず，この実質的基準性の破棄はBilMoG以降もまた，広範囲に継続するのではという問題提起が多くの論者からもなされている。

2. 基準性原則の破棄の増大

基準性原則の破棄とは，V.Breitheckerに従えば，個々の会計において異なる貸借対照表計上や評価とその結果として，商事貸借対照表と税務貸借対照表の離反をもたらすような状況をいい，会計外部の修正を通じて影響を及ぼす損

益作用的な状況はそこに含められない (16)。

　V.Breithecker によれば，基準性原則の破棄は，所得税法第 5 条 1 項 2 文の逆基準性の廃止以降，税務上の（正規の簿記の諸原則に反する）選択権から将来も生ずる。逆基準性に基づき BilMoG の発効前に存在し，商事貸借対照表に収容された選択権は保持され，加えて，基準性原則の破棄は，既存の基準性の破棄だけでなく，所得税法第 5 条 1 項 2 文の逆基準性の廃止以降，税務上の（正規の簿記の諸原則に反する）選択権から将来も生ずる。そして，逆基準性の廃止を通じて独立して税務貸借対照表に作用する税法上の選択権は，商事貸借対照表と税務貸借対照表との離反に影響を及ぼすことになる。V.Breithecker は，近年，基準性の破棄の数は明らかに増大しており，その背景について，K-D. Drüen の言葉を借りて，「連邦財政裁判所（BFH）の判決は，基準性原則の内容を注文に応じて形作っている。立法者はそれに応じて立法措置で取り繕い，水を汲みだすように『数多くの破棄』を利用している (17)」とも述べている。

　このように，商法と税法による異なる貸借対照表計上や評価の離反は，借方潜在的租税（繰延税金資産）および貸方潜在的租税（繰延税金負債）に関わる差異として存続し，またむしろ増大するだけでなく，基準性原則の破棄が，BilMoG 以降においてますます強まるとみる見解は少なくない (18)。

　いま，ここで BilMoG によって，今後，基準性原則の破棄（商事貸借対照表と税務貸借対照表との離反）をもたらすと考えられる商法規定のいくつかについて，税法との関連で例示的に取り上げれば，つぎの通りである (19)（なお，BilMoG を通じて改正された商法規定が，税法規定との関係で相違が生じているか否かを一覧した章末の付表も参照のこと）。

　a）売買目的で取得した金融商品の評価

　HGB 第 55 条 4 項に基づき，売買目的で取得した金融商品は将来，付すべき時価（公正価値）で評価することができる。この金融商品には，たとえば，デリバティブの形態での未決取引も含まれる。一方，税法でも，HGB 第 255 条 4 項に合わせて所得税法第 6 条 1 項 2b 号に同様の規定が新設されたが，税法では，未決取引の計上は基準性原則を介して適用される実現原則および慎重性

原則に対する違反とみなし認められていない。

b）不確定債務に対する引当金の計上

所得税法第5条4a項によれば，未決取引から生ずる偶発損失に対して引当金を計上することは認められていない。これに対して，商法では，未決取引から生ずる偶発損失が不確定債務に対する引当金のもとで認められており，第249条に従い貸方計上義務となる。なお，不確定債務引当金には公法上の債務に対する引当金も属するのに対して，連邦財政裁判所の税務判決は，そこで，税務上の貸方計上について，商法の取り扱いとは厳格な境界線を敷いている。

c）年金引当金の評価

年金引当金については，所得税法第6a条は，商法と比較して，限定的貸方計上規定が存在する。基本的には，有資格者が28年の生存年を完了し，撤回条件は必要でなく，法請求に根拠づけられた書式が順守されなければならない。その限りでは，計上根拠による破棄は示されない。

金額について，商法は履行日基準，税法は決算日基準の評価である。HGB第253条1項2文は，将来の価格および費用の増加を考慮したもとでの「履行額」による評価を要求する。これに対して，所得税法第6a条3項1号および2号に従い，税法上は，「貸借対照表決算日の状況に応じて生じた」，部分価値（Teilwert）での金額を目指さなければならない。この税法上の評価留保権は，将来，商事貸借対照表と税務貸借対照表の離反をもたらす。加えて，年金引当金について，所得税法第6a条3項3号では，6％の利子率での割引計算が，他方，HGB第253条2項はドイツ連邦銀行が毎月指示する6年間の平均市場利子率を用いた割引計算が要請される点で相違が存在する。

d）営業価値の償却

HGB第246条1項4文に従い，有償取得の営業価値については，商法上，借方計上義務が存在する。税法においても，所得税法第5条2項の規定を通じて，商事貸借対照表に関わらず有償取得の営業価値の借方計上が要請されている。その点では，当初計上について商事貸借対照表と税務貸借対照表の離反は存在しない。しかし，継続評価に際して，有償取得の営業価値はHGB第253

条3項により計画的にその耐用期間にわたって減額記入（償却）されなければ
ならず，その場合，経営慣行的耐用期間が5年を超えるときには附属説明書に
おいてその理由が記載されなければならない。所得税法第7条1項3文では，
耐用年数を15年と定めており，検証可能な理由がなければ，耐用期間につい
て商事貸借対照表と税務貸借対照表との離反が生ずることになる。

　e）流動資産たる資産の減額記入

　流動資産たる資産は，長期的に価値減少が見込まれる場合，税務上，より低
い価値をもってのみ，減額記入される。一方，商法上はさらに，HGB 第254
条4項に従い，一時的な価値減少の場合にも，減額記入の義務が与えられてい
る。この異なる取り扱いは，一時保有の金融商品の場合の，付すべき時価（公
正価値）の一時的価値減少にも該当する。

　f）負債と制度資産（年金資産等）との相殺

　HGB 第246条2項によれば，商法上，（老齢年金義務）負債の履行にもっぱ
ら用いられる 制度資産（補填資産）と負債との相殺計算が許容される。税務上
は借方計上能力のない経済財が存在するときに限り相殺計算が許容される。借
方計上能力ある経済財が存在する場合，税務上は，相殺は行われず総額計上さ
れることになる。

　たしかに，BilMoG の法改正によっても，商法会計と税法会計において実質
的基準性が保持され，両者は相互に結びついている。立法者により形式的基準
性（逆基準性）は放棄されたが，商事貸借対照表の税務貸借対照表に対する基
準性は，基準性の破棄が増大しているにしても存続している。しかし，その場
合，K.Petersen／C.Zwirner は，「信頼しうる GoB のシステムも統一貸借対照
表の作成に対する基盤的可能性も断念されていない。逆基準性の原則はたしか
に放棄され，単純な基準性は多くの箇所で破棄が生じており，統一貸借対照表
の現実的な作成可能性は，それによって実務上，疑いをもたれている。（商法
上，残存する）個々の選択権をフルに使用するなら，統一貸借対照表の作成は
ほとんど，可能でない。個々の商法上の選択権の行使を断念するほんの限られ
た場合にのみ，統一貸借対照表の作成が今後も可能となるにすぎない[20]」と

いう。

　K.Petersen / C.Zwirner は，ドイツでは，BilMoG 以降，基準性原則の破棄
（商事貸借対照表と税務貸借対照表との離反）が拡大し，今後，統一貸借対照表を
作成する実務が継続できないと述べている[21]。したがって，基準性原則の破
棄の問題は，BilMoG の立法に際して立法者が提示した，「統一的貸借対照表
の実務」の作成が実務上，現実に担保される状況にあるのか，その問題と合わ
せて一体的に検討されなければならないだろう[22]。

第3節　会計法現代化法と統一貸借対照表

1．会計法現代化法前の統一貸借対照表実務

　連邦法務省のプレスリリースは，会計法現代化法（BilMoG）の立法に際して
つぎのように報じている。

　「会計報告義務あるドイツ企業の大多数は資本市場に要求を有していない。
したがって，会計報告義務企業のすべてに費用負担を強いて，非常に複雑な
IFRS を義務づけることは正当ではない。最近，IASB が公表した『中小企業
版 IFRS』基準案も情報能力ある年度決算書の作成にとって実用的な選択肢で
もない。この基準案はその適用が商法会計法と比較して一層複雑で費用負担を
強いるためにドイツの実務において厳しく批判されている。BilMoG は，した
がって，別のアプローチを採る。商法会計法を国際的会計基準とほぼ同等であ
り，本質的に費用節約的で実務においてより簡単に対応しうる法装置へと改造
することである。その場合，とくに商法会計法が税務上の利益算定および配当
測定のための基礎であることを保持する。とりわけ中小規模企業については，
上述の目的すべての基礎となる法装置，いわゆる統一貸借対照表
（Einheitsbilanz）がそれを可能とする[23]。」

　統一貸借対照表については，ドイツにおいて，その明確な定義は存在しない
が，理念的には，商法目的にも税法目的にも資する単一の貸借対照表を意味し，
とくに中小規模の企業については，法人税申告の際に広く用いられる貸借対照

表がそれに該当する[24]。ドイツの中小規模の企業の多くは，法人税申告の際に，実質的に税務上の措置が施された統一貸借対照表を作成する慣行が実務においてひろく定着しているといわれる。ドイツでは税務貸借対照表についても法定義はなく，商事貸借対照表は本来的貸借対照表であり，税務貸借対照表とは，通常，この商事貸借対照表から誘導され，商事貸借対照表に修正計算を加えた貸借対照表を指すことが多い。年度決算書の作成，監査，公示に関して簡便化・免責措置がある中小規模の企業の場合は，修正計算を商事貸借対照表に取り込み，税法を考慮した商事貸借対照表と税務貸借対照表の兼用の統一的貸借対照表を作成し法人税申告に用いる実務が一般的慣行として定着しているといわれている。

　BilMoG は，国際化対応とはむしろ逆行して，現代化した商法会計法に対する規制軽減の観点から中小規模企業に対するこの統一貸借対照表実務を継続的に維持しようとした[25]。しかし，この統一貸借対照表の作成実務が現実にどのような状況にあるのかについて，文献上，多くの推論が存在している反面，経験的認識は僅かにすぎない。

　DRSC（ドイツ会計基準委員会）のアンケート調査（2007 年）によれば，ドイツの中小規模の企業の多くは，年度決算書の役割として，税務上の利益算定を求め，また，可能な限り，統一貸借対照表を作成しているという。

　DRSC は，IASB が 2007 年 2 月に公表した「中小企業版 IFRS 草案[26]」を受けて，そこで定義される中小企業（Small and Medium-sized Entities）に相当するドイツの企業 4,000 社に対して，質問票による意識調査を実施した。その調査において，「年度決算書の機能の重要性」を質問した項目について，情報提供機能を重要と回答する企業は少ないのに対して（潜在的な投資家に対する情報提供，顧客に対する情報提供，従業員に対する情報提供，仕入先に対する情報提供の各項目に対して，重要性が無いもしくは僅かとする回答数は，それぞれ 81％，77％，77％，74％），課税所得の基礎の項目の重要性が高いないしかなり高いとする回答数は，86％の割合もあった。また，「可能な限りで統一貸借対照表を作成しているのか」の質問項目については，79％の企業が作成していると回答

している[27]。

しかし，この DRSC の調査は，あくまで，公開義務ある中小規模の資本会社のみを対象としたものであって，そこで得られたデータも資本会社の意識を示したものにすぎず，実務実態をしめすものでない。

その点，BilMoG の立法過程において，立法者が保持を表明した「統一貸借対照表実務」の状況の実態を知るうえで，参考になる資料のひとつが，DRSC が 2007 年実施した調査の編集を担当した A.Haller 等の商法決算書分析であろう。

A.Haller 等は，2006 年～ 2008 年の商法決算書を分析対象にその 3 年間の営業年度において，任意抽出のドイツの大中小規模それぞれ 100 の資本会社（総数 900 の商法決算書）が，つぎの 2 つの視点からどのような会計選択行動をとっているのかについて分析，推定している。なお，そこでは，対象企業が統一貸借対照表の作成，ないし作成を意識しているか否かについての判断にあたって，取得した情報が統一貸借対照表の作成に対して肯定しているか，否定しているかを，それぞれ積極的指標，消極的指標に区分して分析を試みている。

　問 1　企業は実務において，統一貸借対照表を作成し得るのか？
　問 2　企業は可能な限り，統一貸借対照表を作成する意図を持っているのか？

　問 1 は，適用義務ある商法規定と税法規定の適用が，統一貸借対照表の作成を排除するような，両規定の対立的な関係が企業実務においてみられるのか否かを問題としている。この場合，商法と税法がそれぞれ規定する，選択された強制的規定に各規模別の資本会社がどのような会計選択を行っているかが分析される。そして，この問 1 に対する分析項目と分析結果を示したのが図表 1 と図表 2 である。

　図表 2 からは，選択した（商法と税法とで強制規定が異なる）事象については，商事貸借対照表において税務貸借対照表と異なる（統一貸借対照表の作成に消極的意味を持つ）会計処理が企業の実務において頻繁に行われており（300 社の企業で延べ 427 回），そこからは，統一貸借対照表の作成が現実には一定の取

図表1　選択した強制的離反のある事象

	事　象	商法基準	税法基準	否定的要素
1	偶発損失引当金	HGB第249条1項1文により計上義務	所得税法第5条4a項1に従う計上禁止	商事貸借対照表に計上
2	貸方潜在的租税	HGB第274条1項1文により計上義務	計上なし	商事貸借対照表に計上
3	1年を上回る経過期間の一時的債務	HGB第253条3項1,2文により返済額での計上義務	所得税法第6条1項3号に従う計上義務	商事貸借対照表に返済額で計上
4	流動資産における一時的価値減少	HGB第253条1項1文により減額記入義務	所得税法第6条1項2号に従う減額記入禁止	商事貸借対照表に減額記入

出所）　Axel Haller / Eva Honors / Johann Loffelmann; Die einheitliche Erstellung von Handels- und Steurbilanz, Der Betrieb,Nr.16, S.886.

図表2　各事象に対する消極的指標

	事　象	小規模	中規模	大規模	合計
1	偶発損失引当金	2	12	23	37
2	貸方潜在的税	1	0	0	1
3	1年を上回る経過期間の一時的債務	60	67	57	184
4	流動資産における一時的価値減少	42	76	87	205
	合　計	105	155	167	427

出所）　Axel Haller / Eva Honors / Johann Loffelmann; a.a.O., S.886.

引事象を通じて妨げられていることが推論されている。なお，潜在的租税の事象についての消極的指標は，小規模資本会社に1件のみとなっていて特別の解釈を要する事例である。また，中規模，大規模資本会社については，年度決算書において貸方潜在的租税（繰延税金負債）についての記載がないため，貸方潜在的租税が存在しないか，もしくは借方の潜在的租税剰余と相殺していることが考えられるという。

　問2において重点に置かれているのが，商法と税法における処理が異なって規定されており，両者の規定のうち，商法の選択権が順守される事象である。選択された事象と分析結果は，それぞれ図表3，図表4および図表5に示される。

図表 3　商法会計と税法会計の選択可能な不一致がある事象

	事　象	商法規定	税法規定	積極的指標	消極的指標
5	営業価値または のれんの償却	商法典 第255条4項	所得税法 第7条1項	耐用期間 15年に一致	耐用期間 15年に不一致
6	固定資産たる 稼働資産の 減価償却	商法典 第253条3項	所得税法 第7条1，2項	逓減 （最大30%）	逓減償却は否定
7	建物固定資産の 減価償却	商法典 第253条2項	所得税法 第7条4項	典型的な 耐用期間	経済的推定による 耐用期間の確定
8	社債発行差金の 処理	商法典 第250条3項	所得税法第5条 5項5文1号	商事貸借対照表に 借方計上	商事貸借対照表に 借方非計上
9	製作原価の 構成要素	商法典 第255条2項 3文	所得税法 通達6.3	間接材料費，製造 間接費および製造 特別直接費の算入	間接材料費，製造間 接費および製造特別 直接費の不算入
10	借方潜在的租税	商法典 第274条2項	—	商事貸借対照表に 非計上	商事貸借対照表に 計上
11	棚卸資産の 評価簡便法	商法典 第255条4項	所得税法 第6条1項2a	LIFO もしくは 平均法	LIFO もしくは 移動平均法
12	年金引当金の 割引	—	所得税法 第6条3項3文	商事貸借対照表に 6% 利子率を利用	商事貸借対照表に 6% でない利子率を 利用
13	僅少の経済財	—	所得税法 第6条2，2a項	GWG の特別償却	税法規定を不適用

出所）　Axel Haller / Eva Honors / Johann Loffelmann ; a.a.O., S.887.

　図表 4 からは，すべての企業にわたって積極的指標の多いことがわかる。規模別の件数のばらつきは，小規模資本会社について統一貸借対照表の重要度が少ないというより，開示条件の相違に起因すると考えられている。また，中規模および大規模資本会社に対して，いくつかの事象（のれん，年金引当金）について，規模別の相違がつよくみられる。これに対して，図表 5 における消極的指標は少ない。個別事象については，わずかの資本会社のみが税法の厳格な特別の条件から離反していることがわかる。

　A.Haller 等が実施した商法決算書分析には，その他，事象別の会計処理について立ち入った分析や附属説明書（Anhang）における記載事項の分析なども加えられているが，最終的に彼らが BilMoG 以前の会計実務状況への分析から得た推定を要約すれば，つぎのようになる。

（1）統一的貸借対照表を作成する実務の転換可能性に関しては，つぎの認識

図表4　選択可能な不一致に関する積極的指標

	事　象	小規模資本会社	中規模資本会社	大規模資本会社	計
5	営業価値またはのれんの償却	0	6	16	22
6	固定資産たる稼働資産の減価償却	47	34	44	125
7	建物固定資産の減価償却	63	44	42	149
8	社債発行差金の処理	3	16	14	33
9	製作原価の構成要素	20	42	45	107
10	借方潜在的租税	0	0	1	1
11	棚卸資産の評価簡便法	3	16	38	57
12	年金引当金の割引	19	39	53	111
13	僅少の経済財	88	96	90	274
	合　計	243	293	343	879

出所）　Axel Haller / Eva Honors / Johann Loffelmann , a.a.O., S.887.

図表5　選択可能な不一致に関する消極的指標

	事　象	小規模資本会社	中規模資本会社	大規模資本会社	合計
5	営業価値またはのれんの償却	0	2	1	3
6	固定資産たる稼働資産の減価償却	27	48	37	112
7	建物固定資産の減価償却	0	0	0	0
8	社債発行差金の処理	0	0	0	0
9	製作原価の構成要素	0	0	0	0
10	借方潜在的租税	0	1	2	3
11	棚卸資産の評価簡便法	0	1	0	1
12	年金引当金の割引	0	6	13	19
13	僅少の経済財	0	0	0	0
	合　計	27	58	53	138

出所）　Axel Haller / Eva Honors /Johann Loffelmann, a.a.O., S.887.

　　が提供される。すなわち，商法と税法において離反した強制規定がある場合，商事貸借対照表と税務貸借対照表における会計上の模写は相互排他的で，そうした企業実務が頻繁におこなわれており，企業にとっての統一的貸借対照表を作成し得る可能性は相対的に僅かとなる一定の状況が明らかに存在する[28]。

(2) 様々な選択権や決算書において明示された記載についての分析からは，多くの企業が税法規定の適用を選択していることがわかる。多くの場

合，そうした企業は，おそらく商事貸借対照表とその機能よりも税務貸借対照表を優先させた統一的会計処理を望んでいることが推定される。その場合，主要な目標は，より低い会計経費と税務上の優遇措置（特別償却，特別項目）による税負担の軽減を可能な限りもとめることが考えられる。この結果は，しばしば文献において擁護される，商事貸借対照表における会計政策上の余地の行使が実質的に税務上の決定因子に影響されているという主張を裏づけている⁽²⁹⁾。

　以上においてみた A.Haller 等の分析は，BilMoG 成立以前の法規定に従い作成された決算書を対象としたものであり，得られた結果も BilMoG 以前の実務状況を導出したもので，それが，BilMoG 以降の法状況において，どれほど有効性を持ちうるのか，限定的意味を持つにすぎないとしている。しかし，今後，ドイツの統一貸借対照表の作成実務がどのように推移するのか，経験的研究の乏しいなかで，A.Haller 等の分析は一定の示唆を与えてくれるものといえよう。

2. 統一貸借対照表と電子貸借対照表

　なお，A.Haller 等が，つぎのように指摘している点も注目される。「調査した事象のいくつかにおいて，BilMoG による改正は商事貸借対照表と税務貸借対照表における会計処理の相違と統一貸借対照表の原則的な制約をもたらしている。貸借対照表の収斂の可能性に対して明らかな影響をあたえると予想できるもうひとつの改正として，おそらく，一方では，税務貸借対照表の一層の独立の道を開き，他方で，詳細な項目分類・区分規定を通じて—とくに中小規模の企業に対して—商法上の年度決算書の形成に『基準的に』影響する，いわゆる電子貸借対照表（E-Bilanz）を指摘できる⁽³⁰⁾。」

　ドイツでは，2013 年から「電子貸借対照表制度」（電子申告制度）が導入された。当初は，2011 年 1 月 1 日以降に開始する営業年度からの適用が予定されていたが，適用延期令（Anwendungszeitpunktverschiebungs-Verordnung）により，2013 年 1 月 1 日以降に開始する営業年度からいわゆる E-Bilanz の電子

送信が義務づけられている⁽³¹⁾。

　電子貸借対照表制度の導入に応じて所得税法第5b条1項の規定はつぎのように改正されている。

　「第4条1項，第5条もしくは第5a条による利益を算定するとき，貸借対照表もしくは損益計算書の内容は，公的に規定されたデータ構造に従い，データ遠隔移送を通じて伝達されなければならない。貸借対照表が税務規定に合致しない計上もしくは金額を含むならば，当該の計上もしくは金額は，補足もしくは注記を通じて税務規定に適応させ，公的に規定されたデータ構造に従い，データ遠隔移送を通じて伝達されなければならない。納税義務者は，税務規定に合致した貸借対照表もまた，公的に規定されたデータ構造に従い，データ遠隔移送を通じて伝達することができる。」

　ドイツの納税義務者は，この新設の所得税法第5b条に基づいて，①税務上の調整計算を伴う商事貸借対照表および商法上の損益計算書，②税務貸借対照表および商法上の損益計算書書類のどちらかを選択して履行される，択一的な電子伝達が義務づけられることとなった（図表6を参照）。

　こうした電子貸借対照表制度の導入は，将来，独立した税務上の利益計算への架け橋になるとの主張がA.Haller等だけでなく，N.Herzig も，電子貸借対照表制度は，「商事貸借対照表と税務貸借対照表との相互作用について新たな一章を生み出すだろう⁽³²⁾」としている。

　今後，統一貸借対照表に代替する独立した税務上の利益計算に電子貸借対照表がどう関わることになるのかは，いまだ不透明である。しかし，税務申告には，これまで旧所得税施行法第60条に従い，税務上の調整計算を伴う商事貸借対照表ならびに商法上の損益計算書もしくは商法上の損益計算書を伴う税務貸借対照表を付すことが求められてきたが，今後はそれが紙媒体ではなく，所得税法第5b条に基づき電子申告（E-Bilanz）によって行われることになる⁽³³⁾。とくに，形式的基準性が廃止された以降の税務上の調整計算の煩雑さと費用負担の増加が指摘されるなかで，このE-Bilanzが果たす意味は少なくないことは事実であろう。

図表6　E-Bilanz の可能な報告形式

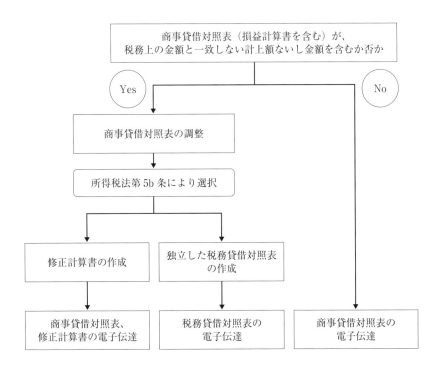

出所：Dr.Kleeberg & Partner GmbH、E-Bilanz Prüfen – planen – profitieren
　　　（http://www.kleeberg.de/fileadmin/download/e-bilanz/Kleeberg_Praesentation_E-
　　　Bilanz_August_2013.pdf）、S.24. の図表を一部、加筆して利用。

むすびとして

　連邦政府法案の理由書では，つぎのように述べられている。「IFRS との関
係で生み出された商法上の年度決算書の比較可能性は，所得税法に収容される
逆基準性の原則（所得税法第5条1項2文）の放棄を条件付けている。他方で，
その年度決算書が基準性原則に基づいて貸借対照表を作成する商人の税務上の
給付能力を写しだすという従来からの役割を引き続き果たすことができるか否
かを吟味しなければならない。したがって，個々の給付能力を指向する課税を
保持するために，また EU 局面で統一した連結法人税上の測定基礎を生み出す

という観点のもとでも，独立した税務上の損益計算（eine eigenständige steuerliche Gewinnermittlung）が必要なのか否か，そして必要ならばそれをどのように構想すべきかが分析されなければならない[34]。」

たしかに，ドイツの立法者は，BilMoG の成立をもって，商法会計法と IFRS との近似化（同等性）をはかると同時に，ドイツ商法会計の「要諦（Eckpunkte）」を確保しようとした。BilMoG 以降も，商法上の年度決算書は利益配当の基礎であり続けるし，税法上の利益算定に対する商法上の年度決算書の基準性に優位性も保持されると述べている。

しかし，本章の2節でみてきたように，商事貸借対照表と税務貸借対照表との離反（基準性原則の破棄）は，情報提供目的を中心とする（資本市場指向の）商法会計規定の改定と形式的基準性（逆基準性）の廃止を通じて，さらに強まることが予想されている。他方，立法者の意図に従えば，新商法会計規定とそれに基づく年度決算書は，（実質的）基準性を介して給付能力原則に応じた租税測定基礎を算定する基礎を提供するものでなければならない。また，立法者が言う，中小規模企業のための「統一貸借対照表の実務」の維持にしても，本章の4節でみた分析からして，基盤となる基準性原則の揺らぎ（破棄）がその将来を危ぶませている。そこに，立法者が政府草案の理由書において，商法の会計規定の IFRS に対する「適度な接近（maßvolle Annäherung）」と「独立した税務上の損益計算」の必要性の検討に言及せざるを得なかったひとつの要因があったように思われる。

ドイツの商法会計制度は，BilMoG の改革を通じて商法上の決算書の情報提供能力を高め，IFRS に適応した。しかし，それは，他方において，情報提供機能と競合する配当測定と課税所得測定の基礎としての商法決算書の伝統的機能の維持や中小規模企業への規制軽減を図るために，IFRS に対して「現実的かつ可能な範囲」での緩やかな会計改革でもあった。そして，立法者のこの「両義性（Ambiguität）」を持つ改革は，現在，ドイツにおいて100年以上にわたって堅持されてきた基準性原則の存在を問うほどの議論を招来せしめている。今後，商法会計制度が基準性原則をどう位置づけ，税法会計との連携に取

り組んでいくのかが課題となっていくことが予想される。

注

(1) Gesetz zur Modernisierung des Bilanzrecht (Bilanzrechtmodernisierungsgesetz – BilMoG) vom 25.05.2009.

(2) この独立した税務上の利益算定制度を構築する提案自体は古くて新しい問題である。かつて 1969 年 2 月 3 日付の連邦財政裁判所大法廷決定による基準性原則の取り扱いを契機に，1971 年における税制改革委員会答申や 1974 年所得税法改正に向けての参事官法案などを中心に，基準性原則の形式的廃止と税務貸借対照表（Steuerbilanz）の独立案をめぐって 1970 年代はじめに，また，1985 年商法改正時にも活発な論争がみられた。この論争の内容については，木下勝一『会計規準の形成』森山書店 1990 年，第 2 章および第 4 章において詳しい。

(3) これらは，1969 年 2 月 3 日付の連邦財政裁判所大法廷決定の税務判決に依拠した取り扱いである。

(4) 1874 年 12 月 22 日付のザクセン所得税法では，第 22 条によって，財産目録および貸借対照表に関して商法典が定めている諸原則，あるいは正規の商人の慣習に合致するような諸原則に従って，利益が算定されなければならない，と規定された。この点については，W. フレーリックス『現代の会計制度　第 2 巻　税法編』（大阪産業大学会計学研究室訳），森山書店 1987 年，375 頁を参照。

(5) この点について若干の考察を行ったものとして，佐藤誠二『ドイツ会計規準の探究』森山書店，1998 年の第 6 章を参照されたい。なお，所得税法第 5 条 1 項 2 文について，それを形式的基準性と呼ぶのか，逆基準性と呼ぶかは，ドイツでも論者によって異なり，また両者の概念的な区分も一律ではない。ただし，本章では，概念上の区分をせず形式的基準（逆基準性）と表記するが，引用個所等については原典に従い表記し，その限りでない。

(6) Kommission der EU, Mitteilung der Kommission, Harmonisierung auf dem Gebiet der Rechnungslegung; eine neue Strategie im Hinblick auf die internationale Harmonisierung.

(7) Gesetz zur Verbesserung der Wettbewerbsfähigkeit deutscher Konzerne an Kapitalmärkten und zur Erleichterung der Aufnahme von Gesellschafterdarlehen (Kapital-aufnahemeerleichterungsgesetz-KapAEG)　vom 20.04.1998.

(8) Gesetz zur Kontrolle und Transparenz im Unternehmensbereich(KonTraG) vom 27.04.1998.

(9) Gesetz zur Einführung internationaler Rechnungslegungsstandards und zur Sicherung der Qualität der Abschlusprüfung (Bilanzrechtsreformgesetz - BilReG) vom 04.12.2004.

(10) Gesetzes zur　Kontrolle von　Unternehmensabschlüssen (Bilanzkontrollgesetz-

BilKoG) vom 20.12.2004.

(11)　BMJ/BMF, Bundesministerium der Finanzen Mitteilung für die Presse；Bundesregierung stärkt Anlegerschutz und Unternehmensintegrität, Maßnahmenkatalog der Bundesregierung zur Stärkung der Unternehmensintegrität und des Anlegerschutzes am 25.03.2003.

(12)　2009 年 BilMoG の成立に至る，この四半世紀にわたる会計改革の経過と内容について考察したものとして，佐藤誠二『国際的会計規準の形成』森山書店 2011 年を参照。

(13)　BMJ, Referentenentwurf eines Gesetzes zur Modernisierung des Bilanzrechts（Bilanz-rechtsmodernisierungsgesetz - BilMoG）vom 8.11.2007, S.57.

(14)　商法上の年度決算書の情報水準を高めるという主要目標は，利益配当基礎としての利益計算の商法目的とも競合関係がある。この点については，本書第 5 章のほか，佐藤誠二「IFRS 導入が商法会計目的に及ぼす影響—ドイツの会計現代化改革をめぐる議論—」『産業経理』72 巻 1 号，2012 年も参照。

(15)　Norbert Herzig / Simone Briesemeister / Jens Schäperclaus, Von der Einheitsbilanz zur E-Bilanz, in:Der Betrieb, 2010, S.2.

(16)　Volker Breithecker, BilMoG － Überblick über Änderungen einzelabschluss-relevanter Vorschriften und Auflistung der Durchbrechungen der Maßgeblichkeits-prinzip, in: Ute Schmiel / Volker Breithecker (hrsg.), Steuerliche Gewinnermittlung nach dem Bilanzrechtsmodernisierungsgesetz, 2008, S.10. なお，一部修正した。

(17)　Ebenda, S.12.

(18)　たとえば，Guido Forster / Dirk Schmidtmann は，「商事貸借対照表と税務貸借対照表は，将来，頻繁に離反する。そのことに対する根拠は，それに対し固有の税法規定が存在する商法規定の変化および逆基準性の放棄にある。したがって，修正計算の場合の誤謬の生まれる危険と潜在的租税の区分の重要性は増大する。上述の 2 つの根拠は，多くの場合，独立した税務貸借対照表の作成を導くことになる」としている。Guido Forster / Dirk Schmidtmann, Steuerliche Gewinnermittlung nach dem BilMoG, Betriebs-Berater, 64.Jahrgang, 25.2009, S.1346. その他，Dieter Schneider；Steuerbetriebswirtschaftliche Gewinnermittlung statt der Entwurfs einer BilMoG-elpackung！, in: Ute Schmiel, Volker Breithecker(hrsg.), Steuerliche Gewinnermittlung nach dem Bilanzrechtsmodernisierungsgesetz, 2008 / Norbert Herzig / Simone Briesemeister, Das Ende der Einheitsbilanz, Abweichungen zwischen Handels- und Steuerbilanz nach BilMoG-RegE, in: Der Betrieb, 2009, などにおいて同様の指摘が多数ある。

(19)　Vgl. Volker Breithecker, a.a.O., S.13-19.

(20)　Karl Petersen/ Christian Zwirner, Rechnungslegung und Prüfung im Umbruch：

Überblick über das neue deutsche Bilanzrecht –Veränderte Rahmenbedingungen durch das verabschiedete Bilanzrechtsmodernisierungsgesetz (BilMoG) –KoR-Behefter 1 zu Heft 5 beilage(1), 2009, S.1.

(21) たとえば，つぎを参照。Volker Breithecker, a.a.O., S.2.；Norbert Herzig / Simone Briesemeister, a.a.O., S.2.

(22) BilMoG の立法過程において，ドイツ経営経済学会の「外部会計」スタディグループが提唱した「統一決算書（Einheitsabschluss）」は，立法者の「統一貸借対照表」実務の保持の主張に応じて展開されたものであり，独立した税務上の利益計算の構想とともに，注目される構想である。この統一決算書構想の位置づけについては，佐藤誠二『国際的会計規準の形成』（エピローグ）を参照。なお，スタディグループの座長である B. Pellens の同様の構想について考察したものとして，佐藤誠二『会計国際化と資本市場統合』（第 7 章）が ある。Vgl., Arbeitskreis "Externe Unternehmensrechnungs" der Schmalenbach Gesellschaft für Betriebswirtschaft e.V., International Financial Reporting Standards im Einzel- und Konzernabschluss unter der Prämisse eines Einheitsabschlusses für unter Anderem steuerlicher Zwecke in: Der Betrieb, 56.jg., 2003；Bernhard Pellens / Rolf Uwe Fülbier / Joachim Gassen, Internationale Rechnungslegung, 8. Aufl., 2011.

(24) BMJ, Pressemitteilungen, Neues Bilanzrecht: Milliardenentlastung für den deutschen Mittelstand beschlossen, 26. März 2000. この点については，佐藤誠二『国際的会計規準の形成―ドイツの資本市場指向会計改革―』前掲の第 10 章を参照されたい。

(25) なお，統一貸借対照表について論じた最近の論攷として，坂本孝司『ドイツにおける中小企業金融と税理士の役割』，中央経済社，2012 年，第 7 章 / 長谷川一弘『ドイツ税務貸借対照表論』森山書店，2009 年，第 1 章がある。

(26) IASB, Exposure Draft of an IFRS for Small and Medium-sized Entities, ED-IFRS for SMEs, 2007.

(27) DRSC, Entwurf eines internationalen Standards zur Bilanzierung von Small and Medium-sized Entities (ED-IFRS for SMEs) Ergebnisse einer Befragung deutscher mittelstandischer Unternehmen, Dezember 2007, S.8-10.

(28) Axel Haller/Eva Honors / Johann Loffelmann, Die einheitliche Erstellung von Handels- und Steuerbilanz, Der Betrieb, Nr.16, 2011, S.889.

(29) Ebenda, S.889.

(30) Ebenda, S.889.

(31) BMF, E-Bilanz Elektronik statt Papier – Einfacher, schneller und günstiger berichten mit der E-Bilanz, Ausgabe 2012, S.6. 2010. この適用延期令において，電子貸借対照表の適用時期が 1 年延長されたが，その変更は，とくに経済の要請を考慮したもの

であり，この期間は技術的および組織的に必要な適用に活用され，電子移送に利用される公的なデータ構造のための試験にも利用される。その後，連邦財務省（BMF）の 2011 年 9 月の適用通知では，電子貸借対照表の多くの適用補助と新たな移送方法が規定された。結果として，2011 年 12 月 31 日以後に開始する営業年度については，従来の紙媒体の貸借対照表，損益計算書の提出が可能となり，2012 年 12 月 31 日より後に，つまり 2013 年 1 月 1 日以降に開始する営業年度からいわゆる E-Bilanz の電子送信が義務づけられることとなった。

(32)　Norbert Herzig / Simone Briesemeister / Jens Schäperclaus, a.a.O., S.4.

(33)　連邦財務省（BMF）の通知に基づき，E-Bilanz の電子送信については，スタムデータ・モジュール（ein Stammdaten-Modul „GCD-Modul") のほかに，年度決算書・モデュール（Jahresabschluss-Modul („GAAP-Modul") として，以下の構成が指示されている。①貸借対照表，②総原価法，売上原価法による損益計算書，③利益処分計算書，④貸借対照表ならびに損益計算書の調整計算表（税務上の修正），⑤自己資本増減表，人的商事会社等に対する資本勘定増減表，⑥資本流動計算書（キャッシュフロー計算書），⑦附属説明書，⑧状況報告書，⑨責任関係，⑩監査役会，決議および関連事項の報告書，⑪諸勘定の詳細内容。Vgl., BMF, E-Bilanz Elektronik statt Papier – Einfacher, schneller und günstiger berichten mit der E-Bilanz, a.a.O., S.28.

(34)　Bundesregierung, Regierungsentwurf eines Gesetzes zur Modernisierung des Bilanzrecht (Bilanzrechtsmodernisierungsgesetz-BilMoG) vom 21.05.2008, S.72.

付表　IFRS および税規定に対する商法改正規定の関係

規制内容	商法基礎	IFRS に接近	税規定に接近
小企業の帳簿記帳義務	第 241a 条	－	(間接的影響)
経済的帰属	第 246 条 1 項 1 文，2 文	○	○
期間限定的に利用可能な資産としての営業価値もしくはのれん	第 246 条 1 項 4 文	○	○
年金債務および類似の債務に関する資産と負債の相殺	第 246 条 2 項および第 253 条 1 項 4 文	○	×
計上の継続性	第 246 条 3 項	○	○
自己創設の無形資産に対する借方計上選択権	第 248 条	○	×
費用性引当金の廃止	第 249 条 1 項 3 文および同条 2 項	○	○
計算区分項目の削減	第 250 条 1 項 2 文	○	×
評価継続性	第 252 条 1 項 6 号	○	○
引当金の評価	第 253 条 1 項および同条 2 項	○	×(5.5%利子率)
年金引当金の評価	第 253 条 1 項および同条 2 項	○	×(5.5%利子率)
固定資産の計画外償却	HGB 第 253 条 3 項 3 文，4 文	○	×(6.0%利子率)
価値減少が予想される際の減額記入の廃止	第 253 条 3 項 3 文	○	○
理性的な商人の判断に従う減額記入の廃止	第 253 条 4 項	○	○
増額記入命令	第 253 条 5 項	○	○
評価単位の形成	第 254 条	○	○ (間接的)
製作原価下限の適用	第 255 条 2 項	○	○
研究費および開発費	第 255 条 2a 項	○	×
付すべき価値（時価）の算定規定	第 255 条 4 項	○	一部 (間接的)
消費順序法の制限	第 256 条	○ (限定的)	○ (限定的)
外貨換算規定	第 256a 条	一部	一部
商法上の報告義務規定	第 264 条 1 項	○	－
「資本市場指向」の法定義	第 264d 条	－	－
貸借対照表項目分類体系の適用	第 266 条	○	×
規模基準の引き上げ	第 267 条	－	－
配当制限の新規制	第 268 条 8 項	×	×
事業経営の開業費および拡張費の借方計上の廃止	第 269 条	○	○
自己資本の説明（滞っている出資，自己持分，その他の持分）	第 272 条	○	○ (間接的)
潜在的租税の区画	第 274 条	○	
特別な評価規定の放棄	第 279 条～第 283 条	○	○
附属説明書における記載の拡張	第 285 条	○	
持分所有の区分表示の廃止	第 287 条	－	－
附属説明書の場合の規模依存的軽減措置	第 288 条	－	－
状況報告書内容の変更	第 289 条 5 項	－	－
マネジメントの説明	第 289a 条	－	－
監査委員会の設置	第 324 条	－	－
公示の軽減措置	第 327 条	－	－

出所）Karl Petersen / Christian Zwirner, Rechnungslegung und Prüfung im Umbruch: Überblick über das neue deutsche Bilanzrecht –Veränderte Rahmenbedingungen durch das verabschiedete Bilanzrechtsmodernisierungsgesetz (BilMoG) –KoR-Behefter 1 zu Heft 5 beilage(1),2009, S.34-34.

第8章
商法会計の現代化改革と IFRS
—公正価値コンセプトと債権者保護—

は じ め に

　2009 年に成立した会計法現代化法（BilMoG）の立法目的は，IFRS 導入以後，引き続いてドイツ企業が現代化した会計基礎を構築するため，商法上の連結決算書に加えて年度（個別）決算書についても情報提供機能を高めることにあったが，その場合，年度決算書が配当測定と税務上の利益算定の基礎である商法会計法の要諦を断念することなく，IFRS との関係で持続的で十分に調整のとれた，しかもコストパフォーマンスの高く簡便な選択肢（規制緩和）を展開することを前提とした。したがって，BilMoG を通じて実施された商法会計法の改革は，既存の商法会計法体系を保持し，それと抵触しない，主として年度決算書に対する諸規定の IFRS への適度な接近（Convergence）を果たすことにその重点が置かれていたといえる。このことはすでに述べたところである。

　以下では，そうした BilMoG によって IFRS への接近を図って改正・新設された諸規定のうち，とくに商法の資本維持・債権者保護目的に影響を及ぼすと考えられる IFRS の基底にある公正価値コンセプト（ドイツの場合，付すべき時価：beizulegender Zeitwert）との関係で導入された，金融商品，年金債務についての評価規定の変更点を中心に，そこで「商法会計法の要諦」がどのように保持されようとしたのか，また，公正価値評価の導入がドイツにおける既存の法体系に及ぼす（だろう）影響があるなら，それは何か，この点に焦点づけて考察してみたい。

第1節　年度決算書と IFRS

　ドイツの場合，年度決算書に対する IFRS そのものの導入は，2004 年会計法改革法（BilReG）によって HGB 第 325 条（開示）の 2a 項と 2b 項において規定されている。

　政府法案理由書の説明によれば，この第 325 条 2a 項，2b 項については，①個別決算書に対する IFRS の適用は，投資家及びその他のステークホルダーに対する情報提供目的のためのみに任意に行うことができ，② IFRS 適用の個別決算書の「公示」を選択した企業は，会社法目的及び税法目的のための商法（HGB）準拠の個別決算書を作成しなければならない。また，③任意に IFRS 準拠の個別決算書を作成するにあたって，IFRS の部分的準拠は認められないし，④企業が IFRS に準拠して個別決算書を作成するときには，商法準拠の個別決算書の連邦官報への公示義務（大規模資本会社）を免責し，IFRS 準拠の個別決算書を連邦公報に公示することができ，それによって，企業は IAS/IFRS 決算書を開示義務の対象にし，国際会計を備える企業としての印象づけすることが可能となる，とされた。したがって，ドイツの場合，年度決算書について

図表 1　IFRS の運用形態

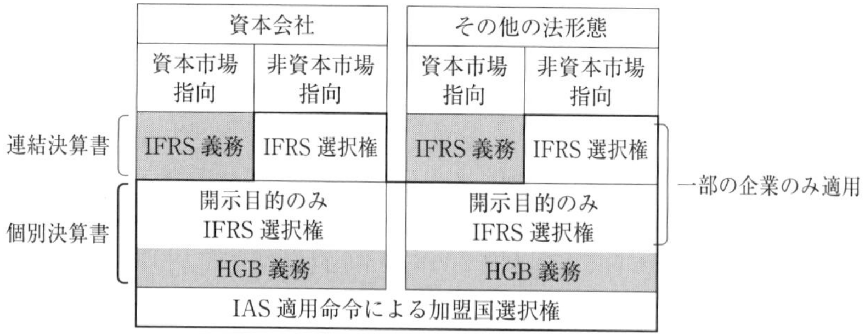

出所：Bernhard Pellens, Rolf Uwe Fülbier, Joachim Gassen, Internationale Rechnungslegung, 8.Auflage, 2011, S.51.

は，資本市場指向と一部の企業に対し，IFRS の適用選択の道が開かれてはいても，それは開示目的のためだけであり，すべての企業に対して，HGB に準拠することが義務づけられている。連結決算書を含めて，ドイツ会計法における IFRS の適用形態は図表 1 のようである [(1)]。

　図表 1 に示した年度決算書に対する IFRS の適用選択権は，EU の「IAS 適用命令」をドイツの立法選択権を行使し転換した結果であったが，その一方で，EU が同時進行に要請する 2003 年「現代化指令」に対応して，既存の年度決算書に対する商法会計規準も，2009 年の BilMoG を通じて IFRS への接近という方法で多数，改正・新設された。その際，EU 現代化指令の基本目標は次の 3 つが挙げられていた [(2)]。

(1) 会計指令と IFRS との間の既存のすべてのコンフリクトを解消する

(2) 会計指令が今後も会計の基礎である EU 企業，すなわち，自身の年度決算書もしくは連結決算書を IFRS に従い作成しない企業に対して，IFRS に付与される適用選択権を明確にする

(3) 現代実務に合致し弾力性に富む会計フレームワークを生み出し，IFRS の将来の発展に寄与するよう会計指令の基礎構造を現代化する。

　ただし，現代化指令は，加盟国の，「個別決算書の場合における税務上とその他の問題との関連」を考慮し，「各国の条件に適応した方法と速度での国内の会計要請に適用する」ものと位置づけられ [(3)]，BilMoG も，ドイツの法体系，会計慣行に照らして現代化指令の転換が行われた。その転換によって改訂された商法会計規準の内容を列挙すれば，つぎのようなものであった [(4)]。

・資産の経済的帰属（HGB 第 246 条 1 項）

・資産の擬制による営業価値もしくはのれんの処理（HGB 第 246 条 1 項 4 文）

・一定の資産と負債との相殺義務ならびに相殺後の負債超過額の借方計上（HGB 第 246 条 2 項）

・自己創設の固定資産たる無形資産に対する借方計上禁止の部分的棚上げ（HGB 第 248 条）

- 逆基準性の廃止（HGB 第 247 条 3 項, 第 254 条, 第 273 条, 第 279 条 2 項, 第 280 条 1 項, 第 281 条, 第 285 条 5 号）
- 費用性引当金の廃止（HGB 第 249 条）
- 計算限定項目の修正（HGB 第 250 条）
- 評価継続性の具体化（HGB 第 252 条）
- 債務評価の変更（HGB 第 243 条 1 項）
- 引当金評価の変更（HGB 第 253 条 1 項, 2 項）
- 将来の価値変動による, および理性的商人の判断に基づく減額記入に対する選択権の廃止（HGB 第 253 条 3 項および 5 項）
- 評価単位の形成（HGB 第 254 条）
- 製造原価下限の適用（HGB 第 255 条 2 項）
- 開発費の借方計上への規制（HGB 第 255 条 2a 項）
- 評価規準としての付すべき時価（HGB 第 255 条 4 項）
- 許容される費消順序方法の場合の変更（HGB 第 256 条）
- 外貨換算（HGB 第 256a 条）
- 連結会計義務のない資本市場指向企業に対する情報義務の拡張（HGB 第 264 条 1 項 1 文）
- 「資本市場指向」概念の法定義（HGB 第 264d 条）
- 個々の規定枠内での計上および表示の変更に対する貸借対照表分類様式の適応（HGB 第 266 条）
- 研究開発費用の借方計上の廃止（HGB 第 269 条）
- 自己資本表示の変更（HGB 第 272 条）
- 潜在的租税の区画の表示（HGB 第 274 条）
- 損益計算書における一定の費用および収益の具体化と把握（HGB 第 277 条 5 項）
- 附属説明書における記載義務の拡張（HGB 第 285 条）
- 持分所有の区分作成の廃止（HGB 第 287 条）
- 附属説明書の記載領域における規模依存的簡便化の拡張（HGB 第 288 条）

・状況報告書の拡張（HGB 第 289 条）

・企業経営に対する説明の導入（HGB 第 289a 条）

・監査委員会の設置（HGB 第 324 条）

　2009 年の BilMoG は，年度決算書に関わる商法会計法規定の改正という意味において，1985 年 BiRiLiG（会計法指令法）と比較してもその質量において匹敵する 20 年来の大きな改革であった。そこでは IFRS という外生の，そして債権者保護，名目資本維持に立脚するドイツ商法と相いれない投資家の意思決定指向的な価値構想の受け入れをめぐって，BilMoG 制定の経過，そしてその後においても様々な議論を生じせしめていることも事実である。

　そして，その議論の中心となった論点が，公正価値（fair value）という評価尺度であろう。BilMoG を通じて，HGB 第 253 項 4 項に新規に導入された「付すべき時価（beizulegender Zeitwert）」つまり IFRS でいう公正価値が導入された。商法上，この付すべき時価が直接的に関連するのは，信用機関および金融サービス機関の金融資産に対する評価（HGB 第 340e 条）だけでなく，一定の資産の負債との相殺計算（第 246 条 2 項 3 文），有価証券結合的な老齢年金債務に対する引当金の評価（HGB 第 253 条 1 項 3 文）などがあり，また，付すべき時価は，第 253 条 4 項 1 文の意味でのより低い付すべき価値（取引所価値または市場価格），交換取引における調達原価の評価代替案としての慎重に見積もられた時価，無償取得の場合の固定資産の価値上限額，などの決定に重要な影響を及ぼすことになる。公正価値の導入は，IFRS との接近を図る，ドイツ会計法の現代化に向かう中心的課題であったことは間違いない。

第 2 節　「付すべき時価」と「付すべき価値」

　ドイツの商法において導入された新しい評価尺度でもある「beizulegender Zeitwert（付すべき時価）」は，EU が IFRS でいう「Fair Value（公正価値）」の翻訳で使用したドイツ語の表記である。しかし，同様に時価（Zeitwert）を

利用し，また用語が近似しているにもかかわらず，伝統的な HGB 評価尺度である「beizulegender Wert（付すべき価値）」とは異なる法概念である。以下，その点からまず，確認しておこう。

1.「付すべき価値」の概念

ドイツ商法では，固定資産については HGB 第 253 条 3 項 5 文，流動資産については HGB 第 253 条 4 項 2 文に挙げられている「資産に対し決算日に付すべき価値」が，いわゆる「付すべき価値」である。しかし，法規定でその内容は，十分，具体化されてはおらず，正規の簿記の諸原則（GoB）を通じて解釈される。

Federmann/ Müller によれば，法文はあきらかに価値の決算日との関連性が強調され，実務では，時価（Zeitwert）あるいは決算日価値（Stichtagswert）としても呼ばれる。しかし，それ以外に，GoB 調和的にそれを導出するときは，事実適合的評価，資産の種類，その目的決定，利用可能性ならびに具体的事例における状況が考慮されなければならないという。また，それ以外の評価原則，とくに個別評価，評価継続性，慎重性，実現，不均等の一般評価原則が関連付けられなければならないとする。さらに，付すべき価値には，それが（歴史的な）継続的調達原価もしくは製造原価と比較してその金額がより低い場合にのみ考慮されることを注意する必要があり，その点が「付すべき時価」との相違である。付すべき価値の評価目的は，会計報告の受け手への情報目的のための予見される持続的な資産価値減少の把握であり，配当，利益譲渡およびその他の利益依存的支払に対する現在の，慎重な指針値であるとされる [5]。

Federmann/ Müller は，基本的に，付すべき価値は，再調達ないし再生産の観点あるいは売却，利用ないし消費の観点から様々に算定されるという。この関係は図表 2 のように例示される。

図表 2 のように，付すべき価値は個々の資産範疇の経営固有の特性が考慮されねばならないが，その場合，固定資産と流動資産の場合の価値算定に応じた区分が前提になる。すなわち，HGB 第 253 条 3 項 5 文は，固定資産である資

図表2　付すべき価値

調達指向／再生産指向	調達指向と利用指向が同時	販売指向／利用指向
経営に必要な設備財：原材料・補助材料及び動力用燃料の標準在高，外注（未完成）製品	商品，有価証券	設備財，原材料・補助材料及び動力用燃料の過剰在高，製品
再調達原価（取得付帯費用を含む）ないし価値減少額等の下落額を控除した再生産原価（決算日原価状況に応じた）	両者のうちより低い価値	売上減少およびさらに消費されることになる支出を控除した慎重に見積もられた予測個別売却価値
= 　付すべき価値（beizulegender Wert）		

出所：Rudolf Federmann/Stefan Müller，Bilanzierung nach Handelsrecht,Steuerrecht und IFRS, Gemeinsamkeiten, Unterschiede und Abhangigkeiten – mit über 195 Abbildungen, 13.Aufl.,2018,S.427.

産について，「持続的な価値減少が見込まれる場合に，決算日において当該資産に付すべきより低い価値で評価するため，計画外の減額記入をしなければならない」とし，またHGB第253条4項において，流動資産について，「決算書決算日での取引所価格または市場価格から生ずるより低い価値で評価するため，当該資産を減額記入しなければならない」とする。つまり，付すべき価値とは，商法の資本維持目的に照らした取得原価（製造原価）を前提に，商法上の評価原則とくに不均等原則，慎重性原則に基づき，いわゆる低価原則（Niederstwertprinzip）を適用した決算日における価値と位置づけることができる。

2．「付すべき時価」の概念

　HGB第255条（評価基準）の4項において導入された「付すべき時価」は「独立した評価尺度（eigenständiger Bewertungsmaßstab)」であり，上述した「より低い付すべき価値（niedrigere der beizulegende Wert))」とは異なる法概念である。

　Wiedmann/Böcking/Gros のコンメンタールによると，付すべき時価には国際会計において周知の公正価値の算定に対する段階的コンセプトが転用されて

おり，そこで目標となるのは情報機能の意味での市場指向的な評価であるという[6]。

HGB 第255条4項1文と2文において，付すべき時価とは，市場価格と定義されている。政府法案によれば，資産および負債の付すべき時価は，活発な市場において観察可能な市場価格（相場）に相当する（mark to market）。この場合，法規定そのものからは，「活発な市場」に対する定義をみることはできないが，政府法案の理由書では，市場価値は，取引所，トレーダー，ブローカー，業界グループ，価格算定サービスまたは監督当局によって容易かつ定期的に入手できる場合，それが活発な市場で決定されると見なすとされている。したがって，活発な市場にとって，独立した第三者，公示市場価格の存在が必要な要件であり，付すべき時価にとっての可能な限りの客観的な指標となる。発行された株式の総量に対し発行済みの株式数が少なく，取引量が少ない場合，狭い市場によって現実的な市場価格が利用できない場合，活発な市場の存在を想定することはできないとされている[7]。

HGB 第255条4項2文では，付すべき時価を観察可能な活発な市場が存在しないとき，付すべき時価は「一般に認められた評価方法（allgemein anerkannter Bewertungsmethoden）」によって算定される（mark to model）。この方法にどのような方法が帰属するのかについてもまた，法文での記述はない。

Federmann/Müller の場合，認められた評価方法として先ず，比較法（Vergleichsmethode）も挙げられるという。Federmann/Müller によると，精通した，契約意思ある独立した営業パートナーによる直近の比較可能な取引事例の約定市場価格を援用する比較法が認められた評価方法としてまず挙げられるという。また，付すべき時価は，金融商品の個々の構成部分の市場価値から導出することもできるとしている[8]。

また，Wiedmann/ Böcking /Gros の説明によれば，それ以外に政府法案の理由書の記述との関連では，評価決算日に独立した売買当事者間で標準的取引条件のもとで生じる，市場価格に近い価値が測定される評価方法の適用が求められるという。その場合，IAS 第39号ないし IFRS 第13号の規制を参照する

ことが求められ，場合によっては，情報機能の意味での市場価格に近い客観的
評価が可能で有る限りにおいて，割引キャッシュ・フロー－（DCF）方法もし
くはオプション・プライシング・モデル（Optionspreismodelle）が関連付けら
れるが，市場離反的価値が算定され，それが付すべき時価として利用されるこ
とはけっして認められないという。「公正価値 - 会計（Fair Value-Bilanzierung）」
の制限にとって，活発な市場の存在する状況が求められるとしている(9)。

　HGB 第 255 条 4 項 3 文は，付すべき時価が活発な市場において，また評価
方法にとっても信頼性をもって算定できない場合を規定している。そうした場
合，付すべき時価からの離反が生じることになり，HGB 第 253 条に従う「継
続的な取得原価ないし製造原価」にさかのぼらなければならない。

　BilMoG の法案理由書によれば，第 255 条 4 項 3 文は，慎重な評価を前提と
した規定であり，付すべき時価の義務対象が，入口時点の評価（事前）で適切
な付すべき時価が得られない場合，また何らかの理由で信頼に足る付すべき時
価が算定できなくなった場合，前者は，取得原価ないし製造原価が，後者は，
最後に算定された信頼できる時価が取得原価ないし製造原価とみなされ，これ
を基点として，強制的な時価評価つまり流動資産に適用される厳格な低価原則
が適用されるとしている。すなわち，評価尺度が「より低い付すべき価値」に
移し替えられることになる(10)。以上の付すべき時価の評価関係を Federmann/
Müller に従い示せば，図表 3 のようになる。

図表 3　付すべき時価の算定

付すべき時価（beizulegender Zeitwert）				
信頼にたる算定可能性			信頼にたる算定可能性はなし	
活発な市場	活発な市場はなし		事　前	事　後
市場価値（相場）	認められた評価方法に従う		（継続した）取得原価および製造原価	最終的に算定された付すべき時価
	比較法 比較可能な市場価格	その他の評価方法：現在価値法（DCF 法）オプション価格法 算定された価値		（取得原価および製造原価とみなす）

出所：Rudolf Federmann/Stefan Müller , Bilanzierung nach Handelsrecht,Steuerrecht und IFRS,
　　Gemeinsamkeiten, Unterschiede und Abhängigkeiten , aa.O., S.427.

第3節　金融商品と付すべき時価

1. 金融商品に対する評価規定の成立経過

　金融商品の評価に対して IFRS の公正価値を導入するか否かという問題は，BilMoG 成立までのプロセス（2007 年 11 月～2009 年 7 月）において，もっとも議論された争点であった。「調達原価原則に特徴づけられる HGB の世界における公正価値‐原則の最初の侵入 (11)」と呼ばれるこの問題については，当初，EU の 2002 年公正価値指令の転換に際して，2004 年会計改革法（BilReG）の制定経過のなかで検討されたが，結論は先送りされ (12)，「企業の健全性および投資家保護のための連邦政府の措置一覧」いわゆる 10 項目プログラムにおいて 2009 年に策定が予定されていた BilMoG へ解決が委ねられた。

　しかし，BilMoG の制定過程においても，とくに金融危機の状況が重なり議論はさらに再燃，沸騰した。売買目的で獲得した金融商品に対して会社の法形態，業種を問わない無限定の付すべき時価アプローチの適用を提起した参事官草案とそれを踏襲した政府法案に対して，とくに学界を中心として付すべき時価による評価それ自体，未実現利益の高い範囲での表示，評価モデルの信頼性の薄さ等に関する厳しい批判が寄せられた (13)。

　その後，連邦参議院はその意見書において，政府法案に対し付すべき時価評価の対象を信用機関に限定し，その他の企業に対する適用を除外することを求め，また金融危機による一時中断後の連邦議会法務委員会の公聴会においても，これまでの批判にさらに公正価値評価の金融危機への増幅をもたらすとの批判も加わり，政府法案への反対票も多数を占め，また金融商品の時価評価を従来から会計慣行となっている金融機関に対象を限定すべきという意見も出された。そうした経過も受けて，法務委員会の決議勧告において最終的に，政府法案における当初の規定案は削除され，金融機関に限定して売買保有の金融商品に対してのみ付すべき時価を適用するという変更案（HGB 第 340e 条）が BilMoG において実現するに至ったのである (14)。

2．金融商品の「付すべき時価」による評価

　以上の経過を経て成立した BilMoG によって，信用機関の金融商品について付すべき時価による評価が導入された。HGB 第 340e 条 3 項 1 文によって，信用機関における売買保有（Handelsbestand）の金融商品は，付すべき時価（HGB 第 253 条 4 項）で評価しなければならない。

　この場合，売買保有への帰属については，入口時点での金融商品の目的規定が基準である。自己の売買成果の短期的達成を目指して獲得され，売却されるすべての金融商品が売買保有に帰属するものとされている。この売買保有には，本源的金融商品も派生金融商品も含まれる。金融上の債務は，当該機関が売買成果の獲得を意図して，短期の内にそれを買い戻すとき，売買保有に含まれる。また，金融債務に対して，再調達のため一定の売買活動に役立てるときに保有貸方の範疇に加えることも可能である。さらに，HGB 第 254 条に基づく評価単位である担保商品は，売買保有でないが，当該担保商品の売買成果を自身に確保できる場合には売買保有に含めることも可能とされる [15]。

　金融商品の区分変更については，第 340e 条 3 項 2 文から 4 文に規定される。3 項 2 文では，売買保有の金融商品に対する区分変更が原則，排除されることが規定される。3 文では，例外として，すでに売買保有に帰属された金融商品に対して，事後的に評価単位に組入れられること，そして，4 文において，当該の金融商品の評価単位が終了したときに，付すべき時価で売買保有に区分変更する義務があることが規定される。

　なお，売買保有の金融商品は，第 340 条 3 項 1 文に基づき，付すべき時価で評価がされるが，その場合，慎重性原則の観点からリスク割増料を控除することが義務づけられている。リスク割増料は実現可能利益の発生蓋然性を考慮に入れなければならない。こうしたリスク割増料は付すべき時価による評価から生じる実現可能な収益を減少させ，配当抑制効果を持つことになると法案理由書は述べている [16]。また，リスク割増料の算定に加えて，重要な仮定，とくに，金融商品の保有期間，測定のための観察期間，信頼水準ならびにリスク割増料の絶対額，等について情報開示も義務づけられている（信用機関の会計に

関する命令（RechKredV）第35条1項6a号）。

　立法者は，リスク割増料に加えて，さらに HGB 第340e 条4項による「一般的銀行リスクに対する基金（Fonds für allgemeine Bankrisken)」という特別項目の形成を義務づけ，第2のリスク補償措置（zweite risikovorsorgende Maßnahme）を導入したという[17]。この一般的銀行リスクに対する基金については，直近5年間の売買保有額の純収益の50％を上回るまで，毎年，売買保有額の純収益の少なくとも10％を積み立て（組み入れ）なければならない（HGB 第340e 条4項）。ただし，この測定基礎は，当該特別項目のみに適用され，第340g 条による「一般的な銀行リスクのための準備金」には適用されることはない[18]。

3.「付すべき時価」による金融商品評価への補完措置

　取得原価から離れた時価評価（Zeitwertbewertung）は，実現原則の破棄（Duruchbrechungen）を導き，年度損益に影響を及ぼすことになるが，ドイツの立法者は，金融商品の付すべき時価による評価に対し，計上される未実現利益に対して直接，配当制限条項を付与していない。上述したように，立法者は，リスク割増料の控除と「一般的銀行リスクに対する基金」という2つの補償措置を講ずることによって，実現主義への破棄を埋め合わせようとした。

　しかし，ザールブリュッケン大学を中心とする教授グループの提案によれば，金融商品はその大多数の実務において，客観的に観察可能でない市場価値を算定する実務が存在し，現実は多様な評価方法が容認されているという[19]。この指摘を前提とするなら，補償措置が有効に機能するとは必ずしもいえなくなる。第一義的な信頼にたる観察可能な市場価値が存在せず，付すべき時価が評価方法に依存し，あるいは金融商品の価格ボラティリティが高まれば，付すべき時価評価から生じた実現可能な利益に関する情報の透明性と信頼性が損なわれ，間接的な補償措置の実効性も失われる可能性があるからである。

　ただし，この点について，立法者は情報開示を通じて一定の制約を付与している。年度決算書（HGB 第285条20号）および連結決算書（第314条12号）の

附属説明書の記載事項の規定において，一般に認められた評価方法を用いた付すべき時価の決定において根拠とされた基本的前提，将来キャッシュフローの額，時点および確実性に影響する重要な条件を含めた金融派生商品の範囲と種類，等について義務的記載事項を定めている。また，HGB 第 340g 条において，「一般的銀行リスクに対する基金」の形成を，「信用期間の事業部門の特別なリスクに対して理性的な商人の判断に従い必要と認められる限りにおいて」と限定化を図り，この特別項目への繰り入れおよび取り崩しに関して，損益計算書における区分表示により明示することを義務づけている。これらの対応は，配当可能利益の計算内で制度的抑制を講じるというドイツで伝統的な制度的債権者保護とは異なる配当抑制措置を採用したものであった。

第 4 節　年金債務と付すべき時価

1. 年金債務の「付すべき時価」による評価

　企業老齢年金補償（bAV）からの債務に関しては，商法会計法では，BilMoG によっていくつかの規定が改正されたが，そのうち会計上の評価という側面では，つぎの 4 つの区分が重要とされる[20]。商法では 4 つの区分のうち，(3) および (4) に対して「付すべき時価」の評価尺度が導入されている。

(1) 現実の企業年金受給者への債務に対する通常の年金引当金

(2) 現実の企業構成員の年金期待権に対する通常の年金引当金

(3) 支払不能を補償する補填財産（Deckungsvermögen）を伴う年金確約の特殊な年金債務の場合（HGB 第 264 条 2 項 2 文）

(4) 有価証券関連的年金確約の特殊な年金債務の場合（HGB 第 253 条 1 項 3 文）

　上の 4 つの区分のうち，(1)(2) における，年金債務（年金期待権および継続年金支払）については，原則的には旧法と変わりなく，一般的な引当金と同様，HGB 第 253 条 1 項 2 文に基づき，理性的な商人の判断に従う履行額をもって評価されなければならない。また，HGB 第 253 条 2 項 1 文に従い，残余償

還期間が 1 年を超える老齢年金債務に対する引当金は，過去 10 事業年度の平均市場利子率で割引計算しなければならない。この平均利子率については，長期に低い利子率が継続したため 2015 年から，平均対象期間が 7 年から 10 年に延長された。そのため 7 年から 10 年の平均利子率の引当差額は，事業年度毎に計算され，また，その差額は附属説明書（Anhang）もしくは貸借対照表のもとでの記載義務が与えられるとともに，そこからの利益に関して配当制限の有無の説明義務が存在する。また，年金資格者に適用される償還期間に依存する利子率については，ドイツ連邦銀行により算定され，毎月，公示がなされる[21]。

　なお，しばしば様々な残余償還期間を有する多くの年金資格者が存在するため，算定簡便法の利用が選択権として認められている。個別の残余償還期間適応の市場利子率を伴う個別評価の代わりに，算定簡便化に際して，概算で残余償還期間を 15 年と想定した平均市場利子率での割引計算が可能となったが，ただし，財務状態に極端な影響を及ぼす償還期間が存在する場合に適用はできない[22]。また，理性的な商人の判断に当たって，保険数理的算定方法の利用も可能となっている。その際，ドイツでは，Heubeck- 基準表が広く用いられているという[23]。

　(3) の区分の年金債務については，年金債務に対応して，支払能力補償補填資産（insolvenzfeste Rückdeckungsvermögen）（商法第 246 条 2 項）が設定される。この補填資産については，「付すべき時価」による特別の評価規定（第 253 条 1 項 4 文）が適用されるとともに，HGB 第 246 条 2 項に基づき相殺命令（Verrechnungsgebot）が付与される。企業老齢年金債務に対する引当金は支払能力補償補填資産（目的資産）との相殺が義務づけられる。この場合，その補填資産（IFRS でいう制度資産: planvermögen）は，HGB 第 246 条 2 項に従い，①その他のすべての債権者の差し押さえから回避され（いわゆる支払能力補償），また，②老齢年金債務から生じる負債の履行にもっぱら利用される（いわゆる目的資産）こととされている[24]。

　ドイツでは実務上，支払能力補償補填資産について，しばしば契約上の信託協定（CTA: contractual-trust-agreement）が利用される。補填資産は絶えず，

図表 4　年金債務の評価

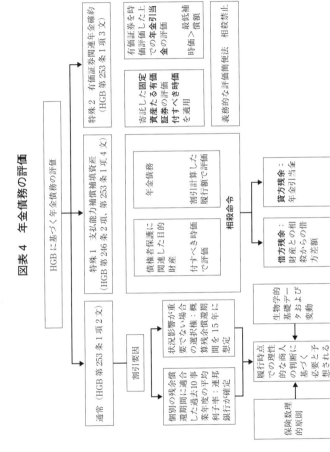

出所：Rudolf Federmann/Stefan Müller, Bilanzierung nach Handelsrecht, Steuerrecht und IFRS. Gemeinsamkeiten, Unterschiede und Abhängigkeiten. z.a.O.S.549.

「付すべき時価」，したがって主として市場価格で評価されることが義務づけられ（HGB 第253条4項，255条4項），その上で，年金債務額（割引計算された履行額）と相殺されなければならず，超過額が存在する場合，借方では「資産との相殺による借方計上差額」として（HGB 第266条2項E），貸方では「年金引当金」として表示されなければならない（第266条6項）[25]。

　（4）の区分における年金債務については，HGB 第253条1項3文が適用される。老齢年金債務の額は，固定資産たる有価証券すなわち老齢年金資産（Altersversorgungsvermögen）の「付すべき時価」によって決定される。当該資産の付すべき時価が補償最低額を上回る限りにおいて，年金債務に対する引当金が形成されることになる[26]。

　以上の年金債務について評価内容を示せば，図表4のようになる。

2.「付すべき時価」による年金債務評価への補完措置

　以上みたように，年金債務の評価については，年金期待権および継続年金支払の場合，理性的な商人の判断に従う履行額をもって評価され，基本的には，従来規定と変わるところはない。ただし，債務履行額の決定（割引価値）に適用される平均利子率の償還想定対象期間については，BilMoG によって15年の簡便化法の選択適用が認められ，10年の基準平均利子率との間において，帯幅が広められた年金債務額のなかで企業の裁量選択の余地が与えられている。

　支払能力を補償する補填財産（Deckungsvermögen）を伴う年金確約，そして有価証券関連的な年金確約の場合，年金債務の評価に対して新たに「付すべき時価」が導入された。その場合，支払能力補償補填資産，有価証券も主に市場価格によって評価されるにしても，信用機関の金融商品と同様，活発な市場が存在しない場合，選択される評価方法によっては補償財産（有価証券）の評価額の信頼性が確保されるとは限らない。

　また，支払能力補償補填財産については，BilMoG 以前に適用されてきた HGB 第246条2項1文における相殺禁止規定から離反した年金債務との相殺

義務規定が設けられた（HGB 第 246 条 2 項 2 文）。資本会社の場合，この相殺によって生じる超過差額は，「資産との相殺による借方計上差額」という貸借対照表の資産項目に計上される。しかし，この借方計上差額は，資産としての独立した評価能力はなく，商法上の意味での負債弁済能力も伴わない。そうした相殺が認められた補填資産に関して，ある論者は，補填資産は秘密積立金を露呈するのに役立つため，時価評価に基づく差額（補填資産と対応する負債の残高）は，「資産との相殺による借方計上差額」に組み入れるべきだといい，別の論者は，補填資産の表示に関して，その発生原因を識別できず秘密積立金への制約に反するものととらえている(27)。相殺により生じる差額である擬制資産の意味づけに対する商法規定への解釈は分かれる。

　BilMoG によって，HGB 第 246 条 1 項における相殺禁止規定はいくつかの例外規定によって破棄された。とくに注目される例外規定が，「商法上の評価規定の枠内で，国際的会計基準では可能となるいわゆる制度資産（Planvermögen）の相殺への接近が可能となる(28)」と法案理由書が述べる年金債務の評価における相殺義務である。

　Wiedmann/Böcking/Gros のコンメンタールでは，法案理由書を引いて，相殺義務規定の規定は，もっぱら老齢年金債務もしくは労働者に対する類似の長期債務について，それがすべての債権者に処理される限りにおいて，資産と負債との相殺を求めるものであるという。そして，とくに，貸借対照表作成企業が支払不能となったとき，当該資産が年金有資格者の権利となる場合に要求される（支払能力の補償）。資産は絶えず，対応する債務の履行のためでならなければならず，従って，事業に必要不可欠な固定資産たる補償資産に分類されなければならない。とくに，支払能力の補償は実務上，例えば，対応する収益もしくは措置を通じて形成可能でなければならず，具体的形成は原則的に，貸借対照表作成企業の責任に委ねられる。補償財産たる資産の付すべき時価がその取得原価を上回った場合，HGB 第 268 条 8 項に従い配当抑制が考慮されなければならない(29)，としている。したがって，HGB 第 268 条 8 項 7 号では，支払能力補填財産それ自体でなく，補填財産額のうち補填財産のため計上された

繰延税金負債を控除した額を前提にして，配当可否の区分規制が講じられている。

　Wiedmann/Böcking/Gros によれば，こうした第268条8項7号の配当区分規制の新設は何よりも，慎重性原則と債権者保護を考慮したことによる。BilMoG が未実現利益の組み入れを可能としたのは，商法上の年度決算書の情報効果を高めるためだったが，そのことが慎重な損益算定の基準から離反し，債権者保護の弱めることに寄与したという。したがって，立法者は，既存の債権者保護の水準を維持するため，こうしたオフバランス（ausserhalb der Bilanz）の配当抑制の投入を考えたのだとする。情報指向的会計規定を適用した結果は，オフバランスの情報開示を用いてそれによって配当ポテンシャルが減じられたという制度的債権者保護構想の意味での（in Sinne eines institutionallen Gläubigerschutzkonzepts）配当制限が修正されたとしている。したがって，前節でみた信用機関の金融商品の場合と同様，年金債務の評価においてもまた，制度的債権者保護の修正が付すべき時価とともに導入されている点は特徴的である。

むすびとして

　Federmann/ Müller は，「付すべき価値」と「付すべき時価」とは市場価値（時価）を利用する点で共通しているが，つぎの点に相違があるという[30]。

- ・「付すべき時価」については，活発な市場での評価のほうが，企業特性の考慮（付すべき時価の場合の）よりも重要である。
- ・「付すべき時価」が価値増加する場合の増額記入は，低価原則を適用する「付すべき価値」と異なり，利益配当抑制および利益供与抑制からまぬがれない。

　すでに述べたように，従来，ドイツで適用されていた「付すべき価値」とは，商法の資本維持・債権者保護目的に照らした取得原価（製造原価）主義を前提に，商法上の評価原則とくに不均等原則，慎重性原則に基づき，いわゆる厳格な低価主義を適用した決算日における価値（より低い付すべき価値）である。

つまり，付すべき価値は市場価値が保守主義的に利用されているのであって，ドイツ商法目的に抵触することはない。それに対して，BilMoG によって導入された「付すべき時価」は，IFRS 会計の「公正価値コンセプト」を導入したもので，実現可能な（未実現）利益の計上を可能とし，HGB 第 252 条が掲げる実現原則，慎重性原則，調達（取得）原価原則，客観化原則といった一般評価原則（法文化された正規の簿記の諸原則）に離反し，例外規定として位置づけられた独立する評価尺度である。しかし，Federmann/ Müller も述べるように，ドイツの商法目的からして，未実現利益を計上するため利益配当抑制および利益供与抑制からはまぬがれない。

　第 3 節で考察したように，信用機関に対する売買保有の金融商品に対して，新たに導入された付すべき時価による評価が適用されるとき，慎重性原則を考慮して，付すべき時価の評価額からリスク割増料を控除し，また，時価評価からの評価益から積立て（控除）られる「一般的銀行リスクに対する基金」という特別項目の設定を義務づける，2 つのリスク保護措置が導入されている。配当制限規制を設けずに，この 2 つの保護措置をもってそれに代替したのである。

　年金債務評価の場合，支払能力を補償する補填財産を伴う年金確約および有価証券関連的年金確約に対して付すべき時価が導入された。また，第 4 節でみたように，老齢年金債務もしくは労働者に対する類似の長期債務については，それがすべての債権者に充当される限りにおいて，資産と負債との相殺義務が要請される。その場合，補償資産の付すべき時価と年金債務の評価額の相殺超過差額は，「資産との相殺による借方計上差額」の資産項目として貸借対照表に計上され，この項目に対し配当抑制措置が講じられている。

　付すべき時価の導入は実現可能な利益の計上を可能にする。付すべき時価の場合，活発な市場における観察可能な信頼にたる市場価値を第一義的な付すべき時価とされたが，この第一義的な市場価値が得られないとき，「一般に認められた評価方法」が利用されることになる。その場合，コンメンタール等においてIFRS を想定して類似の市場価値との比較法や IFRS がいう DCF 法，オプション・プライシング・モデルが挙げられているが，法規定それ自体では，

「一般に認められた評価方法」の内容は特定されていない。したがって，信用期間の保有する金融商品と同様，年金債務と相殺される補填財産（制度資産）や有価証券の時価評価額が多様な評価方法によって算定されるとすれば，配当抑制がうまく機能するかどうか定かでなくなる畏れがある。

　ドイツの立法者は，付すべき時価を適用する場合，それに対する算定方法，理由および根拠，内訳等に関する附属説明書における記載を義務づけ，情報開示を通じた配当制限規制への補完措置を講じている。しかし，それは，情報による債権者保護（informationeller Gläubigerschutz）[31]の構想の組み入れを含意している。加えて，付すべき時価の導入に際して，立法者は各種の例外規定や特別項目を配置することによって，既存の規定との調整を図ったが，そこで取得原価（製造原価）主義，実現主義，不均等原則，客観性原則，個別評価原則，完全性原則といった基幹となる正規の簿記の諸原則システムの破棄が生じているのも事実である。

　EU の現代化指令は，現代実務に合致し弾力性に富む会計フレームワークを生み出し，IFRS の将来の発展に寄与するよう会計指令の基礎構造を現代化することを目的とした。ドイツの BilMoG もその現代化指令に応じて，IFRS との接近を図った法改革であった。しかし，その IFRS への接近の中心的課題の対象である評価尺度としての「付すべき時価（公正価値）」の導入は，ドイツ会計法の基幹的諸原則からの離反を促し，制度的債権者保護とは異なる，いわゆる「情報による債権者保護」の思考を打ち出している。その歪みをどう補整し，今後，進展していくであろう資本市場の価値を指向した現代の会計実務に対する法的安定性を確保していくのか，そこに資本維持・（制度的）債権者保護目的にたって配当可能利益の測定機能を毀損できないドイツの商法会計制度にとっての将来課題がみてとれるのである。

注

（1） Bernhard Pellens,Rolf Uwe Fülbier, Joachim Gassen, Internationale Rechnungslegung, 8.Auflage, 2011, S.52.

⑵　Kommission der EU, Vorschlag für eine Richtlinie des Europäischen Parlaments und des Rates zur Änderung der Richtlinien 78/660/EWG,83/349/EWG und 91/674/EWG über den Jahresabschluss und den konsolidierten Abschluss von Gesellschaften bestimmter Rechtsformen sowie　Versicherungsunternehmen, KOM(2002)259/2, 09.07.2002, S.3.

⑶　Ebenda,, S.4.

⑷　Vgl. Karl Petersen/Christian Zwirner, Rechnungslegung und Prüfung im Umbruch: Überblick über das neue deutsche Bilanzrecht　–Veränderte Rahmenbedingungen durch das verabschiedete Bilanzrechtsmodernisierungsgesetz (BilMoG) –KoR-Behefter 1 zu Heft 5 beilage(1), 2009, S9..

⑸　Rudolf Federmann/Stefan Müller, Bilanzierung nach Handelsrecht, Steuerrecht und IFRS, Gemeinsamkeiten, Unterschiede und Abhängigkeiten – mit uber 195 Abbildungen, 13.Aufl., 2018, S.424.

⑹　Harald Wiedmann/Hans-Joahim Böcking/Marius Gros, Bilanzrecht Kommentar zu den § 238 bis 342a HGB, 3.Aufl., 2014., S.189.

⑺　Drucksachen des Bundestages, Drucksache 16/10067 : Gesetzentwurf der Bundesregierung : Entwurf　eines Gesetzes zur Modernisierung des Bilanzrechts (Bilanzrechtsmodernisierungsgesetz – BilMoG) 30. 07. 2008, S.61.

⑻　Rudolf Federmann/Stefan Müller , Bilanzierung nach Handelsrecht,Steuerrecht und IFRS, Gemeinsamkeiten, a.a.O., S.428.

⑼　Harald Wiedmann/Hans-Joahim Böcking/Marius Gros, Bilanzrecht Kommentar zu den § 238 bis 342a HGB, a.a.O., S.189,190.

⑽　Rudolf Federmann/Stefan Müller , Bilanzierung nach Handelsrecht,Steuerrecht und IFRS, Gemeinsamkeiten, a.a.O., S.428. /Harald Wiedmann/Hans-Joahim Böcking/Marius Gros, Bilanzrecht Kommentar zu den § 238 bis 342a HGB, a.a.O., S.190.

⑾　Arbeitskreis Bilanzrecht der Hochschullehrer Rechtwissenschaft, Stellungsnahme zu dem Entwurf eines BilMoG: Einzelfragen zum materiellen Bilanzrecht　in: Der Betriebsberater, 2008, S.209.

⑿　ただし，金融商品の評価としての一般的評価尺度としての付すべき時価（公正価値）の導入は見送られたが，連結決算書のみに対して，BilReG によって，公正価値指令が要請した附属説明書における公正価値への記載が HGB 旧第 314 条「その他の記載義務」において，また，IFRS に模した「付すべき時価」の算定方法の規定も旧第 285 条で措置された。

⒀　とくに，注目すべき批判として，ドイツの主要教授陣によるザールブリュッケン提案があげられる。Vgl. Hartmut Bieg/ Peter Borfinger /Kahlheiz Küting/Heinz Kußmaul/

Gerd Waschbusch/ Claus-Peter Weber, Die Saarbrücker Initiative gegen den Fair Value, in:DB, 2008, S.2549-2552.

(14) この経過については，つぎに詳しい。Hennig Zülch/Dominic Detzen,「ドイツにおける公正価値会計」(稲見亨訳)，佐藤博明／ヨルク・ベェトゲ編『ドイツ会計現代化論』，森山書店，2014 年のとくに，PP.147 ～ 154 を参照。

(15) Harald Wiedmann/Hans-Joahim Böcking/Marius Gros, Bilanzrecht Kommentar zu den §238 bis 342a HGB, a.a.O., S.771.

(16) Drucksachen des Bundestages, Drucksache 16/10067 : Gesetzentwurf der Bundesregierung : Entwurf eines Gesetzes zur Modernisierung des Bilanzrechts (Bilanzrechts modernisierungsgesetz – BilMoG), a.a.O, S.95.

(17) Harald Wiedmann/Hans-Joahim Böcking/Marius Gros, Bilanzrecht Kommentar zu den §238 bis 342a HGB, a.a.O., S.772.

(18) Ebenda.,S.772,773. なお，HGB 第 340e 条 4 項によれば，一般的銀行リスクに対する基金は売買保有商品の正味費用との相殺に利用される（前年度からの損失繰越額の補填に利用されない），もしくは，売買保有商品の過去 5 年間の純収益平均の 50％を上回らないときのみ取り崩すことができる。

(19) Hartmut Bieg/ Peter Borfinger /Kahlheiz Küting /Heinz Kußmaul/ Gerd Waschbusch / Claus-Peter Weber, Die Saarbrücker Initiative gegen den Fair Value, a.a.O., S.2549.

(20) Rudolf Federmann/Stefan Müller , Bilanzierung nach Handelsrecht,Steuerrecht und IFRS, Gemeinsamkeiten, Unterschiede und Abhangigkeiten – mit über 195 Abbildungen, a.a.O., S.544.

(21) Ebenda, S.544.

(22) Ebenda, S.545.

(23) Ebebda, S.546.

(24) Ebenda, S.547.

(25) Ebenda, S.547,548.

(26) Ebenda, S.548.

(27) Vgl. Peter Schauf, Die Kapitalschutzfunktion des Jahresabschluß nach dem BilMoG, Auswirkung der Bilanzrechtsmodernisierung auf den kapitalgesellschaftlichen Kaptal- und Gläubigerschutz, 2017, S.195.

(28) Drucksachen des Bundestages, Drucksache 16/10067 : Gesetzentwurf der Bundesregierung : Entwurf eines Gesetzes zur Modernisierung des Bilanzrechts (Bilanzrechtsmodernisierungsgesetz – BilMoG), a.a.O., S35.

(29) Harald Wiedmann/Hans-Joahim Böcking/Marius Gros, Bilanzrecht Kommentar zu

den §238 bis 342a HGB, a.a.O., S.72.

(30)　Rudolf Federmann/Stefan Müller, Bilanzierung nach Handelsrecht,Steuerrecht und IFRS, Gemeinsamkeiten, a.a.O., S.428.

(31)　配当可能利益の計算システムのなかで債権者財産の保護を行う制度的債権者保護に対して，情報による債権者保護とは，財産・財務・損益状態（いわゆる真実かつ公正な写像）に関する適切な情報の提供を通じて債権者の意思決定の効率化に資することにより債権者保護を図ることをいう。この「情報による債権者保護」と BilMoG との関係について論じた文献として，つぎを参照。Marcus C.Funke, Gläubigerschutz durch Information im Recht der Aktiengesellschaft, 2010 / Peter Schauf, Die Kapitalschutzfunktion des Jahresabschluß nach dem BilMoG, Auswirkung der Bilanzrechtsmodernisierung auf den kapitalgesellschaftlichen Kapital- und Gläubigerschutz, 2017.

終章
会計規準の統合と分岐
―グローバルとローカルの間―

第1節　EU の会計統合戦略

　2000 年の IASC から IASB への組織変更を前にして策定された EU の会計
統合戦略は，国際的な競争能力ある効率的な単一資本市場を形成するために，
資本市場のインフラ基盤として，EU のエンドースメント・メカニズム（承認
機構）を経て，グローバル・スタンダード（global standard）と目する IFRS を
統一会計基準として受容（Adoption）し，また，EU 域内諸国の調和化したエ
ンフォースメント・システムを機能させることによって，規制市場に上場する
欧州企業の IFRS 適用実務に対して遵法性を確保し，資本市場指向の企業が開
示する財務情報の信頼性，比較可能性を高めることを目的とした。

　また，IFRS 受容と並行して，既存の会計指令の現代化を通じて域内諸国の
国内会計基準（local GAAP）を IFRS と接近（Convergence）させることによっ
て IFRS との等価性をもたせ，IFRS を適用しない非資本市場指向である企業
に対しても資本市場指向の企業と等しい競争条件を付与することも会計統合戦
略の目的とされた。

　そして，そうした国際化戦略の基礎にあった「金融サービス：金融市場大綱
（行動計画）」（1999 年）の立法計画に沿って，「公正価値指令」（2001 年），「IAS
適用命令」（2002 年），「現代化指令」（2003 年），「規模基準指令」（2003 年），「目
論見書指令」（2003 年），「市場濫用指令」（2003 年），「透明性指令」（2004 年）
等の命令・指令が矢継早に公布され，会社法と資本市場法制に関わる加盟国の

関連法規が改正され，それをもって，EU の会計統合戦略のもとで予定されていた立法計画はひとまず成し終えたといえる⁽¹⁾。

では，この約 4 半世紀に及ぶ改革プロセスのなかで，EU と各加盟国の相互の関係のなか実施された IFRS 対応の会計制度改革は，どのような結果をもたらしたのだろうか。またそこで，IFRS に対してどのような存在意味が付与され，エンドースメントやエンフォースメントの国域を越えたメカニズムはどのように機能しているのだろうか。

本書においては，会計規準の統合と分岐（多様性）という 2 つの側面から上記の点について考察し，そのことを通じて，グローバルな統一会計基準といわれる IFRS が，現実の会計制度のなかで果たす役割と課題について，ＥＵとドイツのケースを例にとって明らかにしようとした。

この終章では，本書全体の考察を要約したうえで，そこから導き出された IFRS の存在意味について，最後に述べることとしたい。

第 2 節　グローバリゼーションと IFRS

過去，会計の世界では，会計基準（standards）の設定とその基準を適用する会計実務（practice），そしてその会計実務の適正性・適法性を監査（audit）し，その結果について履行・監督（enforcement）するプロセスは，一国の会計制度のなかで貫徹していた。しかし，今日のような，ひと・もの・カネが国境横断的に移動する，とくに金融資本市場がグローバル化した経済のもとでは，会計の領域においても，国際的に共有できるグローバルな統一会計基準が要請され，その担い手が IFRS であった。

IASB のホームページではこの点，つぎのように説明されている⁽²⁾。

「過去，この国境を越えた活動は，自国会計基準の独自のセットを維持する様々な国によって複雑化されていた。そうした会計条件のパッチワークは，多くの場合，コストと複雑性を増加させ，結局，財務諸表を作成する企業と，その財務諸表を利用し経済的意思決定を行う投資家その他の双方にリスクをもた

らすことになる。」

「証券監督者国際機構（IOSCO）はグローバル・スタンダードの利点を認識
し，2000年に，IFRSをクロスボーダー商品の取引所で使用できるようにする
ことを加盟国に推奨した。それ以降，IFRSは，先進国，新興国，発展途上国
で広く使用される財務報告の事実上のグローバルな言語となった。我々の調査
によると，144の法域では，すべてまたはほとんどの公開企業に対してIFRS
基準の利用が義務づけられ，さらに12の法域でその利用が認められている。」

　たしかに，現在，IFRSは160を上回る法域で利用され，国際的に認知され
た会計基準として発展してきている。しかし，そうしたIFRSがグローバル・
スタンダード（grobal standard）として策定されてはいても，そのIFRSに対
して，グローバルなレベルでの履行・監視のメカニズム，ガバナンス体制は存
在していない。IFRS自体はマルチラテラル（multilateral）に策定される事実
上の国際的基準であっても，特定の権威をもつグローバルな機関によって，導
入の要否，導入の形態，そしてその履行に関しても規制が加えられているわけ
でもない。IFRSの受容と履行，そのガバナンスは，結局のところ，ローカル
な各法域（国家）の規制当局の決定とその統制に委ねられるしかなく，そうし
たIFRSのパラドキシカル（paradoxical）な性格が，各国におけるIFRS対応
の多様性をもたらす基本的要因でもある。

　Dani Rodrikは，著書『グローバリゼーション・パラドックス（The
Globalization Paradox）』において，グローバリゼーションと国家主権，国家の
民主政治の3つの要素間にトリレンマの関係があるとし，一段と進むグローバ
ル化（ハイパー・グロバリゼーション）と国家との緊張関係の緩和（解消）の方
法を探るなかで，3つの選択肢をあげている。1つは，グローバル化と国家主
権を優先し，国家の民主政治を犠牲にする，2つ目はグローバル化と国家の民
主政治を優先し，国家主権を犠牲にする，そして，3つ目が国家主権と国家の
民主政治を保持して，グローバル化を犠牲にする，という選択肢である。Dani
Rodrikは，2つ目の選択肢を採用して，地域レベルのグローバル・ガバナンス
を実現したEUの経済統合を実験的政府と位置づけ，そこでは，「ヨーロッパ

全域の規範を創出するのを助け，共通の手法についての超国家的な合意を形成する⁽³⁾」が，「必ずしも完全な調和が必要なわけでもない。違いが残ったとしても，相互の理解と説明がきちんとした文脈でなされれば，さほどの摩擦の原因とはならない」と位置づけている。また，Dani Rodrik は EU を「多様性を持った一房のかたまり⁽⁴⁾」とも表現している。

　本書で考察してきたように，EU の単一市場の完成に向けた会計領域における統合戦略は，IFRS に対する受容・接近を通じた会計規準の統合という統一目標へ向けて超国家的合意のもとに進行したが，「多様性を持った一房のかたまり」として，加盟国間における対 IFRS への改革内容は「分岐した統合」という不完全な現状を示しているといってよい。しかし，上述の Dani Rodrik の指摘を前提にするなら，そうした緩やかな統合は，EU にとって，それほど摩擦を呼ぶものでもなかったのかもしれない。問題は，EU と加盟国における会計改革において，外生の基準である IFRS の導入が既存の会計制度体系に対してどのように位置づけられて，そして，そこで IFRS がどのような変化と影響をもたらすのかという点であろう。

第3節　EU のなかの IFRS

　本書の第1章で考察したように，「IAS 適用命令」に基づく IFRS に対する承認（Endorsement）のメカニズムは，いわば調和と抑制という2つの側面において機能している。そして，その機能を可能にするのが，IFRS の受容にとっての要件である欧州型の「真実かつ公正な写像（TFV）」と「慎重性（prudence）」の原則である。EU の IFRS 承認機構（Endorsement）において，EU 会計指令の中核的概念である情報規範としての欧州型 TFV と資本維持・受託責任コンセプトに基づく慎重性原則とが相互の補完性を保ちながら，両者に対する解釈のウェイトの置き方によって，IFRS の導入だけでなく抑制に対しても機能する。また，この2つの概念の相互補完関係の上に「欧州の公益」という政策的性格を含んだ受容の要件も成立する。そうした承認メカニズムが

EUでは構築されており，IAS第39号（ヘッジ会計）のカーブアウトも，承認メカニズムがIFRS抑制に働いた結果であったといえる。

　では，その承認メカニズムは，現在，どのように機能しているのか。EU規制市場の上場企業に対しIFRSの義務適用が開始されてからほぼ10年を経て欧州委員会が実施した「IAS適用命令の評価」（2015年）のレポートでは，第2章で考察したように，その質問項目への個々の回答には様々な賛否両論が見られたが，「IFRS適用命令」が有効に働き資本市場への効果もあったかという問いに対して，おおむね肯定的な評価を得たとしている。しかし，その効果については，各国からの具体的データもなく費用対効果の具体的評価は得られず，欧州全体の概括的評価にとどまっているとも記載されている。

　この「IAS適用命令の評価」で注目すべきところは，2008年の金融危機を契機とした議論の集約として，顧問アドバイザーであるMaystadtが欧州委員会に提出した，いわゆる「IFRSの欧州化」の勧告書の内容が，評価の対象に組み入れられた点であろう。Maystadtの勧告は，ＥＵの「公益」と「慎重性」の観点からIFRSを選択採用する徹底した承認メカニズムへの修正，EFRAGの権限を高める組織改正とそれによるIFRS策定に対するEUの影響力の強化を内容としたものであった。「IAS適用命令の評価」では，回答結果からはIFRS承認メカニズムの修正については肯定的な意見集約はみられなかったものの，レポートの結論部分において，「ＥＵの影響力の強化を確保するよう欧州委員会が引き続き監視する」と記されている。このことからも，IFRSがただ，財務報告の比較可能性と透明性を高めるための統一会計基準という側面だけでなく，欧州の資本市場とそこにおける欧州企業の国際的な競争力強化という「ＥＵの公益」にたった政策手段のひとつとしての存在価値をみてとることができる。

　他方，IFRS適用後の加盟国におけるエンフォースメントの状況は，どうであったのか。本書の第3章で考察したように，ESMAのエンフォースメント状況の調査「ピア・レビュウ報告書」（2017年）では，調査対象国の約半数が，ESMAの指示するガイドラインから離反したエンフォースメントの実施状況

が示されている。「IAS 適用命令」によって，資本市場指向企業の財務報告に対してその正当性を監視するため国家機関の創設が義務づけられ，各加盟国においてエンフォースメント主体（enforcer）が構築されてから 10 年以上が経過した。しかし，第 3 章でみてきたように，現時点においても加盟国におけるエンフォースメント状況は多様化し，IFRS の適用に対する統一したエンフォースメント体制は構築されておらず，EU という地域経済圏全体における会計ガバナンスが機能しているとはいえない多様化の現状を「ピア・レビュウ報告書」は示すものであった。

第 4 節　ドイツのなかの IFRS

　ドイツ商法会計法への IFRS の導入は，1998 年の KapAEG（資本調達容易化法）による IAS/IFRS の免責条項の導入にさかのぼるが，「IAS 適用命令」を転換し，規制市場の上場企業に対する連結決算書への義務適用のほか，その他企業への任意適用，さらには個別決算書への情報目的に限定した任意適用を定めた 2004 年の会計法改革法（BilReG）ならびに IFRS 適用に対するエンフォースメント規定を定めた会計統制法（BilKoG），そして，既存の商法会計法の IFRS への接近を実施した 2009 年会計法現代化法（BilMoG）がとくに注目される。

　本書では，商法会計法（Handelsbilanzrecht）の改革内容のうち，とくに IFRS の義務的適用（Adoption）の対象となった「資本市場指向企業」の内法化に焦点づけて，まず第 4 章で考察し，その上で，第 5 章，第 6 章では，IFRS への接近（Convergence）を目標にして成立をみた BilMoG が，既存の商法会計法の目的と規範構造に及ぼした影響と資本市場指向の IFRS の特徴をなす意思決定有用性との関係についても検討した。何よりも，それらから得た認識は，EU の命令・指令に抵触せず，あたかもジグソーパズルのように巧みに IFRS の導入と接近のためのピース（条文）を商法会計法（HGB）のなかにはめ込み，ドイツにおける既存の法体系の骨格を保持したという点である。その

体系を保持するため，上述の資本市場指向企業のほか，組織市場・付すべき時価といったドイツ固有の法概念や例外規定・特別規定の挿入，附属説明書（Anhang）への記載義務あるいは配当制限条項・配当抑制措置，各種の免責規定，資本会社の規模基準の改訂等の規制緩和措置（Deregulierung）が HGB の各所に配置され，そのことによって，既存の法体系の基盤は維持されている。それは，BilMoG の法案理由書が，資本維持と債権者保護を基本目的とする商法会計法の要諦（Eckpfeiler）を保持し，IFRS への適度で緩やかな接近を果たしたとするところでもある。

しかし，第 6 章，第 7 章でも考察したように，そうした商法会計法の現代化は，情報提供機能の強化という目的を加えた目的多元性（Zweckpluralen）を持ち込み，そのことによって，資本市場の開示規制との連繋を果たす一方，伝統的な商事貸借対照表の税務貸借対照表に対する基準性原則（Maßgeblichkeitsprinzip）の破棄（税務会計との離反）を導き，また，商法会計法にとって中核となる正規の簿記の諸原則（GoB）に離反した IFRS という外生の異質の意思決定指向の解釈源泉を持ち込んだ。そして，そのことによって，法的安定性に対する揺らぎももたらしている。

また，第 8 章で指摘したように，商法会計法の規範体系についても，未実現利益の計上を可能とする IFRS 流の公正価値（fair value）のコンセプトの導入が，とくに一般評価原則（法文化された正規の簿記の諸原則）としての実現原則，慎重性原則，調達（取得）原価原則，客観化原則等の破棄とともに，HGB 第268 条 8 項に典型的に示されるような，伝統的な制度的債権者保護とは異なるアングロサクソン流の「情報による債権者保護」の思考を受け入れ，形式面は別として，商法会計法の要諦が保持されたとはいえない実質的な変更が少なからず窺えるものであった。

第 5 節　IFRS の存在とその意味

先に取り上げた Dani Rodrik は，「グローバル・ガバナンスの根本的な限界

を見過ごしたことが，現在のグローバリゼーションを脆弱化している。野心的すぎる目標に国際協力を浪費しており，結局は，主要国の間に最低限の共通基準をつくるところを越えて進めない⁽⁵⁾」とし，「国民国家が中心でなければならないという意味は，制度の多様性に見合ったルールがつくられる必要があるということだ。必要としているのは，大きさや形の違う乗り物が様々なスピードで進む時の，全体の運行を助ける交通ルールであって，すべてを同じ規格にしてスピードが一律になるよう強制することでない。われわれは，国による制度の多様性の余地を残したまま，グローバリゼーションを最大化するよう努力すべきである⁽⁶⁾」と述べている。

　この指摘の当否は別として，少なくとも，EU における会計統合のグローバル化戦略が，IFRS の導入の方向性と交通ルールを明確にして，その具体的実現に際して，加盟国とその制度の多様な存在を認めつつ，緩やかな制度改革とガバナンス体制の構築を目指したことは明らかである。ただし，IFRS 適用に対するエンフォースメントの現状と適用企業の数が漸次，減少している様子をみると，その統合戦略の中核となった IFRS が，EU とその加盟国にとって，「公益（Public Interest）」としてどのように寄与したかを判断するには，今後の IFRS の展開も含めて，まだ時間を要するようにも思われる。

　しかも，加盟各国における制度改革は，一方において，IFRS への開放条項だけでなく，資本市場指向，意思決定関連的な会計規準の導入ないし既存規準の修正という自国の会計制度の「IFRS への接近」の道を進めてきた。本書では，その内容についてドイツを典型例として考察した。成文法主義を貫くドイツの場合，商法会計法の法制度（Rechtsinstitut）（HGB 第3篇「商業帳簿」の諸規定）を中心にして，それと株式法，開示法，有価証券取引法，取引所法，租税通則法，所得税法などの会計関連法規と相互の関係を保って一つの法体系（Rechtssystem）を構成している。そうした法体系が，商法会計法の IFRS への接近によって今後，どのように変わるのか，とくにアングロサクソン型の「情報による債権者保護」のコンセプトの導入との関係において，ドイツ商法会計法にとっての主要な課題となることが予想される⁽⁷⁾。

　そして，こうした影響は，ＥＵの前身のEC（欧州共同体）における「会社法指令による会計法制の調和化」から継続して，現在も会社会計法を中心とした改革が展開されてきていることからすれば，ドイツだけでなく，その他の加盟国の会社会計法についても同様に及ぼすことも念頭に置く必要があるだろう。金融資本市場のグローバル化に対して，資本市場指向へ向けた改革が継続されていくとなれば，IFRSへの接近に向けたこの間の会計現代化改革が，フランコジャーマン系の大陸ヨーロッパの会計法体系を変質させ，各国の会計制度をさらに分岐化（多様化）させる契機となるかもしれない。

　しかも，そうした変化は，ＥＵ全体のIFRSへのエンドースメントとエンフォースメントのメカニズムと不可分の関係にあり，ＥＵの対IFRS戦略とIFRSの承認メカニズムに関して今後，ＥＵ全体の「公益」に基づいて進路を調整することも考えられなくもない。つまるところ，IFRSのパラドキシカルな性格はIFRSの受容（Adoption）と接近（Convergence）という二つの側面で作用し，ＥＵのガバナンス体制，そしてEU加盟国の会計統合の将来に対して，会計規準として以上のおおきな影響力をもつことになる。その意味で，IFRSの有り様は，すくなくとも，統一した会計制度を前提とした欧州経済圏における単一資本市場の実現という政策目標に対しても極めて重要な意味をもっていて，EUはその独自のガバナンスの在り方で，IFRSの策定活動に対して絶えず，監視する体制を緩めることはないであろう。

注

(1)　その後，ＥＵでは，2012年「最小規模企業に関する一定規模会社の年度決算書に関する第4号指令の修正のための指令」いわゆる「ミクロ指令」や2013年「一定の法形態の企業の年度決算書，連結決算書および関連報告書に係わる，第4号指令，第7号指令の修正に関する指令」いわゆる「新会計指令」などが公布され，加盟国における会社法改正がなされているが，本書では，IFRS導入のための「金融サービス行動計画」の実施内容を直接の考察対象としているため，それらは取り上げていない。

(2)　IASB,homepage：https://www.ifrs.org/use-around-the-world/why-global-accounting-standards/，2020年3月25日閲覧。

(3) 『グローバリゼーション・パラドクス』柴山桂太・大川良文訳，白水社，2014 年（原書は，Dani Rodrik, The Globalization Paradox: Democracy and the Future of the World Economy, 2011），233 頁。

(4) 同上書，251 頁

(5) 同上書，274 頁。

(6) 同上書，279-280 頁。

(7) こうした理解は，ドイツでは，C.Funke やその他，とくに法学者にみられる。C.Funke の場合，つぎのように述べられている。「立法者は徐々にパラダイム転換を実施し，会計法現代化法をもって結局，商法上の年度決算書の情報機能をより高い基準値に押し上げたことによって，情報による債権者保護はもはや法政策上の要請ではなく，多様に現行法に存在している。法律上の資本補償への継続した議論が示しているように，制度的債権者保護から情報による債権者保護への展開はもはや閉ざされてはいない。情報による債権者保護の決定的なコンセプトは，来たる将来，会社法と会計法の展開にとって不可避の基盤を形成するだろう。」Marcus C. Funke, Gläubigerschutz durch Information im Recht der Aktiengesellschaft, 2010, S.398.

引用・参考文献

【EU/ 法律・規制関連】

CESR : Standard No.1 on Financial Information, Enforcement of Standard on Financial Information in Europe, Ref: CESR/03-073, 12.03.2002

CESR : European Regulation on the Application on IFRS 2005; Recommendation for additional Guidance regarding the Transition to IFRS, Ref: CESR/03-323e, December 2003.

CESR : Standard No.2 on Financial Information, Coordination of Enforcement Activities, Ref: CESR/03-317c, 22.04.2004

CESR : CESR's review of the implementation and enforcement of IFRS in the EU, Ref:07-352, November 2007.

EFRAG : A Document for Public Consultation on the IASB Exposure Draft Conceptual Framework for Financial Reporting. Comments are requested by 26 October 2015, 08/07/2015.

ESMA : ESMA Guidelines on enforcement of financial information/2014/1293, 28 October, 2014,

ESMA : Peer Review on Guideline on Enforcement of Financial Information（Peer Review Report）, Date: 18 July 2017 ESMA42-111-4138 EU.

EU : Fourth Council Directive of 25 July 1978 based on Article 54 (3) (g) of the Treaty on the annual accounts of certain types of companies(78/660/EEC), Official Journal of the European Communities Nr. L 222,14. 08. 1978.

EU : Zweit Richtlinie des Rat vom 13.Dezember 1976 zur Koordinierung der Schutzbestimmungen, die in den Mitgliedstaaten den Gesellschaften im Sinne des Artikels 58 Absatz 2 des Vertrages im Interesse der Gesellschafter sowie Dritter für die Gründung der Aktiengesellschaft sowie für die Erhaltung und Änderung ihres Kapitals vorgeschrieben sind, um diese Bestimmungen gleichwertig zu gestalten (Kapitalrichtlinien), Amtsblatt der EU Nr.L26, 31.01.1977.

EU : Verordnung (EG)1606/2002 des Europäischen Parlaments und des Rates vom 19.7.2002 betreffend die Anwendung internationaler Rechnungslegungsstandards, Amtsblatt der EU, L243/1-4.

EU : Richtlinie 2003/71/EG des Europäischen Parlaments und des Rates vom 4.11.2003 betreffend den Prospekt, der beim öffentlichen Angebot von Wertpapieren oder bei deren Zulassung zum Handel zu veröffentlichen ist, und zur Änderung der Richtlinie 2001/34/EG, Amtsblatt der EU, L345/64-82.

EU : Modernisierung und Aktualisierung der Rechnungslegungsvorschriften : Richtlinie 2003/51/EG des Europäischen Parlaments und des Rates vom 18.6.2003 zur Änderung der Richtlinien 78/660/EWG, 83/349/EWG, 86/635/EWG und 91/674/EWG über den Jahresabschluss und den konsolidierten Abschluss von Gesellschaften bestimmter Rechtsformen, von Banken und anderen Finanzinstituten sowie von Versicherungsunternehmen, Amtsblatt der EU, L178/16-22.

EU : Directive 2004/109/EC of the European Parliament and of the Council of 15 December 2004 on the harmonisation of transparency requirements in relation to information about issuers whose securities are admitted to trading on a regulated market and amending Directive 2001/34/EC.

EU : Richtlinie 2004/39/EG des Europäischen Parlaments und des Rates vom 21.2.2004 über Märkt für Finanzinstrument, zur Änderung der Richtlinie 85/644/EWG des Rates und der Richtlinie 2000/12/EG des Europäischen Parlaments und des Rates und zur Aufhebung der Richtlinie 93/22 EWG des Rates, Amtsblatt der EU L145.

EU : Richtlinie 2004/109/EG des Europäischen Parlament und der Rat vom 15.12.2004, Zur Harmonisierung der Transparenzanforderung in Bezug auf Informationen über Ermittenten, deren Wertpapier zum Handel auf einen geregelten Markt zugelassen sind, und zur Änderung der Richtlinie 2001/34/EG, Amsblatt der EU, L390/38-57.

EU : Verordnung (EG)Nr.809/2004 der Kommission vom 29. April 2004 zur Umsetzung der Richtlinie 2003/71/EG des Europäischen Parlaments und des Rates vom 4. November 2003 betreffend den Prospekten enthaltenen Informationen sowie das Format, die Aufnahme von Informationen mittels Verweis und veröffentlichung solcher Prospekt und Verbreitung von Werbung ,Amtsblatt der EU,L162/7075.

EU : EU Press releases, Gut Nachrichten für Anleger : Europäisches Parlament billigt vorgeschlagene Transparenzrichtlinie, IP/04/398, 30.03.2004.

EU : (Proposal for a) Directive of the European Parliament and of the Council on the harmonization of transparency requirements with regard to information about issuers whose securities are admitted to trading on a regulated market and amending Directive 2001/31/EC, Institutional File: 2003/0045(COD), 22. April 2004.

EU : Verordnung (EG) Nr.1569/2007 der Kommission vom 2.Dezember 2007 über die Einrichtung eines Mechanismus zur Festlegung der Gleichwertigkeit der von Drittstaatemittenten angewandten Rechnungslegungsgrundsätze gemäß den Richtlinie 2003/71/EG und 2004/104/EG des Europäischen Parlament und des Rates, Amtsblatt der EU, L340/66-68.

EU : Regulation (EU) No 1095/2010 of the European Parliament and of the Council of 24 November 2010 establishing an European Supervisory Authority (European Securities and Markets Authority), amending Decision No 716/2009/EC and repealing Commission Decision 2009/77/EC/.

European Commission : Report from the Commission to the Council and the European Parlament on the operation of Regulation{EC} No1606/2002 of 19 July 2002 on the application of international accounting standards, COM(2008)215 final, 24.4. 2008,

European Commission : Report from the Commission to the European Parliament and the Council, Evaluation of Regulation (EC) N° 1606/2002 of 19 July 2002 on the application of International Accounting Standards, COM(2015) 301 final.

European Commission : Report by Philippe Maystadt , Should IFRS standards be more "European"? Mission to reinforce the EU's contribution to the development of international accounting standards, October 2013.

European Commission : Commission Press Release, Philippe Maystadt, special adviser to Commissioner Michel Barnier, presents his recommendations for enhancing the EU's role in international accounting standard-setting, IP/13/1065, 12 November 2013.

European Commission : Communication From The Commission To The European Parliament and The Council on Long-Term Financing of the European Economy, 27.3.2014 COM(2014) 168 final.

European Commission : Commission Press Release, Commissioner Barnier prolongs Philippe Maystadt's mission with a view to ensuring adequate and timely follow-up of EFRAG reform, IP/14/110, 4 February 2014.

European Commission ; Report From The Commission to The European Parliament And The Council on the progress achieved in the implementation of the reform of EFRAG following the recommendations provided in the Maystadt report, COM（2014）396.

European Commission : Commission Staff Working Document , Evaluation of Regulation (EC) N° 1606/2002 of 19 July 2002 on the application of International Accounting Standards, accompanying the document Report from the Commission to the European Parliament and the Council Evaluation of Regulation (EC) N° 1606/2002 of 19 July 2002 on the application of International Accounting Standards , COM(2015) 301 final,

Kommission der EU : Mitteilung der Kommission, Harmonisierung auf dem Gebiet der Rechnungslegung; eine neue Strategie im Hinblick auf die internationale Harmonisierung, COM95(508)DE, 1995.

Kommission der EU : Mitteilung der Kommission, Finanzdienstleistungen: Abstecken eines

Aktionsrahmens, KOM (1998) 625, 28.10. 1998.

Kommission der EU : Mitteilung der Kommission betreffend die Abschlußprüfung in der Europäischen Union: Künftiges Vorgehen, 8. 05. 1998, Amtsblatt der EU C143/12-18.

Kommission der EU : Mitteilung der Kommission, Finanzdienstleistungen: Umsetzung des Finanzmarktrahmens: Aktionplan, KOM (1999) 232, 11. 05. 1999.

Kommission der EU : Richtlinie des Europäischen Parlaments und des Rates zur Änderung der Richtlinien 78/660/EWG, 83/349/EWG im Hinblick auf die im Jahresabschluss bzw. im konsolidierten Abschluss von Gesellschaften bestimmter Rechtsformen zulässigen Wertansätze, KOM(2000)80 endgültig 200/0043(COD), 24.02.2000,

Kommission der EU : Mitteilung der Kommission, "Rechnungslegungsstrategie der EU : Künftiges Vorgehen", KOM (2000) 359 , 13. 06. 2000.

Kommission der EU : Vorschlag für eine Verordnung des Europäischen Parlaments und des Rates , betreffend die Anwendung internationaler Rechnungslegungsstandards, KOM(2001)80.

Kommission der EU : Vorschlag für eine Richtlinie des Europäischen Parlaments und des Rates zur Änderung der Richtlinien 78/660/EWG,83/349/EWG und 91/674/EWG über den Jahresabschluss und den konsolidierten Abschluss von Gesellschaften bestimmter Rechtsformen sowie Versicherungsunternehmen , KOM(2002)259/2, 09.07.2002.

Kommission der EU : Vorschlag für eine Richtlinie des Europäischen Parlament und der Rat zur Harmonisierung der Transparenzanforderung in Bezug auf Informationen über Ermittenten, deren Wertpapier zum Handel auf einen geregelten Markt zugelassen sind, und zur Änderung der Richtlinie 2001/34/EG, KOM(2003) 138, 2003/0045(COD), 26.03.2003.

Kommission der EU: Modernisierung des Gesellschaftsrechts und Verbesserung der Corporate Governance in der Europäischen Union Aktionplan, KOM (2003) 284 endg. v.21.5.2003.

Kommission der EU : Vorschlag für eine Richtlinie des Europäischen Parlaments und des Rates über die Prüfung des Jahresabschlusses und des konsolidierten Abschlusses und zur Änderung der Richtlinien 78/660/EWG und 83/349/EWG des Rates , 17. 02. 2004.

Kommission der EU : Entwurf Richtlinie/EG der Kommission womit Durchführungsbestimmungen zu bestimmten Vorschriften der Richtlinie 2004/109/EG zur Harmonisierung der Transparenzanforderungen in Bezug auf Information über Emittenten, deren Wertpapiere zum Handel auf einem geregelten Markt zugelassen sind, 2004.

【ドイツ / 法律・規制関連】

BMF : E-Bilanz　Elektronik statt Papier – Einfacher, schneller und günstiger berichten mit der E-Bilanz, Ausgabe 2012.

BMJ/BMF : Bundesministerium der Finanzen Mitteilung für die Presse ; Bundesregierung stärkt Anlegerschutz und Unternehmensintegrität, Maßnahmenkatalog der Bundesregierung zur Stärkung der Unternehmensintegrität und des Anlegerschutzes, am 25.03.2003.

BMJ : Pressemitteilungen am 25.02.2003, Bundesregierung stärkt Anlegerschutz und Unternehmensintegrität, Maßnahmenkatalog der Bundesregierung zur Stärkung der Unternehmensintegrität und des Anlegerschutzes.

BMJ : Pressemitteilungen am 08.12.2003, Enforcement stärkt Anlegerschutz und Unternehmensintegrität.

BMJ : Pressemitteilungen am 29.10.2004, Bundestag verabschiedet Bilanzrechtsreformgesetz und Bilanzkontrollgesetz .

BMJ : Referentenentwurf eines Gesetzes zur Modernisierung des Bilanzrechts（Bilanzrechtsmodernisierungsgesetz - BilMoG）vom 8.11.2007,

BMJ : Wesentliche Änderungen des Bilanzrechtsmodernisierungsgesetzes im Überblick, Stand: März 2009

BMJ : Pressemitteilungen, Neues Bilanzrecht: Milliardenentlastung für den deutschen Mittelstand beschlossen, 26. März 2009.

DRSC : Entwurf eines internationalen Standards　zur Bilanzierung von Small and Medium-sized Entities (ED-IFRS for SMEs) Ergebnisse einer Befragung deutscher mittelstandischer Unternehmen, Dezember 2007.

DSR : Mitteilung der Kommission an den Rat und das EP über eine neue Rechnungslegungsstrategie der EU: Künftiges Vorgehen, 21.September 2000.

DSR : Aufforderung zur Stellungnahme durch den Deutschen Standardisierungsrat (DSR) zu Vorschlag der Umsetzung der EU-Fair-Value-Richtlinie in deutsches Recht, 11. 20.2001.

DSR : EG-Verordnung vom 7.Juni betreffend die Anwendung internationaler Rechnungslegungsstandards , Vorschlag der Kommmission vom 28.Mai 2002 für eine Richtlinie des europäischen Parlament und Rates zur Änderung der Richtlinien 78/660/EWG,83/349/EWG und 91/674/EWG über den Jahresabschluss und den konsolidierierten Abschluss von Gesellschaften bestimmter Rechtsformen sowie Versicherungsunternehmen, Empfehlung der Kommission vom 16. Mai 2002 zur Unabhängigkeit des Abschlussprüfers in der EU - Grundprinzipien , 24. Oktober 2002.

DSR : Entwurf Gesetz zur Einführung internationaler Rechnungslegungsstandards und zur Sicherung der Qualität der Abschlussprüfung (Bilanzrechtsreformgesetz - BilReG) Stellungnahme DSR vom 22.01.2004.

DSR : Vorschläge des DSR zum Bilanzrechtsmodernisierungsgesetz, 03.05.2005.

Entwurf eines Gesetz zur Einfürung internationaler Rechnungslegungsstandards und zur Sicherung der Qualität der Abschlusprüfung (Bilanzrechtsreformgesetzes - BilReG) vom 15.12.2003.

Gesetz zur Durchführung der Vierten, Siebenten und Achten richtlinie des Ratese der Europäischen Gemeinschaften zur Koordinierung des Gesellschafts(Bilanzrichtlinien-Gesetz-BiRiLiG) vom 19.Dezember 1985, BGBl Teil I ,1985.

Gesetz zur Verbesserung der Wettbewerbsfähigkeit deutscher Konzerne an Kapitalmärkten und Erleichterung der Aufnahme von Gesellschafterdarlehen (Kapitalaufnahmeerleicherungsgesetz- KapAEG, Deutscher Bundesrat , 20.04.1998, BGBl Teil I Nr.24 , 1998.

Gesetz zur Kontrolle und Transparenz im Unternehmensbereich(KonTraG) vom 27.04.1998, BGBl Teil I Nr.24, 1998.

Gesetz zur Durchführung der Richtlinie des Rates der Europäischen Union zur Änderung der Bilanz- und Konzernbilanzrichtlinie hinsichtlich ihres Änderungsbereich (90/605/ EGW), zur Verbesserung der Offenlegung von Jahresabschlüssen zur Änderung anderer handelsrechtlicher Bestimmungen (Kapitalgesellschaften- und Co-Richtlinie-Gesetz-KapCoRiLiG), BT-Drucksach 14/2353 vom 14.12.1999.

Gesetz zur Durchführung der Richtlinie des Rates der Europäischen Union zur Änderung der Bilanz- und der Konzernbilanzrichtlinie hinsichtlich ihres Anwendungsbereichs (90/605/EWG) , zur Verbesserung der Offenlegung von Jahresabschlussen und zur Änderung anderer handelsrechtlicher Bestimmungen vom 24.02.2000, BGBl Teil. I, Nr.8, 2000.

Gesetz zur Einführung internationaler Rechnungslegungsstandards und zur Sicherung der Qualität der Abschlussprüfung (Bilanzrechtsreformgesetz - BilReG) vom 04.12.2004, BGBl Teil I Nr.65, 2004.

Gesetz zur Kontrolle von Unternehmensabschlüssen(Bilanzkontrollgesetz - BilKoG) vom 15.12.2004. BGBl Teil I Nr.69, 2004.

Gesetz zur Modernisierung des Bilanzrechts (Bilanzrechtsmodernisierungsgesetz – BilMoG) vom 25.05.2009, BGBl 2009 Teil I Nr.27 , 2009.

Gesetzentwurf der Bundesregierung, Drucksach 967/96 vom 20.12.1996, Entwurf eines Gesetzes zur Verbesserung der Wettbewerbsfähigkeit deutscher Konzern an internationalen Kapitalmarkten und zur Erleichtung der Aufnahme von

Gesellschafterdarlehen (Kapitalaufnahmeerleicherungsgesetz-KapAEG), Deutsches Bundesrat, 1996,

Gesetzentwurf der Bundesregierung, Entwurf eines Gesetzes zur Kontrolle und Transparenz im Unternehmensbereich (KonTraG), BT-Drucks.13/9712 vom 28.01.1998.

Gesetzentwurf der Bundesregierung zum Kapitalgesellschaften- und Co-Richtlinie-Gesetz, BT-Drucks. 458/99 vom 13.08.1999,

Gesetzentwurf der Bundesregierung zum Bilanzkontrollgesetz, BT-Drucks.15/34191 vom 24.06.2004,

Gesetzentwurf der Bundesregierung zum Bilanzrechtsreformgesetz, BT-Drucks.15/3421 vom 24.06.2004,

Gesetzentwurf der Bundesregierung zum Bilanzrechtsmodernisierungsgesetz, BT-Drucks. 16/10067 vom 30.07.2008,

Gesetzesbeschluß der Deutscher Bundestages, Gesetz zur Verbesserung der Wettbewerbsfähigkeit deutscher Konzerne an Kapitalmärkten und Erleicherung der Aufnahme von Gesellschafterdarlehen (Kapitalaufnahmeerleicherungsgesetz- KapAEG), Deutscher Bundesrat , Drucksache 137/98 vom 13. 02. 1998.

Gesetzesbeschluß der Deutscher Bundestages, Gesetzes zur Kontrolle und Transparenz im Unternehmensbereich (KonTraG), Deutscher Bundesrat Drucksache 203/98 vom 06. 03.1998.

Transparenz- und Publizitätgesetz (TransPuG) vom 19.07.2002, BGBl Teil Ⅰ, 2002.

【著書・論文等（欧文）】

Anna Holtsch : Einfluß der IFRS auf das HGB, Konzeptionelle Würdigung von dem Hintergrund europarechtlicher Einbettung und nationaler Besonderheiten, 2019.

Arbeitskreis Bilanzrecht der Hochschullehrer Rechtwissenschaft : Stellungsnahme zu dem Entwurf eines BilMoG: Einzelfragen zum materiellen Bilanzrecht in: Der Betriebs-Berater ,2008.

Arbeitskreis Externe Unternehmensrechnung der Schmalenbach-Gesellschaft für Betriebswirtschaft e.V. : International Financial Reporting Standards im Einzel- und Konzernabschluss unter der Prämisse eines Einheitsabschlusses für unter Anderem steuerliche Zwecke, in: Der Betrieb, 56. Jg. 2003.

Arbeitskreis Externe Unternehmensrechnung der Schmalenbach-Gesellschaft für Betriebswirtschaft e.V. : Stellungnahme zum Referentenentwurf eines Bilanzrechtsreformgesetzes, in: Betriebs-Berater, 59. Jg., 2004.

Arbeitskreis "Externe Unternehmensrechnungs" der Schmalenbach Gesellschaft für

Betriebswirtschaft e.V. : International Financial Reporting Standards im Einzel- und Konzernabschluss unter der Prämisse eines Einheitsabschlusses für unter Anderem steuerlicher Zwecke, in:Der Betrieb,2003.

Arbeitskreis Externe Unternehmensrechnung der Schmalenbach-Gesellschaft für Betriebswirtschaft e.V. : Stellungnahme zum Referentenentwurf eines Bilanzkontroll-gesetzes, in: Der Betrieb, 57. Jg., 2004.

Arbeitskreis Externe und Interne Überwachung der Unternehmung der Schmalenbach-Gesellschaft für Betriebswirtschaft e.v.: Auswirkungen des KonTraG auf die Unternehmensüberwachung, Beilage Nr.11/2000 zu Heft Nr.37 vom 15.9.2000.

Arbeitskreis" Externe Unternehmumgs" der Schmalenbach-Gesellschaft für Betriebswirtschaft e.V. : International Financial Reporting Standards im Einzel- und Konzernabschluss unter der Prämisse eines Einheitsabschlusses für unter Anderem steuerlicher Zwecke, in: Der Betrieb, Heft 30 , 2003.

Arbeitskreis Externe Unternehmensrechnung der Schmalenbach-Gesellschaft für Betriebswirtschaft e.V.: Stellungnahme zu dem Referentenentwurf eines Bilanzrechts-modernisierungsgesetzes, in: Betriebs-Berater, 63. Jg. 2008.

Baetge, Jörg : Grundsätze ordnungsmäßiger Buchführung, in: Der Betrieb,Beilage Nr.26/86, 1986.

Baetge, Jörg / Kirsch, Hans-Jürgen / Thiele ,Stefan : Bilanzen, 10.Aufl.,2009.

Baetge, Jörg / Kirsch, Hans-Jürgen / Thiele ,Stefan : Bilanzen, 14.Aufl.,2017.

Baetge, Jörg / Kirsch, Hans-Jürgen / Thiele, Stefan : Konzernbilanzen, 8.Aufl.,2009.

Baetge, Jörg / Zülch Henning : Fair-Value-Reporting, in: BFuP, 6, 2001.

Baetge, Jörg/ Zülch Henning : Rechnungslegungsgrundsätze nach HGB und IFRS, in: Handbuch des Jahresabschlusses in Einzeldarstellungen(HdJ) Abt.1/2, 2004.

Baetge, Jörg/ Kirsch ,Hans-Jürgen/ Solmecke, Henrik : Auswirkungen des BilMoG auf die Zwecke des handelsrechtlichen Jahresabschlusses, In: Wirtschaftsprüfung , 24Jg. 2009

Ballwieser,Wolfgang : Sind mit der Generalklausel zur Rechnungslegung auch neue Prüfungspflichten verbunden, in: Betriebs-Berater, 40Jg., 1985.

Ballwieser, Wolfgang : Zum Nutzen handelsrechtlicher Rechnungslegung, in:Rechnungslegung － Warum und Wie － (Festschrift für Hermann Clem), hrsg.von Wolfgang Ballwieser, Adolf Moxter, Rolf Nonnenmacher, 1996.

Bareis,Peter : Maßgeblichkeit der Handels- für die Steuerbilanz de lege lata und de lege ferenda, Schmiel, Ute/ Breithecker, Volker (Hrsg.), Steuerliche Gewinnermittlung nach dem Bilanzrechtsmodernisierungsgesetz, 2008.

Beisse, Heinrich : Rechtfragen der Gewinnung von GoB, in: BFuP, 1990

Bieg, Hartmut / Borfinger,Peter / Küting,Kahlheiz / Kußmaul, Heinz / Waschbusch, Gerd / Weber,Claus-Peter : Die Saarbrücker Initiative gegen den Fair Value, in : Der Betrieb, 2008,

Biener, Herbert / Beneck, Wilhelm : Bilanzrichtlinien-Gesetz vom19.12.1985 mit Bericht des Rechtausschusses des Deutsches Bundestages, Regierungsentwürfe mit Begründung, Entstehung, und Erläuterung des Gesetzes,1986.

Biener, Herbert : Können die IAS als GoB in das deutsche Recht eingeführt? , in : Rechnungslegung Prüfung und Beratung- Herausforderungen für den Wirtschaftsprüfer- (Festschrift für Rainer Ludewig), hrsg, Jörg Baetge, Dietrich Börner, Karl-Heinz Forster, Lother Schruff, 1996.

Böcking, Hans-Joachim : Auswirkungen der neuen Rechnungslegungs- und Prüfungs- vorschriften auf die Erwartungslücke, in : Reform des Aktienrechts, der Rechnungslegung und Prüfung, KonTraG-KapAEG-EuroEG-StückAG-, hrsg.von Dietrich Dörner, Dieter Menold, Norbert Pfitzer ,1999.

Böcking, Hans-Joachim / Ernst, Christoph / Feld, Klaus-Peter / Roth, Oliver / Senger, Thomas : Deutsche Bilanzierung im Umbruch: BilMoG und SME-IFRS – Chance oder Belastung für deutsche Unternehmen ?, 2009.

Böcking, Hans-Joachim /Flick, Caroline: Die Saarbrücker Initiative gegen den Fair Value, Der Betrieb, 62.Jahrgang, 2009.

Brecker, Norbert : Änderungsmöglichkeiten der deutschen Rechnungslegung durch die geplante Bilanzrechtsmodernisierung, in: Carl-Christian Freidank(hrsg.), Reform der Rechnungslegung und Corporate Governance in Deutschland und Europa, 2004.

Breithecker ,Volker : BilMoG – Überblick über die Änderungen einzelabschluss- relevanter Vorschriften und Auflistung der Durchbrechungen des Maßgeblichkeitsprinzips, in: Schmiel, Ute/ Breithecker, Volker (Hrsg.) , Steuerliche Gewinnermittlung nach dem Bilanzrechtsmodernisierungsgesetz, 2008.

Budde,Wolfgang Dieter / Clemm,Manfred/ Max-Sarx,Hermann（hrsg.）: Beck'scher Bilanz Kommentar, Der Jahresabschluß nach Handels- und Steuer Bilanz, 1987.

Budde,Wolfgang Dieter : Konzernrechnungslegung nach IAS und US-GAAP und ihre Rückwirkungen auf den handelsrechtlichen Einzelabschluss, in: Wolfgang Dieter Budde, Adolf Moxter, Klaus Offenhaus(hrsg.), Handelsbilanzen und Steuerbilanzen, 1997.

Buhleier,Claus/ Helmschrott, Harald : Die neue Strategie der Europäischen Union zur Harmonsierung der Rechnungslegung und ihre möglichen Auswirkungen auf Deutschland, in: Deutsches Steuerrecht(DStR) ,36jg.,1998.

Busse von Colbe, Walter : Vorschlag der EG-Kommission zur Anpassung der Bilanzrichtlinie an die IAS – Abschied von der Harmonisierung, in: Betriebs-Berater,57.Jg., 2002.

Busse von Colbe, Walter : Der befreiende Konzernabschluß nach international anerkannten Rechnungslegungsgrundsätzen, in : Reform des Aktienrechts der Rechnungslegung und Prüfung , KonTraG- KapAEG- EuroEG- StückAG-, hrsg.von Dietrich Dörner / Dieter Menold / Norbert Pfitzer, 1999.

Dr.Kleeberg&Partner GmbH : Wirtschaftsprüfungsgesellschaft, Steuerberatungsgesellschaft ; E-Bilanz Prüfen – planen – profitieren (http://www.kleeberg.de/fileadmin/ download/ e-bilanz/Kleeberg_Praesentation_E-Bilanz_August_2013.pdf), Juni 2013.

Ernst,Christoph : Überblick über die Änderungen der Handelsgesetzbuch zu Rechnungslegung und Abschlußprüfung, in: Dietrich Dörner / Dieter Menold / Norbert Pfitzer(hrsg.), Reform des Aktienrechts, der Rechnungslegung und Prüfung- KonTraG-KapAEG-EuroEG-StückAG,1999.

Ernst, Christoph: Eckpunkte des Referentenentwurf eines Bilanzrechtmodernisierungsgesetz (BilMoG) in:Die Wirtschaftsprüfung, 62.Jg, 2008.

Ernst, Christoph: KonTraG und KapAEG sowie aktuelle Entwicklungen zur Rechnungslegung und Prüfung in der EU, in: Wirtschaftsprüfung, 51.Jg., 1998.

Federmann, Rudolf : Bilanzierung nach Handelsrecht und Steuerrecht, Gemeinsamkeiten, Unterschiede und Abhängigkeiten von Handels- und Steuerbilanz unter Berücksichtigung internationaler Rechnungsstandard, 11 Aufl., 2000.

Federmann, Rudolf / Müller, Stefan : Bilanzierung nach Handelsrecht, Steuerrecht und IFRS, Gemeinsamkeiten, Unterschiede und Abhängigkeiten – mit uber 195 Abbildungen, 13.Aufl.,2018.

Forster,Guido/ Schmidtmann, Dirk : Steuerliche Gewinnermittlung nach dem BilMoG, in: Betriebs-Berater, 64.Jg., 2009.

Funnemann,Carl-Bernhard / Kerssenbrok, Otto-Ferdinand Graf : Ausschüttungssperren im BilMoG-RegE, in: Betriebs-Berater, 63.Jg., 2008.

Fülbier, Rolf Uwe / Kuschel, Patrick / Maier, Friedrike : BilMoG, Internationalisierung des HGB und Auswirkungen auf das Controlling, 2010.

Fülbier, Rolf Uwe / Gassen, Joachim: Das Bilanzrechtsmodernisierungsgesetz(BilMoG), Handelsrechtliche GoB vor der Neuinterpretation, in: Der Betrieb, 60.Jg., 2007.

Funke, Marcus C. : Gläubigerschutz durch Information im Recht der Aktiengesellschaft, 2010.

Haller, Axel / Honors, Eva / Loffelmann, Johann: Die einheitliche Erstellung von Handels- und Steuerbilanz, Der Betrieb, Nr.16, 2011.

Havermann, Hans : Tendenten zur Internationalisierung der deutschen Konzernrechnungslegung, in: Jahresabschluß, und Jahresprüfung –

Probleme,Perspektiven, internationale Einfluße , Festschrift zum 60.Geburtstag von Jörg Baetge, hrsg.von Thomas R.Fischer und Reinhold Hömberg, 1997.

Hennrichs, Joachim : GoB im Spannungsfeld von BilMoG und IFRS, in: Die Wirtschaftsprüfung, 2011.

Herzig, Norbert : Modernisierung des Bilanzrecht und Besteuerung , in: Der Betrieb, 61.Jg., 2008.

Herzig, Norbert : Steuerliche Konsequenzen des Regierungsentwurfs zum BilMoG in: Der Betrieb, 2008.

Herzig, Norbert / Briesemeister, Simone : Das Ende der Einheitsbilanz, Abweichungen zwischen Handels- und Steuerbilanz nach BilMoG-RegE, in: Der Betrieb, 2009.

Herzig, Norbert / Briesemeister, Simone / Schäperclaus, Jens : Von der Einheitsbilanz zur E-Bilanz , in: Der Betrieb, 2010

Herzig, Norbert/Dautzenberg, Norbert : Auswirkungen der Internationalisierung der Rechnungslegung auf die Steuerbilanz, in: Betriebswirtschaftliche Forschung und Praxis(BFuP), 1998.

Hulle, Karel van : Truth and untruth about true and fair :a commentary on a "European true and fair view" comment, in: European Accounting Review,Vol.2, 1993.

Hulle, Karel van : Prudence: a principle or an attitude ?, in: European Accounting Review, Vol.5, 1996.

IASB : Exposure Draft of an IFRS for Small and Medium-sized Entities, ED-IFRS for SMEs, 2007.

IASB : IFRS Foundation Comments on The Maystadt Report, 05 December 2013.

IASB : A Perspective From The Staff of The IFRS Foundation, Commission Evaluation of The International Accounting Standards (IAS) Regulation, September 2014,

IASB : Conceptual Framework for Financial Reporting ED/2015/3, May 2015, pp.1-92 / Basis for Conclusions on the Exposure Draft Conceptual Framework for Financial Reporting, ED/2015/3, May 2015.

IDW e.V.(Hrsg.) : Bilanzrechtsreformgesetz(BilReG), Bilanzkontrollgesetz(BilKoG), mit Begründungen Regierungsentwürfe,Stellungnahmen der Bundesrates mit Gegenäußerungen der Bundesregierung, Berichten des Rechtausschusses des Deutschen Bundestages Stichwortverzeichnis, 2005.

Kahle,Holger : Maßgeblichkeitsgrundsatz auf Basis der IAS ? ,in: Die Wirtschaftsprüfung, 555.Jg., 2002.

Kessler, Harald / Leinen, Markus / Strickmann, Michael (Hrsg.) : Bilanzrechtsmoder-nisierungsgesetz (BilMoG-RegE), Die neue Handelsbilanz, 2008.

Kirsch, Hans-Jürgen: Zur Frage der Umsetzungen der Mitgliedstaatenwahlrecht der EU-Verordnung zur Anwendung der IAS/IFRS, in: Die Wirtschaftsprüfung ,56.Jg.,2003.

Knorr, Karl Ernst : Übernahme der Regelungen der EU-Verordnung sowie der Modernisierung- und Fair-Value-Richtlinie in deutsches Recht, in: Carl-Christian Freidank(hrsg.), Reform der Rechnungslegung und Corporate Governance in Deutschland und Europa, 2004.

KPMG (hrsg.) : Contract EDT/2006/IM/F2/71 Feasibility study on an alternative to the capital maintenance regime established by the second Company Law Directive 77/91/ EES of 13 December 1976 and an examination of the impact on profit distribution of the new EU-accountingregime- Main Report, January 2008.

Küting, Karlheinz : Europäisches Bilanzrecht und Internationalisierung der Rechnungslegung, in: Betriebs-Berater 2/1993,1993.

Küting, Karlheinz : Die Rechnungslegung in Deutschland an der Schwelle zu einem neuen Jahrtausand, in: Deutsches Steuerrecht (DStR) , 1/2000.

Küting, Karlheinz / Hayn, Sven,: Der internationale Konzernabschluß als Eintrittskarte zum weltweiten Kapitalmarkt, in: Betriebs-Berater, 13/1995.

Küting, Karlheinz / Pfitzer, Norbert / Weber, Claus Peter (hrsg): IFRS und BilMoG , Herausforderungen für das Bilanz-und Prüfungswesen, 2010.

Küting, Karlheinz / Lauer, Peter : Die Jahresabschlusszwecke nach HGB und IFRS Polarität oder Konvergenz ?, in: Der Betrieb, Nr.36, 2011

Küting, Karlheinz / Pfitzer, Norbert / Weber, Claus Peter , IFRS oder HGB, 2.Aufl., 2013,

Lutz-Ingold, Martin : Immaterielle Güter in der externen Rechnungslegung, Grundsätze und Vorschriften zur Bilanzierung nach HGB, DRS und IAS/IFRS, 2005.

Marten, Kai-Uwe / Weiser, M.Felix : Neuorientierung der Bilanzpolitik für den Einzelabschuluss, in: Carl-Christian Freidank(hrsg.), Reform der Rechnungslegung und Corporate Governance in Deutschland und Europa, 2004.

Meusburger, Pia / Pelger, Christoph : Enforcement in Europa,in: KOR, 18Jrg, März 2018.

Moxter, Adolf : Die Zukunft der Rechnungslegung, in: Der Betrieb, 2001.

Najdeak, Anne : Harmonisierung des europäischen Bilanzrecht ; Problembestimmung und konzeptionelle Würdigung, 2009.

Pellens, Bernhard : Internationale Rechnungslegung, 3.Aufl., 1999.

Pellens, Bernhard / Fülbier, Rolf Uwe / Gassen, Joachim : Internationale Rechnungslegung, 5.Auflage, 2004.

Pellens, Bernhard / Fülbier, Rolf Uwe/ Gassen, Joachim / Sellhorn, Thorsten : Internationale Rechnungslegung, 8.Auflage, 2011,

Petersen, Karl / Zwirner, Christian : Rechnungslegung und Prüfung im Umbruch: Überblick über das neue deutsche Bilanzrecht　–Veränderte Rahmenbedingungen durch das verabschiedete Bilanzrechtsmodernisierungsgesetz (BilMoG) –KoR-Behefter 1 zu Heft 5 beilage(1), 2009

Petersen, Karl / Zwirner, Christian / Künkele, Kai Peter : BilMoG in Beispielen, Anwendung und Übergang- Praktishe Empfehlungen für den Mittelstand, 2010.

Pfitzer, Norbert / Oser, Peter / Orth, Christian : Reform des Aktien-,Bilanz- und Aufsichtsrechts, 2.Aufl., 2006.

Plaumann, Sabine : Auslegungshierarchie des HGB, Ein Analyse der Auslegungs-quellen und bestehender Wechselwirkungen, 2012.

Schanz,Kai-Michael : Börseneinführung, Handbuch für den Börzengang und die börsennotierte Gesellscaft, 4.Aufl., 2012.

Schauf, Peter : Die Kapitalschutzfunktion des Jahresabschluß nach dem BilMoG, Auswirkung der Bilanzrechtsmodernisierung auf den kapitalgesellschaftlichen Kapital- und Gläubigerschuzt, 2017

Schmeling, Jens Ulrich : Das Bilanzrechtsmodernisierungsgesetz (BilMoG) und seine Auswirkungen auf den handelsrechtlichen Einzelabschluß, Eine Annäherung an die International Financial Reporting Standard(IFRS)?, 2010.

Schmidt-Versteyl , Michael : Durchsetzung ordnungsmäßiger Rechnungslegung in Deutschland, Enforcement nach dem Bilanzkontrollgesetz, 2007.

Schmidt, Peter-Jürgen : Wie maßgeblich breibt die Maßgeblichkeit? , in: Rechnungslegung Prüfung und Beratung- Herausforderungen für den Wirtschaftsprüfer- (Festschrift für Rainer Ludewig), hrsg, Jörg Beatge, Dietrich Börner, Karl-Heinz Forster, Lother Schruff.

Schneider, Dieter : Steuerbetriebswirtschaftliche Gewinnermittlung statt der Entwurfs einer BilMoG-elpackung !, in: Ute Schmiel, Volker Breithecker(hrsg.), Steuerliche Gewinnermittlung nach dem Bilanzrechtsmodernisierungsgesetz, 2008.

Seibert,Ulrich : Das Gesetz zur Kontrolle und Tranzparenz im Unternehmensbereich (KonTraG) -Die aktienrechtlichen Regelungen im Überblick, in : Reform des Aktienrechts der Rechnungslegung und Prüfung , KonTraG- KapAEG- EuroEG- StückAG-, hrsg.von Dietrich Börner / Dieter Menold / Norbert Pfitzer, 1999.

Siegel,Theodor : Mangelnde Ernsthaftigkeit des Gläubigerschutzes als offene Flanke der deutschen Rechnungsvorschriften, in: Jahresabschluß, und Jahresprüfung – Probleme, Perspektiven, internationale Einfluße, Festschrift zum 60.Geburtstag von Jörg Baetge, hrsg.von Thomas R.Fischer und Reinhold Hömberg, 1997.

Wiedmann, Harald / Böcking, Hans-Joahim / Gros, Marius : Bilanzrecht Kommentar zu den
　　§ 238 bis 342a HGB, 3.Aufl., 2014,

Wiedmann, Harald / Böcking, Hans-Joahim / Gros, Marius : Bilanzrecht Kommentar zu den
　　§ 238 bis 342a HGB, § 135-138, 158-161 KAGB Kommentar, 4 Aufl.,2019.

Winnefeld, Robert : Bilanzhandbuch, Handels-und Steuerbilanz, Rechtsformsspezifisches
　　Bilanzrecht,Bilanzielle Sonderfragen, Sonderbilanzen, IAS/IFRS-Rechnungslegung,
　　5.Aufl., 2015.

Zülch,Henning / Pronobis, Paul : Die neuen US-GAAP, Auswirkungen des FASB
　　Accounting Standards CodificationTM -Projekt（FASB　ASC）, in: Der Betrieb, 62.Jg
　　,2009.

Zwirner, Christian : 20Jahre Kapitalmarktorientierung und IFRS: Rückblick und Ausblick,
　　IRZ, Heft 6, Juni 2017.

【著書・論文等（邦文）】

安藤英義（編著）：『会計における責任概念の歴史』中央経済社，2018 年

五十嵐邦正：『現代静的会計論』森山書店，1999 年。

五十嵐邦正：『会計制度改革の視座』千倉書房，2014 年。

今福愛志：『企業統治の会計学―IFRS アドプションに向けて』中央経済社，2009 年。

稲見　亨：『ドイツ会計国際化論』森山書店，2004 年。

稲見　亨（監訳）：『ドイツ会計論』森山書店，2018 年。

稲見　亨：『国際的会計基準論―ドイツの IFRS 対応―』森山書店，2020 年。

大阪産業大学会計研究室（訳）：『W／フレーリックス著　現代の会計制度』（第 2 巻税法編）
　　森山書店，1987 年。

大下勇二：『連単分離の会計システム―フランスにおける 2 つの会計標準化』法政大学出版
　　局，2018 年。

小津稚加子（監訳）：『多国籍企業の会計―グローバル財務報告と基準統合』中央経済社，
　　2007 年。

川口八洲雄：『会計指令法の競争戦略』森山書店，2000 年。

川口八洲雄（編著）：『会計制度の統合戦略―EU とドイツの会計現代化―』森山書店，2005
　　年。

河﨑照行（編著）：『会計制度のパラダイムシフト―経済社会の変化が与える影響―』中央経
　　済社，2019 年。

川村義則・石井明（監訳）：『グローバル財務報告　その真実と未来への警鐘』中央経済社，
　　2009 年。

木下勝一：『会計規準の形成』森山書店，1990 年。

木下勝一：「IAS/IFRS と税務上の利益計算―ヘルツィヒの基準性原則廃止後の将来像に関する所説―」『會計』第 177 巻 5 号，2010 年。

木下勝一：「欧州版 IFRS の域内内部化とドイツの戦略的対応：資本市場指向・非資本市場指向の差別化による限定的適用」『會計』第 181 巻 5 号，2012 年

黒田全紀：『EC 会計制度調和化論』有斐閣，1989 年

黒田全紀（編著）：『ドイツ財務会計の論点』同文館，1993 年

久保田秀樹：『ドイツ商法現代化と税務会計』森山書店，2014 年。

郡司　健：「会計基準のコンバージェンスへの対応とその制度的課題」『企業会計』第 60 巻 2 号，2008 年。

古賀智敏（監修）：『会計基準のグローバリゼーション―IFRS の浸透化と各国の対応―』同文舘出版，2009 年。

斎藤静樹：「コンバージェンスの岐路と IFRS の求心力」『企業会計』第 62 巻第 2 号，2010 年。

齋藤真哉：「ドイツにおける会計と税務の関係への IFRS の影響 ‐ 貸借対照表現代化法（BilMoG）の検討 ‐」『産業経理』第 69 巻第 2 号，2009 年。

坂本孝司：『会計制度の解明―ドイツとの比較による日本のグランドデザイン―』中央経済社，2011 年。

佐藤誠二：『現代会計の構図』森山書店，1993 年。

佐藤誠二：『ドイツ会計規準の探究』森山書店，1998 年。

佐藤誠二：『会計国際化と資本市場統合―ドイツにおける証券取引開示規制と商法会計法との連繋―』森山書店，2001 年。

佐藤誠二（編著）：『EU・ドイツの会計制度改革―IAS/IFRS の承認と監視のメカニズム―』森山書店，2007 年。

佐藤誠二：『国際的会計規準の形成―ドイツの資本市場指向会計改革―』森山書店，2011 年。

佐藤博明（監訳）：『ドイツ連結会計論』，森山書店，2002 年。

佐藤博明：「EUとドイツにおける会計エンフォースメント」佐藤誠二編著『EU・ドイツの会計制度改革』森山書店，2007 年。

佐藤博明：「新ドイツ会計法のパラダイムと GoB 論の位相」『會計』第 179 巻 4 号，2011 年。

佐藤博明／ヨルク・ベェトゲ（編著）『ドイツ会計現代化論』森山書店，2014 年。

潮﨑智美：「欧州資本市場における local GAAP の適用：ドイツの事例を中心として」『国際会計研究学会年報（2015 年度第 1 号）』，2016 年。

潮﨑智美：「証券市場における IFRS 適用とローカリゼーション ―ドイツ型会計に属する諸国における会計基準選択―」『国際会計研究学会年報（2018 年度第 1・2 合併号）』，2019 年

柴山桂太／大川良文（訳）：『グローバリゼーション・パラドクス』，白水社，2013 年。

杉本徳栄：『国際会計の実像』同文館出版，2017 年。

角ヶ谷典幸：「経済のグローバル化と会計上のコンフリクト」『国際会計研究学会年報』2018
年度第 1・2 合併号，2019 年。

H. チュルヒ /D. デッツェン：「ドイツにおける公正価値会計」佐藤博明 / ヨルク・ベェトゲ
（編著）『ドイツ会計現代化論』森山書店，2014 年。

辻山栄子：「IFRS 導入の制度的・理論的課題」『企業会計』第 61 巻第 3 号，2009 年。

辻山栄子：『IFRS の会計思考 − 過去・現在そして未来への展望』中央経済社，2015 年。

津守常弘：『会計基準形成の論理』森山書店，2002 年

徳賀芳弘：『国際会計論』中央経済社，2000 年。

徳賀芳弘：「EU の国際会計戦略—インターナショナルアカウンティングへの再挑戦と同等性
評価問題」，『国際会計研究学会年報（2005 年度）』，2006 年。

戸田秀雄（訳）：『ヨーロッパ共同体貸借対照表指令』（ハインリッヒ　H. ヨナス著）中部日
本教育文化会，1984 年。

長谷川一弘：『ドイツ税務貸借対照表論—機関会社関係制度上の所得算定にみる会計の制度
的な役割—』森山書店，2010 年。

平松一夫 / 辻山栄子（責任編集）：『会計基準のコンバージェンス』中央経済社，2014 年

法務省大臣官房司法法制部編『ドイツ商法典（第 1 編〜第 4 編）』法曹会，2016 年

宮上一男：『会計学本質論』森山書店，1979 年。

宮上一男 /W・フレーリックス（監修）：『現代ドイツ商法典』（第 2 版）森山書店，1993 年。

松本　剛：『ドイツ商法会計用語辞典』森山書店，1990 年。

森美智代：『会計制度と実務の変容—ドイツ資本会計の国際的調和化を中心として—』森山
書店，2009 年。

森本　滋：『EC 会社法の形成と展開』商事法務研究会，1984 年。

弥永真生：『会計基準と法』中央経済社，2013 年。

山口幸五郎：『EC 会社法指令』同文館，1984 年。

ヨルク・ベェトゲ：「ドイツ会計の国際化」（邦訳），佐藤博明，ヨルク・ベェトゲ編著，『ド
イツ会計現代化論』森山書店，2014 年。

初 出 一 覧

　本書は，以下に示した各論文に大幅な修正および増補を加えて再構成し，ま
とめ上げたものである。

序　章　書き下ろし

第1章　「EU の IFRS 受容に対する枠組み ―欧州型 TFV と慎重原則―」『産
　　　　業経理』第 77 巻 2 号，2017 年 7 月

第2章　「IFRS の欧州化についての考察 ―欧州委員会「IAS 規則の評価」等
　　　　を素材として―」『會計』第 188 巻第 4 号，2015 年 10 月

第3章　「IFRS 適用後の会計エンフォースメント ―欧州における統一会計基
　　　　準履行へのガバナンス―」『會計』第 195 巻第 6 号，2019 年 6 月

第4章　「ドイツ会計制度における IFRS の内法化 ―資本市場指向改革がもつ
　　　　意味―」『同志社商学』第 71 巻 6 号，2020 年 3 月

第5章　「IFRS 導入が商法会計目的に及ぼす影響 ―ドイツの会計現代化改革
　　　　をめぐる議論―」『産業経理』第 72 巻 1 号，2012 年 4 月

第6章　「ドイツ会計法規範への IFRS の影響 ―商法会計法の目的と規範構
　　　　造―」『會計』第 190 巻第 6 号，2016 年 12 月

　　　　「ドイツ商法会計法のコンセプト ―IFRS への調和と対抗―」『會計』
　　　　第 194 巻第 2 号，2018 年 8 月

第7章　「会計法現代化法における基準性原則」佐藤博明 / ヨルク・ベトゲ
　　　　編著『ドイツ会計現代化論』森山書店（第 4 章所収），2014 年 4 月

第8章　「公正価値会計と債権者保護 ―ドイツ商法会計法改革の論点」『會計』
　　　　第 197 巻第 6 号，2020 年 6 月

終　章　書き下ろし

著者略歴

　佐　藤　誠　二（さとう　せいじ）

現　在　同志社大学商学部・商学研究科博士後期課程教授
　　　　静岡大学名誉教授、博士（経営学）
1953 年生まれ。明治大学大学院商学研究科博士後期課程を経て
1984 年　鹿児島経済大学（現：鹿児島国際大学）経済学部専任講師
1986 年　静岡大学人文学部（現：人文社会科学部）助教授
1991 年〜 1992 年　Würzburg 大学経済学部（ドイツ）客員研究員
1995 年　静岡大学人文学部教授
2004 年〜 2007 年　国立大学法人静岡大学理事・副学長
2015 年〜 2018 年　同志社大学商学部 特別客員教授（常勤）

主要著書

　単著　『現代会計の構図』（森山書店 1993 年）
　　　　『ドイツ会計規準の探究』（森山書店 1998 年）
　　　　『会計国際化と資本市場統合』（森山書店 2001 年）
　　　　『大学評価とアカウンタビリティー』（森山書店 2003 年）
　　　　『国立大学法人 財務マネジメント』（森山書店 2005 年）
　　　　『国際的会計規準の形成』（森山書店 2011 年）
　共著　『アカウンティング』（税務経理協会 2004 年）
　　　　『会計のしくみ』（森山書店 2015 年、第 2 版 2019 年）
　編著　『EU・ドイツの会計制度改革』（森山書店 2007 年）
　　　　『グローバル社会の会計学』（森山書店 2009 年）

かいけい き じゅん とうごう ぶん き
会計規準の統合と分岐
　―EU とドイツのなかの IFRS―

2020 年 10 月 31 日　初版第 1 刷発行

　　　著　者　　©佐　藤　誠　二

　　　発行者　　菅　田　直　文

　　　発行所　有限　森山書店　　東京都千代田区神田司町 2-17
　　　　　　　会社　　　　　　　上田司町ビル（〒101-0048）
　　　　　TEL 03-3293-7061　FAX 03-3293-7063　振替口座 00180-9-32919

落丁・乱丁本はお取りかえします　　　　　　印刷／三美印刷・製本／積信堂

ISBN 978-4-8394-2185-4